# RELATION

DES

# OPÉRATIONS DE L'ARMÉE

AUX ORDRES DU

## PRINCE JOSEPH PONIATOWSKI.

Antoine Brodowski pinx.     [De la Collⁿ de Leopold Kraszko]     James Heywood sc.

# JOSEPH PONIATOWSKI

Général en chef des troupes polonaises dans les Terres Russiennes (Wolhynie, Podolie et Ukraine) en 1792;
Commandant du corps d'armée en 1794;
Ministre de la guerre du grand duché de Warsovie;
Généralissime des armées nationales polonaises de 1807 à 1813;
Maréchal de l'Empire Français en 1813.

Né à Warsovie le 7 Mai 1763.
Mort dans l'Elster près Leipzig, le 19 Octobre 1813.
Enterré dans l'Eglise cathédrale de Krakovie.

# RELATION

DES

# OPÉRATIONS DE L'ARMÉE

AUX ORDRES DU

## PRINCE JOSEPH PONIATOWSKI

PENDANT LA

## CAMPAGNE DE 1809 EN POLOGNE

CONTRE LES AUTRICHIENS;

PRÉCÉDÉE D'UNE NOTICE SUR LA VIE DU PRINCE, ENRICHIE DE SON PORTRAIT
ET D'UNE CARTE;

### Par Roman SOLTYK,

Général d'artillerie polonaise, Nonce de la Diète de Pologne,
Décoré de la croix Militaire de Pologne et de la Légion d'Honneur.

Auteur de la Pologne ou Précis historique et militaire de sa révolution en 1831 et
de Napoléon ou Mémoire sur la campagne de Russie, 1812.

---

## PARIS,

IMPRIMERIE ET LIBRAIRIE MILITAIRE DE GAULTIER-LAGUIONIE,

(MAISON ANSELIN),

Rue et Passage Dauphine, 36.

---

1841

## AVIS DE L'ÉDITEUR.

Le général Soltyk, en nous confiant le soin de publier son ouvrage, pensait bien que nous ne négligerions rien pour faire ressortir tout le mérite de son travail. Mais comme le rôle d'éditeur nous interdit tout éloge, nous nous bornerons à fixer l'attention du public sur la matière traitée par l'auteur. La relation de la campagne de 1809 n'est pas un simple récit des événements de la guerre, c'est une critique raisonnée des opérations de l'armée polonaise, disputant pied à pied son territoire et ses libertés à l'armée autrichienne. C'est la seule description de cette campagne qui ait paru jusqu'à ce jour, et peut-être le seul sujet qui lie la période historique de la chute de la Pologne avec la fin du dix-huitième siècle et les guerres de l'empire.

On ne sera pas moins flatté d'y trouver une esquisse de la vie d'un héros qui avait enchaîné pour ainsi dire sa destinée à celle de la France, et dont le nom est et sera longtemps en vénération parmi nous.

## Avis de l'auteur.

Mon but, en écrivant cet ouvrage, a été de faire connaître les opérations de l'armée polonaise en 1809, de retracer les travaux et les efforts des Polonais, habilement dirigés à cette époque par le prince Joseph Poniatowski. J'ai servi pendant plusieurs années sous les ordres de cet illustre chef; il m'honora d'une bienveillance particulière; j'ai donc été à même de le connaître et de l'apprécier. Possesseur de matériaux authentiques, ayant pu joindre à mes souvenirs les souvenirs de ceux de mes compatriotes qui ont assisté aux scènes que je voulais décrire, rien ne me manquait pour accomplir cette tâche, à laquelle j'ai consacré tous mes loisirs.

Mais à mesure que j'avançais dans mon travail, je reconnus que la relation de la campagne de 1809 ne suffisait pas pour faire bien connaître fants : l'un de ses fils fut élu, en 1764, roi de Pologne, et régna sous le nom de Stanislas-Auguste; l'autre fut lieutenant général au service de l'empereur d'Allemagne, et épousa Thérèse Kinska, d'une famille illustre de Bohême. De cette union, naquit un fils, Joseph Poniatowski. C'est de celui-ci que nous allons esquisser l'histoire.

Le prince Joseph Poniatowski, né en 1763, grandit et fut élevé sous la protection de son oncle, le roi Stanislas-Auguste. Il reçut l'éducation la plus soignée, que sa mère, femme d'un grand mérite, dirigea, et il fit de rapides progrès dans les études, manifestant toutefois une préférence marquée pour celles qui se rapportent à l'état militaire.

L'histoire nationale lui offrait de beaux exemples à suivre. Il lisait avec avidité la relation des brillants faits d'armes qui immortalisèrent les Tarnowski, les Chodkiewicz, les Zamoyski et les Sobieski. Son âme ardente s'ouvrait à l'espérance de les imiter. Il pressentait que la Pologne ne pouvait se relever que par les armes, et il s'abandonna dès lors à son penchant de prédilection. A peine âgé de seize ans, Joseph demanda au roi, avec instance, de le faire entrer au service militaire. L'armée polonaise était alors peu nombreuse et son organisation très imparfaite. Réduite, depuis un demi-siècle, à 24,000 hommes, son instruction était négligée; elle avait perdu l'esprit belliqueux qui la distinguait autrefois. Poniatowski n'aurait pu acquérir, dans ses rangs, les connaissances théoriques et pratiques qui seules sont capables de former un bon officier. Le roi son oncle se décida à l'envoyer à Vienne et à lui faire prendre du service dans l'armée impériale, qui était renommée pour sa discipline et pour son instruction, et dans laquelle servaient déjà plusieurs Polonais de marque.

Joseph entra au service de l'empereur, en 1779, comme officier de cavalerie. Plein de zèle et d'activité, il se livra tout entier à l'étude de l'art militaire, et se concilia bientôt la faveur de l'empereur Joseph II. Son avancement fut rapide : en 1787, il commandait un régiment de dragons en qualité de lieutenant-colonel. Il fit, à la tête de ce corps, la première campagne contre les Turcs, qui eut lieu dans la même année. Le jeune Poniatowski saisit avec ardeur cette occasion de se signaler, et donna des preuves de courage et de talent. Blessé au siége de Sabacz, il fut nommé aide de camp de l'empereur et colonel de cavalerie. Le feld-maréchal Lascy, une des illustrations militaires du siècle, qui commandait l'armée impériale, le distingua, conçut pour lui de l'affection, et l'instruisit dans les principes de la grande guerre. Dès lors, Joseph devint un officier capable et instruit. Sa destinée était belle : neveu d'un roi, favori d'un empereur, colonel à vingt-quatre ans, l'avenir lui réservait les plus brillants succès.

Poniatowski était un des plus beaux hommes de son époque ; son adresse dans les exercices militaires était surprenante. Il se distinguait également par son courage et sa présence d'esprit dans le danger.

Plein d'enthousiasme et animé d'une noble ambition, aucun obstacle n'était capable de l'arrêter. Son cœur était excellent et en parfaite harmonie avec sa droiture et la pureté de ses principes. On pourrait dire que s'il avait des défauts, ils prenaient leur source dans l'excès même de ses qualités. Il était parfois courageux jusqu'à la témérité, enthousiaste jusqu'à l'exaltation, généreux jusqu'à la prodigalité. C'était le type du chevalier des temps anciens. S'il était né deux siècles plus tôt, peut-être eût-il encore été mieux compris et mieux apprécié que dans ce temps-ci, où un froid calcul et un égoïsme coupable semblent dessécher l'âme et arrêter l'élan de l'héroïsme.. Heureusement Poniatowski appartenait à une nation chez laquelle l'influence des temps s'était le moins fait sentir. En Pologne, il fut regardé comme un héros.

Le roi Stanislas-Auguste avait été placé sur le trône par les intrigues et la prépondérance de l'impératrice Catherine de Russie. Cette princesse avait appuyé la candidature de son protégé de 40,000 hommes de troupes qu'elle avait réunis sous les murs de Varsovie; et son influence, déjà si grande en Pologne, s'accrut encore sous ce règne. Appelé à jouer un rôle si éminent, Stanislas-Auguste était doué des qualités qui constituent le mérite dans un simple particulier. Il joignait à une instruction étendue un esprit fin et pénétrant, un caractère doux et affable. Ses manières étaient distinguées et son élocution facile. Il était à la fois homme de cabinet et de salon ; mais il était loin de posséder l'élévation de sentiments et la force d'âme indispensables à son importante mission. Il n'avait ni l'habitude des affaires publiques ni les hautes capacités que réclamait l'état de la Pologne, laquelle, agitée au dedans et menacée au dehors, ne pouvait être sauvée que par un chef qui sût en même temps la régénérer et la défendre. Sous un tel roi, la Pologne devait être livrée à tous les hasards des événements.

L'impératrice Catherine II ne manqua pas de profiter de cet état de choses, et prétendit dès lors diriger exclusivement les destinées de la Pologne. Il lui était d'autant plus facile d'atteindre ce but que la Prusse était son alliée, et que l'Autriche n'eut pas la saine politique d'entraver ses projets ambitieux. Pour mieux assurer son pouvoir, elle avait eu soin de fomenter l'inimitié des partis qui divisaient la nation, et de les entretenir par là dans un état d'hostilité permanente. Non contente de souffler la discorde entre les dissidents et les catholiques, elle protégeait tantôt les idées des novateurs, qui voulaient marcher avec les lumières du siècle, et tantôt elle soutenait les partisans de l'ancien ordre de choses, qui repoussaient toute réforme et les droits exorbitants et oppressifs d'une noblesse qui, dans sa turbulence, méconnaissait les lois, et souvent même dilapidait la fortune publique avec impudeur. Mais dans le sein de cette noblesse même se trouvaient des hommes supérieurs par leurs talents et leur caractère, qui, mettant l'intérêt de la patrie au-dessus des priviléges que leur donnait leur position sociale, méditaient une réforme qui devait régénérer l'État. Au commencement du règne de Poniatowski, les efforts des réformistes semblaient devoir être couronnés de succès. Quelques changements notables avaient été apportés aux lois fondamentales de la république, et l'impératrice ne s'y était pas opposée ; mais bientôt sa politique changea : une nouvelle diète, élue sous son influence, abrogea les modifications qui venaient d'être décrétées, et le pouvoir oppressif de la Russie s'accrut. En vain quelques sénateurs influents, tels que Gaëtan Soltyk, Joseph Zaluski, Vinceslas et Séverin Rzewuski * voulurent s'opposer à cette honteuse oppression. Ils furent arrêtés dans la capitale même, en 1767, et menés captifs à Kaluga. L'indignation produite par cet acte inouï de violence fut à son comble ; les amis des patriotes emmenés en captivité s'armèrent. Une guerre sanglante éclata alors : les patriotes combattaient sous les drapeaux de la confédération de Bar, et les partisans de la Russie sous ceux du roi. L'impératrice, qui soutenait ces derniers, sut profiter des circonstances pour établir ses troupes en permanence sur le territoire de la république. Les efforts des confédérés ne purent leur donner la victoire ; malgré l'envoi de quelques officiers français, et la diversion produite

---

* Soltyk était évêque de Krakovie; Zaluski, évêque de Kiiow; Venceslas Rzewuski, palatin de Krakovie, et son fils Severin, staroste de Dolin.

par la guerre de Turquie, ils durent succomber dans la lutte. Le premier partage de la Pologne s'ensuivit : la Russie, l'Autriche et la Prusse s'emparèrent, en 1772, des provinces qui étaient à leur convenance. Cet acte de violence, sans exemple jusqu'alors dans les annales du monde, fut consommé en pleine paix, sans être la suite d'une guerre des puissances copartageantes contre la Pologne, en présence des puissances les plus intéressées au maintien d'une Pologne indépendante. Le territoire de la république et sa population furent réduits d'un tiers.

Cependant la richesse de son sol, l'esprit belliqueux de ses habitants, le prestige toujours vivant de son ancienne gloire, permettaient encore à la république d'aspirer à une place distinguée parmi les grandes puissances de l'Europe. La diète quatriennale, convoquée en 1788, commença une nouvelle ère pour la Pologne. Les réformistes s'y trouvaient en majorité. A leur tête étaient Adam Czartoryski *, Ignace et Stanislas Potocki, Stanislas Soltyk, Stanislas Soltan, Julien Niemcewicz, Joseph Wybicki, et enfin, le plus dévoué de tous, Stanislas Malachowski, maréchal de la diète. Le mouvement de la réforme était si puissant, que le roi lui-même dut s'associer à l'entraînement général. Il prit part à la rédaction de la nouvelle constitution qui se préparait dans le secret. Ce nouveau pacte renforçait le pouvoir royal, établissait l'hérédité du trône, abolissait le

---

* Père du prince Czartoryski, qui se trouve maintenant en émigration.

veto, accordait aux classes inférieures des droits et des immunités, et abrogeait les abus qui s'étaient introduits dans le gouvernement. Il fut proclamé, sans égard pour le mécontentement de l'impératrice, le 3 mai 1791.

La Pologne s'affranchissait ainsi du joug odieux de la Russie, et ressaisissait son indépendance. Le roi accéda à ce grand acte national ; mais sans avoir la conviction de bien faire et pour ainsi dire à contre-cœur, car il sentait que cette démarche décisive le priverait de la protection et lui attirerait même l'inimitié de l'impératrice, qui était si fortement intéressée à maintenir la Pologne dans cet état d'impuissance où une longue anarchie l'avait réduite. Les réformistes cherchèrent alors une autre alliance. L'ambition de la Russie, ses conquêtes en Orient, et sa prépondérance exclusive en Pologne, avaient rapproché la Prusse et l'Autriche dans le but de s'opposer à l'agrandissement de cette puissance. Le roi de Prusse, Frédéric-Guillaume, semblait rechercher l'amitié de la Pologne. Une alliance fut conclue avec ce prince, alliance trompeuse qui réservait à la Pologne une cruelle déception. Cependant l'impératrice, après avoir fait la paix avec la Turquie au commencement de 1792, se déclara hautement contre la réforme. Il fallut se préparer à la guerre avec la Russie. Il était difficile de réunir à cet effet des moyens suffisants dans un pays depuis si longtemps désuni.

La lutte devait donc être inégale et rude à soutenir; mais il y avait, dans le sein même de la république, un ennemi plus redoutable encore que les ennemis extérieurs : c'était le parti antiréformiste, qui d'abord avait dû céder à une imposante majorité, mais qui s'agitait dans l'ombre et s'entendait secrètement avec la tzarine. Les chefs de ce parti, tels que Félix Potocki, François-Xav. Branecky, Alexandre Sapieha, et Severin Rzewuski *, n'étaient égarés que par l'ambition et peut-être même par un amour inconsidéré des libertés garanties par l'ancienne constitution; mais, parmi les meneurs d'un ordre inférieur, se trouvaient des hommes vendus à la cour de Russie, et malheureusement trop influents. Le roi eut la coupable faiblesse de prêter l'oreille à leurs insinuations, et se vit successivement entraîné dans leurs intrigues. Ses hésitations, la faiblesse de son caractère, et peut-être même sa mauvaise volonté, paralysèrent les efforts de la diète polonaise, et détruisirent l'effet de ses meilleures résolutions.

Cependant le prince Joseph continuait à servir dans les armées de l'empereur. Une seconde campagne de Turquie allait s'ouvrir, et lui promettait une riche moisson de gloire, lorsque le roi le rappela en Pologne, afin de coopérer à la levée d'une armée de 100,000 hommes dont la diète venait de décréter l'organisation. Le prince obéit, et, dès son arrivée à Varsovie, en 1789, il s'empressa de con-

---

* Il avait été mis en liberté par l'impératrice après cinq années de captivité à Kaluga. Il changea alors de système, et s'engagea sous les drapeaux des partisans de la Russie.

tribuer à la formation de nouvelles troupes. Mais à peine avait-il commencé à se livrer à ces occupations importantes, qu'il fallut se préparer à la guerre contre la Russie, qui menaçait la Pologne d'une prochaine invasion. Le prince Joseph fut appelé au commandement de l'armée d'Ukraine, qui n'était forte que de 14,000 hommes. Cette armée devait défendre le midi de la Pologne contre 60,000 Russes réunis sous les ordres de Kakhoffskoï, tâche d'autant plus difficile que les troupes polonaises se trouvaient disséminées dans des cantonnements extrêmement étendus. Vers le nord, le prince de Würtemberg, à la tête de 17,000 hommes, devait défendre la Litvanie contre Kretschetnikoff, qui avait 44,000 hommes sous ses ordres. Le reste des forces militaires de la Pologne, dont la totalité s'élevait à 55,000 hommes, ne pouvait pas encore entrer en ligne, la plupart des corps n'ayant pu achever leur formation.

Cependant, depuis la fin de mai, la diète avait été dissoute, et le roi investi par elle d'un pouvoir presque illimité. Un conseil de guerre fut tenu à Varsovie, par Stanislas-Auguste, avant le départ des deux chefs pour leurs armées respectives. Le prince Joseph y émit son opinion avec franchise. Il dit qu'il était imprudent de commencer la guerre avec des forces aussi peu considérables*. Il pria le

---

* Ces détails sont extraits d'un manuscrit du prince, portant pour titre : *Mes Souvenirs sur la Campagne de 1792 contre les Russes*.

roi de confier le commandement à un général étranger plus habile que lui. Il déclara qu'il était prêt à servir en sous-ordre ; mais qu'il avait la conviction qu'avec les forces disponibles il était difficile d'espérer une campagne heureuse et d'autant moins glorieuse pour le chef futur. Le roi lui répondit qu'il ne fallait pas qu'il se laissât rebuter par l'insuffisance des ressources militaires ; que, Polonais, son devoir était de défendre sa patrie ; en un mot, il lui ordonna d'obéir. On traça ensuite le plan de campagne, qui était en apparence bien conçu. Sans s'occuper de garder une frontière impossible à couvrir à cause de son étendue, il fut arrêté que les deux armées d'Ukraine et de Litvanie se réuniraient respectivement sur des points convenables, coordonneraient leurs mouvements, et se tiendraient sans cesse en communication; que l'armée du prince Joseph serait renforcée d'une levée de kosaks d'Ukraine, opérée dans les provinces limitrophes de la Russie, et d'une division de 6,000 hommes que lui amènerait le prince Michel Lubomirski; que l'artillerie et les munitions nécessaires lui seraient envoyées, et que le roi se tiendrait prêt à marcher à la tête d'une division de réserve de 8,000 hommes. Enfin il fut observé que les Prussiens avaient promis la coopération d'une armée de 30,000 hommes dès le début de la campagne. Le prince Joseph choisit le bourg de Polonna pour y placer ses dépôts de vivres et de munitions, et ce point important dut être fortifié sans retard.

## CAMPAGNE DE 1792.

Toutes ces mesures étant décidées, le prince alla se mettre à la tête de ses troupes. Il en était temps. Dès son arrivée, les Russes pénétrèrent sur le territoire de la Pologne par quatre points différents ; leur marche était si rapide que les Polonais ne purent complétement réunir leurs forces ni exécuter leurs plans de défense. La levée des kosaks ne put avoir lieu ; l'arrivée d'une partie de l'artillerie et des munitions était en retard. Polonna fut abandonné sans qu'on eût le temps d'achever les fortifications. Le prince Lubomirski ne réunit pas à temps sa division ; le roi fut dissuadé de se rendre à l'armée, et, ce qui était le plus fâcheux, les Prussiens n'accomplirent pas l'engagement qu'ils avaient pris de faire marcher leurs troupes au secours des Polonais.

En Litvanie, le prince de Würtemberg, qui favorisait secrètement les projets de la Russie, n'agissait pas et n'opposait qu'une faible résistance aux troupes de Kretschetnikoff, qui se portaient en avant. Il fut, mais trop tard, remplacé par le général Iudycki.

En Ukraine, le prince Joseph s'efforça de réunir son corps d'armée. Il y réussit en se retirant dans l'intérieur du pays ; mais ces troupes manquaient d'une bonne organisation : ni l'état-major général ni le service des vivres n'existaient. Le prince, secondé par les généraux Kosciuszko et Wielhorski, dont l'habileté égalait le patriotisme, fit des efforts prodigieux pour suffire à tout; mais la surprise était complète : il fallut précipiter la retraite de l'armée. Elle ne s'effectua pourtant pas sans gloire pour les Polonais. Le 15 juin eut lieu le premier engagement sérieux : c'était en avant des digues de Boruszkowcé. L'arrière-garde polonaise y combattit vaillamment; mais, obligée d'effectuer sa retraite par un long défilé en présence de l'ennemi, elle y perdit bon nombre de braves, et presque tous les bagages de l'armée. Le général Wielhorski commandait les Polonais dans cette journée désastreuse. Malgré son habileté et son courage, il ne put balancer la fortune, et il fut obligé de céder.

Depuis l'ouverture des hostilités, les Russes marchaient sur trois colonnes. Tandis que celle du centre suivait la retraite du gros de l'armée polonaise, les deux autres la tournaient. Kakhoffskoï, redoutant la valeur des Polonais, et ne voulant pas courir les chances incertaines du combat, évitait tout engagement sérieux, et se contentait de harceler sans cesse nos troupes. Enfin un engagement général eut lieu à Zielencé le 18 juin. Dans cette journée, les Russes dirigèrent leur effort principal sur le centre des Polonais; mais, foudroyés par leur artillerie, ils ne purent l'entamer, et furent repoussés avec perte. Leur gauche fut entièrement rompue, et ils furent forcés de se retirer sur toute la ligne.

La victoire était complète; mais Poniatowski ne put en profiter : il manquait de munitions pour continuer le combat, et il craignait l'arrivée sur ses flancs des colonnes latérales Russes qui le tournaient en ce moment. Il fallut qu'il se contentât de les observer, ne pouvant détacher des forces suffisantes pour les contenir. Dans cette situation, le général Polonais dut donc s'estimer heureux d'avoir fait éprouver une perte de 4,000 hommes à l'ennemi. Après s'être arrêté quelques heures sur le champ de bataille, il se mit en retraite sur Zaslaw, et conséquemment sur Ostrog, où il resta pendant deux jours en présence de toute l'armée ennemie, affrontant sa canonnade sans pouvoir lui répondre faute de munitions *.

Le prince passa le Bug, où des ordres positifs du roi lui ordonnaient de s'arrêter; mais le cours de cette rivière ne pouvait longtemps suspendre les progrès de l'ennemi. Le lit en était guéable presque partout pendant l'été; le développement en était trop étendu pour être gardé par une armée de 24,000 hommes contre les troupes de Kakhoffskoï. Dans le même temps, l'armée de Litvanie se retirait sur Brzesc et était suivie par des forces supérieures qui venaient de lui faire essuyer un échec près de Mir **. Le passage du Bug fut forcé par les

---

\* Le prince dit, dans ses *Mémoires*, qu'il n'avait plus que onze coups à tirer par pièce.

\*\* C'est le général Zabiello qui la commandait alors; il avait remplacé Judycki dans son commandement.

Russes, à Dubienka, le 18 juillet. Kosciuszko, qui commandait sur ce point, y déploya toute son habileté et cette ardeur guerrière qui le caractérisait. Il céda, mais en défendant le terrain pied à pied, et en faisant essuyer à l'ennemi une perte considérable.

Sur ces entrefaites, la terreur s'était emparée de l'esprit des habitants du pays ; on désespérait de la chose publique. Les antiréformistes s'étaient confédérés à Targowica. Dès le 14 mai, ils organisèrent des forces militaires sous la protection des troupes russes, et arrivèrent à la suite des bagages de l'ennemi. Le roi transigea avec le parti russe et abandonna la cause des patriotes pour se mettre sous la protection de l'impératrice et conjurer sa colère. Il se détacha complétement de la perfide alliance du roi de Prusse, qui s'était contenté de conseiller un arrangement avec la tzarine.

Sous le rapport militaire, rien n'était préparé pour une défense vigoureuse. S'il en avait été autrement, on ne peut mettre en doute que, malgré le revers éprouvé au début de la campagne, la guerre aurait pu être continuée sur la Vistule avec des chances de succès. En effet, les Russes, affaiblis par les marches et les combats, avaient encore été forcés de laisser sur leur ligne de communication de nombreuses garnisons, et ne s'avançaient sur Varsovie qu'avec 70 ou 80,000 hommes, tandis que l'armée polonaise, destinée à couvrir la capitale, comptait encore 40,000 combattants avec les troupes que

Zabiello amena de Litvanie ; et ces forces auraient pu être en peu de temps augmentées par les levées que l'on opérait dans les provinces de la rive gauche de la Vistule, qui n'étaient pas envahies par l'ennemi.

Dans cet état de choses, si la ligne de la Vistule eût été fortifiée par quelques bonnes têtes de pont, elle devait non-seulement arrêter les progrès de l'ennemi, mais même fournir aux Polonais des chances favorables pour reprendre l'offensive. Alors l'armée de l'impératrice, contenue de front, harcelée sur ses derrières par des corps de partisans qui eussent intercepté ses lignes d'opérations, devait nécessairement manquer à la longue de vivres et de munitions, et se voir forcée à la retraite. Mais rien n'avait été prévu : le découragement s'empara des esprits ; le roi accéda, le 23 juillet, à la confédération de Targowica, et l'armée nationale dut se retirer derrière la Vistule et prendre position à Kozienice. Là elle fut dissoute par un décret royal, et sa réorganisation fut ordonnée. Dans la nouvelle armée, les partisans de l'alliance russe furent placés à la tête des corps. Les généraux patriotes, et parmi eux le prince Joseph Poniatowski, donnèrent leur démission. Rien ne saurait rendre avec plus de vérité le désespoir qui s'empara alors des esprits des nobles champions de l'indépendance polonaise, que cette lettre écrite au roi par le prince Joseph, du camp de Markuszew, un peu avant la dissolution de l'armée :

« Sire,

« Si je pouvais trouver des expressions pour pein-
« dre le désespoir qui s'est emparé de mon ame, je
« ne manquerais pas de le faire, dans la conviction
« où je suis que Votre Majesté s'est unie avec des
« hommes couverts du mépris public, qui ont tra-
« fiqué du sang de leurs compatriotes, et qui sont
« cependant appelés à dicter des lois à des hommes
« qui ont porté en offrande leur vie à Votre Ma-
« jesté, et ne respirent que pour la gloire et le
« bonheur de la patrie. Je me suis dit : Grand Dieu !
« pourquoi n'ai-je pas fini mes jours avant ce triste
« moment ! Votre Majesté n'a-t-elle pas réfléchi qu'il
« valait mieux mourir avec honneur; qu'une perte
« totale, mais honorable, était préférable pour la
« nation à une existence souillée par l'intrigue, la
« trahison, le désordre et l'iniquité ! Oui, Sire, il
« valait mieux vous sacrifier ainsi que nous tous.
« Quelle cruelle pitié que celle qui nous couvre de
« ridicule et de honte ! Wielhorski et Mokro-
« nowski exprimeront à Votre Majesté nos désirs
« immuables. Nous savons respecter la loi et le roi ;
« mais, avec le regret au cœur que nous ne pouvons
« plus nous compter au nombre des défenseurs de
« la patrie, on dira au moins de nous : Ils ont
« combattu avec honneur, ils se sont retirés sans
« reproche. »

Toute résistance devenait impossible, il fallait se soumettre à la fatalité ; mais l'espérance n'était pas éteinte dans le cœur des chefs : ils se retirèrent à l'étranger pour y chercher les moyens de recommencer la lutte. Cependant, avant de se dissoudre, cette armée, digne d'un meilleur sort, voulut par un acte solennel donner à son illustre chef une preuve de son estime et de son dévoûment. C'est dans ce but que fut rédigée l'adresse suivante :

« Nous reconnaissons tous votre courage inébran-
« lable et votre attachement à chacun de vos su-
« bordonnés, que vous avez manifestés dans la pré-
« sente campagne contre les Russes. Nous nous
« plaisons à rendre hommage à votre prudence et
« à votre noble caractère, qui ont attiré tant d'hon-
« neur et de considération à nos armes. Nous vous
« assurons de notre éternelle reconnaissance, de
« notre respect et de notre affection, qui dureront
« tant que la vertu et la justice seront honorées
« parmi les hommes. Afin que cet hommage de nos
« sentiments soit connu du monde entier, nous
« avons décidé qu'il sera frappé une médaille re-
« présentant d'un côté votre buste et portant de
« l'autre l'inscription : *Miles imperatori.* »

Cette adresse fut revêtue des signatures des généraux de l'armée et de celles d'un officier supérieur, d'un officier subalterne et d'un soldat de chaque corps.

Après l'issue malheureuse de cette guerre, le prince Joseph Poniatowski fut vivement pressé par le roi de rester en Pologne ; mais aucune considération ne put le déterminer à assister à la honte de son oncle et à l'abaissement de sa patrie. Il se retira à Vienne, où les souvenirs de sa jeunesse l'attiraient.

Le deuxième partage de la Pologne fut consommé en 1793. La Prusse et la Russie s'agrandirent encore de plusieurs de ses provinces, et il ne restait plus à la république qu'un fantôme d'existence. Réduite à un tiers de son ancien territoire, privée de ses limites naturelles, avec une armée incapable de la défendre, gouvernée par un roi qui courbait la tête sous la loi du vainqueur, elle était encore occupée par les Russes et les Prussiens, qui tenaient garnison dans ses villes principales et dans la capitale même, où l'ambassadeur russe commandait en maître. Il ne restait dès lors à la Pologne que deux partis à prendre : se relever par les armes ou ramper sous l'oppression étrangère. Le sentiment de la dignité nationale la portait à choisir le parti le plus courageux, et une insurrection générale fut secrètement résolue : la nation s'y prépara en silence.

Un peuple aussi vaillant et aussi épris de sa nationalité que le peuple polonais, lorsqu'il plie momentanément sous le joug, puise dans ses malheurs mêmes une nouvelle force pour le briser. Les patriotes de l'intérieur et les émigrés s'entendaient et préparaient l'insurrection. Les premiers avaient formé dans ce but des comités à Varsovie et à Vilna;

les seconds, retirés en France et en Italie, se concertaient entre eux et maintenaient des relations suivies avec la Pologne. Mais il fallait un chef pour diriger cette grande entreprise. Le roi Stanislas, qui avait eu la criminelle faiblesse de sanctionner à la diète de Grodno, en 1793, la nouvelle spoliation des provinces polonaises, était à jamais perdu dans l'opinion publique. Le prince Joseph, quel que fût son mérite personnel et son patriotisme, était, quoique à tort, enveloppé dans la disgrâce du roi. En d'autres circonstances, il eût sans doute été désigné au choix de la nation; mais, en ces temps malheureux, d'injustes soupçons s'étendaient jusqu'à lui : il était, disait-on, trop près du trône pour ne pas se laisser influencer par l'atmosphère de la royauté. L'avenir devait démontrer l'erreur du jugement populaire.

Heureusement la Pologne possédait un homme qui joignait à des talents militaires distingués, et à de vastes connaissances politiques, une vertu civique éprouvée. D'un âge mur [*], il était capable d'endurer les plus rudes travaux. Il avait acquis une haute renommée en combattant pour la liberté dans les deux hémisphères [**] : cet homme était Thadée Kosciuszko. Les souvenirs de la dernière guerre le recommandaient aux suffrages des Polonais en 1794;

---

[*] Kosciuszko avait alors quarante-huit ans.
[**] Il avait servi avec distinction sous Washington, aux États-Unis, pendant la guerre de l'Indépendance, et, comme nous venons de le voir, pendant la campagne de 1792, en Pologne.

l'opinion publique le désignait unanimement pour le commandement suprême. Après quelques retards nécessités par les circonstances, le moment étant jugé favorable, Kosciuszko vint à Krakovie, se mit à la tête de la garnison, composée de 1,000 hommes de troupes polonaises, et fut proclamé, par elles et par le peuple, dictateur (naczelnik) le 24 mars 1794.

L'état militaire de la Pologne était alors de 24,000 hommes ; mais ces troupes étaient disséminées dans différents cantonnements, et observées de près par les Russes et les Prussiens.

## CAMPAGNE DE 1794.

Kosciuszko n'eut qu'un court délai pour organiser ses forces. Il réunit à la hâte une faible division, qui consistait, pour la plus grande partie, en paysans armés de faulx. C'est à la tête de ce corps, composé de moins de 4,000 hommes, qu'il s'avança, le 1er avril, à la rencontre d'une division russe de 6,000 hommes, commandée par Dénisoff, et la défit, le 4 avril, à Raslawice*. Dans le courant du même mois, Varsovie et Vilna se le-

---

* Kosciuszko, qui marchait souvent à la tête des paysans polonais, portait leur costume, vivait aussi frugalement que ses soldats, et était accessible à tous. C'était l'homme du peuple ; aussi les paysans polonais l'appelaient-ils « notre Thadée. »

vèrent, vainquirent et expulsèrent les garnisons russes, et reconnurent le pouvoir du dictateur. Dans le mois d'avril, et dans le cours du mois de mai, Kosciuszko profita de l'enthousiasme général pour favoriser l'insurrection, qui se propagea dans la plupart des provinces de la Pologne possédées par la Russie. Avec l'activité qui le caractérisait, il suffisait à tout. Il constitua le gouvernement, leva une armée, géra les affaires publiques, et dirigea les opérations de la guerre. Les forces dont disposait alors Kosciuszko ont été évaluées à environ 26,000 hommes de troupes régulières et à 34,000 de levées irrégulières. Mais les ennemis, alarmés des progrès des Polonais, réunirent leurs soldats : 75,000 Russes, et 45,000 Prussiens, vinrent successivement fondre sur la Pologne.

En juin, les coalisés prennent l'offensive ; Kosciuszko combat à Szczekociny, le 6, une armée ennemie double en nombre. Forcé de céder à des forces si supérieures, il se retire en bon ordre sur Varsovie, sans être suivi de près par l'ennemi ; néanmoins les Prussiens occupent Krakovie. Enfin, une armée de 36,000 hommes de troupes coalisées, à la tête desquelles marche le roi de Prusse, s'avance et vient mettre, le 13 juillet, le siége devant Varsovie. Pendant sept semaines, les alliés s'épuisent en vains efforts contre la capitale, qui n'est défendue que par 18,000 hommes de troupes soutenues par la population armée *.

* Varsovie comptait alors 110,000 habitants. Elle n'avait pour

Cependant la Grande-Pologne s'était insurgée à l'exemple des autres provinces polonaises. Les communications des assiégeants furent menacées, et les coalisés se décidèrent, le 6 septembre, à opérer la levée du siége. Les Prussiens, sous les ordres de leur roi, se retirèrent par Piotrkow dans la direction de Breslaw, et les Russes, commandés par Fersen, remontèrent la Vistule jusqu'à l'embouchure de la Pilica, passèrent cette rivière et se portèrent vers Kozienice sur la Vistule. Plus tard, ils préparèrent un pont pour franchir le fleuve et pour rejoindre Souvaroff, qui, à la tête d'une division de l'armée de Turquie, était accouru à leur secours, et se trouvait alors sur le Bug. Dans le même temps, les Litvaniens soutinrent une lutte inégale contre divers corps-ennemis qui opéraient de ce côté et faisaient des excursions jusque sur la Dzwina et la Bérézyna ; mais les forces russes s'accroissant sans cesse, ils furent obligés d'évacuer Vilna le 12 août. L'armée litvanienne se replia alors sur le Bug, tout en combattant l'ennemi. Le principal engagement eut lieu à Krupczyce, le 18 septembre, entre Souvaroff et Sierakowski, et fut tout à l'avantage du général polonais; mais, le lendemain, Sierakowski, ayant mal assuré ses derrières, fut tourné et pris en flanc entre Térespol et Brzesc par les Russes.

---

toute défense que des lignes d'un faible relief construites en 1769, lors de la peste qui désolait le pays ; mais Kosciuszko les renforça successivement pendant la durée du siége, en faisant construire 105 retranchements de diverses dimensions.

Contraint à une retraite précipitée, il y perdit toute son artillerie.

Après la levée du siége de Varsovie, Kosciuszko dut se livrer aux soins qu'exigeait le gouvernement du pays. Par sa nature dictatoriale, le pouvoir, dont il était investi, avait une action simple et forte, mais devait naturellement rencontrer à la longue une certaine opposition dans une nation habituée aux formes constitutionnelles. Kosciuszko sut triompher de ces obstacles et faire constamment respecter son autorité; mais, d'un caractère doux et conciliant, il répugnait par principe à tout acte de sévérité. Il eut à supporter beaucoup de désagréments personnels qui l'abreuvèrent d'amertume; et ce n'était que sur les champs de bataille qu'il reprenait sa sérénité. Persuadé que le salut de la Pologne ne dépendait que de la victoire, il répétait souvent à ceux qui discutaient dans son conseil l'avantage de telle mesure gouvernementale sur laquelle les avis étaient partagés : « Il faut combattre et encore combattre, « et vaincre. »

Un nouvel ennemi menaçait alors l'insurrection : les Autrichiens avaient envoyé une division occuper le palatinat de Lublin, sous prétexte de couvrir leurs frontières. Kosciuszko dut détacher, de ce côté, 3,000 hommes, aux ordres du général Poninski, qu'il chargea en même temps d'observer la Vistule, et d'empêcher Fersen, qui se trouvait toujours sur la rive gauche, de franchir le fleuve. Poninski battit les Autrichiens à Iozefow, et les força à rentrer en

Gallicie. Il vint ensuite se placer à Bobrowniki, sur le Wieprz, pour remplir sa mission en observant Fersen. Kosciuszko, après avoir détaché une division contre les Prussiens, résolut alors de réunir ses forces principales entre le Bug et la Vistule, afin d'empêcher la jonction des deux corps de l'armée russe, qui se trouvaient séparés par ces deux rivières. En habile général, il se mettait par-là en mesure de battre l'ennemi partiellement s'il s'engageait inconsidérément. Le sort semblait lui préparer un succès décisif. Pour la première fois, il pouvait espérer de combattre les Russes presque à force égale. Son plan était bon; mais il échoua dans l'exécution. Fersen, qui se trouvait à la tête de 12,000 hommes, franchit audacieusement la Vistule près de Macieïowice; la supériorité de son artillerie ne permit pas à Poninski, quoiqu'il eût alors 5,000 hommes sous ses ordres, de lui disputer long-temps le passage du fleuve *. Cette opération fut exécutée avec rapidité, et Kosciuszko n'eut pas le temps de rallier toutes ses forces disponibles de ce côté. Cependant il s'avança contre Fersen à la tête de 7,000 hommes; et le trouvant en position près de Macieïowice, le dos à la Vistule, il crut pouvoir le culbuter dans ce fleuve. Kosciuszko se plaça en face des Russes et se prépara au combat, comptant sur la jonction prochaine de Poninski; mais, trop confiant dans sa fortune, il laissa derrière lui des marais qui rendaient toute retraite impossible.

* Poninski avait 22 pièces de canon, et Fersen 94.

La jonction attendue n'eut pas lieu; et, dans la journée du 10 octobre, les troupes polonaises furent entièrement défaites et presque anéanties. Ce fut un grand malheur; mais le coup le plus fatal pour l'indépendance nationale ce fut la captivité du dictateur, qui fut fait prisonnier au moment où il s'efforçait de rallier ses troupes pour les ramener au combat. Kosciuszko, entouré d'ennemis et couvert de blessures, dédaignant d'accepter quartier, tomba presque sans vie en leur pouvoir.

Cette catastrophe inattendue porta le découragement dans les rangs des patriotes. Wawrzecki, citoyen recommandable à plus d'un titre, mais qui n'était pas homme de guerre, fut proclamé généralissime.

Souvaroff rallia 24,000 hommes devant Praga, où Wawrzecki avait réuni 14,000 hommes dans de faibles retranchements. Il confia la défense de ce poste à Zaionczek. Cette armée, si inférieure en nombre, était adossée à la Vistule, n'ayant qu'un seul pont pour effectuer sa retraite. Ce fut une grande faute d'accepter le combat dans une position si défavorable. Si les Polonais eussent franchi le fleuve et se fussent contentés de défendre Varsovie et la rive gauche de la Vistule, ils auraient encore pu soutenir la lutte. Souvaroff les attaqua à Praga, força leurs retranchements, et détruisit presque entièrement leur armée dans la nuit du 3 au 4 novembre. 12,000 citoyens, qui habitaient le faubourg, y furent aussi massacrés. Quelques faibles restes des défenseurs de Praga parvinrent seuls à rentrer dans Varsovie, où ils se réunirent aux troupes qui y tenaient garnison; mais leur énergie, abattue par tant de revers, ne leur permettait pas d'affronter un nouveau siége. Le 8 du même mois, Varsovie capitula et tomba au pouvoir de Souvaroff.

La réunion des forces disponibles que possédaient encore les Polonais eut lieu à Radoszyce, au delà de la Pilica. Wawrzecki, Dombrowski, et les autres chefs, y tinrent conseil. On voulait essayer de percer à travers l'Allemagne et de rejoindre les républicains français sur le Rhin ; mais ce projet hardi fut bientôt abandonné à cause du découragement général qui s'était emparé des esprits. L'armée se débanda, et quelques chefs isolés se rendirent seuls en France pour y former plus tard des légions polonaises qui se distinguèrent dans les rangs de l'armée française pendant le cours des mémorables guerres de la révolution, et entretinrent pour des temps meilleurs le feu sacré du patriotisme.

Il nous reste à rendre compte de la part que prit Poniatowski à cette lutte mémorable. Dès que la nouvelle de l'insurrection de Krakovie lui fut parvenue à Vienne, son cœur tressaillit de joie et s'ouvrit à l'espérance, et il n'hésita pas à rejoindre l'armée insurrectionnelle. Il trouva Kosciuszko, dans les derniers jours du mois de juin, près Varsovie. Le prince Poniatowski, avec cette abnégation qui le caractérisait, offrit au dictateur, dont naguère il était le chef, de servir comme volontaire sous ses ordres. Kosciuszko, qui appréciait sa loyauté et son patriotisme, n'hésita pas à lui donner un commandement important. Pendant le siége de Varsovie, il confia à Poniatowski la direction de l'aile droite de son armée. Il était chargé de défendre la partie de l'enceinte de la place qui s'étend depuis la Vistule jusqu'à Vola. Le prince y déploya une activité et une habileté dignes de sa haute renommée. Tous les jours étaient marqués par quelques nouveaux combats. Des intelligences secrètes que les ennemis s'étaient ménagées dans la ville leur ayant révélé la faiblesse des retranchements nouvellement construits sur des buttes de sable, près Powonzki, appelés batteries suédoises, ces retranchements furent attaqués de nuit et enlevés. Ils étaient trop éloignés de nos lignes pour être secourus. Le village de Powonzki fut même un moment occupé par les Prussiens; mais le prince Joseph accourut et le reprit à l'instant. L'exaltation de la population de Varsovie était à son comble : tout revers était imputé à la trahison; et comme la position momentanément perdue se trouvait dans le commandement du prince, quelques murmures s'élevèrent contre lui; mais bientôt l'opinion publique en fit justice, et Kosciuszko continua à donner toute sa confiance à Poniatowski, qui, en toute occasion, y répondit dignement.

Après la levée du siége de Varsovie, le prince Joseph fut détaché, sur la Bzura, à la tête de 3,000 hommes, afin d'observer les Prussiens, qui s'étaient retirés de ce côté, et de se tenir en communication avec Dombrowski, que Kosciuszko avait envoyé dans la Grande-Pologne. C'est là qu'il apprit successivement les désastres de Macieiowice, de Praga et de Varsovie; la captivité de Kosciuszko, qui fut conduit à Saint-Pétersbourg et renfermé dans la citadelle, et la perte totale de la cause polonaise. Son faible corps ne pouvait être d'aucun poids dans la balance des événements. Il se replia sur Radoszyce, et partagea le sort des autres troupes polonaises. Quant au prince, il reprit le chemin de Vienne, et fixa son séjour en Autriche. Là au moins il était parfaitement indépendant, et il y attendit des circonstances plus propices ; mais il ne chercha pas à prendre du service, même dans les armées françaises, ne voulant, répétait-il, tirer l'épée que pour sa seule patrie.

La Pologne fut définitivement démembrée par l'Autriche, la Russie et la Prusse, et effacée de la carte de l'Europe. Le roi, contraint de quitter Varsovie pour aller habiter Grodno, y abdiqua en 1795. En 1797, il fut mené à Saint-Pétersbourg, où il continua de traîner une vie flétrie dans une honteuse opulence. Quels que fussent les droits du malheur et les sentiments d'attachement et de reconnaissance du prince Joseph, il ne voulut pas suivre son oncle dans son exil, et il continua d'habiter l'Autriche. En vain Catherine lui proposa-t-elle d'entrer à son service, et le menaça-t-elle de la confiscation de ses terres s'il refusait de se soumettre ; il préféra s'exposer à la vengeance de l'impératrice plutôt que de fléchir, et il perdit ses biens situés dans les états de la domination russe.

Cependant le roi de Pologne mourut dans l'année 1798, et le prince Poniatowski recueillit une grande partie de son immense héritage, composé des biens que le roi possédait dans la Pologne prussienne. Dans ses vastes domaines, se trouvaient de superbes habitations embellies par le goût exquis du feu roi, qui cultivait les arts et les sciences, des galeries de tableaux, des bibliothèques choisies, des statues et d'autres objets d'art de grand prix. Lazienki, parc royal qui renfermait plusieurs corps de logis d'une architecture élégante, situé dans l'enceinte même de la capitale, était la plus remarquable de toutes par sa magnificence. C'est là que le prince reçut Louis XVIII, roi de France; et ce prince exilé y fixa son séjour pendant plusieurs mois. Les Polonais se plurent à entourer Louis de leurs hommages et de leurs respects; il y avait entre eux et lui une puissante analogie, celle du malheur. Poniatowski répondit dignement, dans cette circonstance, aux sentiments de ses compatriotes. Mais la politique de la Prusse dut bientôt mettre fin au séjour de Louis XVIII à Varsovie, et il alla habiter Mittau en Kourlande.

Le prince Joseph préférait à tous ses autres domaines sa terre de Iablonna, éloignée de deux milles de Varsovie. Il se plut à l'embellir et à contribuer au bonheur de ses vassaux, sur lesquels il répandait ses bienfaits avec libéralité. Pendant les huit années qui suivirent son retour en Pologne, il y passait toujours la belle saison. Là, il méditait sur l'avenir de la patrie. L'hiver, il habitait son hôtel de Varsovie, où il tenait un grand état de maison, donnait des fêtes magnifiques, et réunissait dans ses salons la société la plus choisie de la capitale. C'est un trait caractéristique, dans la vie du prince, que sa facilité à modifier sa conduite d'après les exigences du moment. A la guerre, ses mœurs étaient austère, sa table frugale; il dédaignait alors le luxe et les commodités de la vie, et aucun des généraux de son armée ne l'a surpassé dans la stricte observance des devoirs que commandait le service. Pendant la paix, au contraire, il aimait le luxe, la magnificence, et se livrait au plaisir avec ardeur et avec un abandon qui approchait presque de la mollesse.

Cependant les événements politiques marchaient avec rapidité. La révolution française avait triomphé de tous ses ennemis intérieurs et extérieurs. Cette grande commotion politique fit surgir en France des hommes d'une haute capacité. Napoléon Bonaparte les surpassa tous par son génie. Il brillait également dans le conseil et sur les champs de bataille. Favorisé par les circonstances, il sut s'élever par lui-même, de simple sous-lieutenant, jusqu'à la dignité de premier consul, et, en 1804, il ceignit la couronne impériale. Sous son gouvernement, l'empire français se consolidait de jour en jour, et de plus en plus les victoires de Napoléon agrandissaient sa puissance. Si Louis XV, plongé dans de honteuses voluptés, n'avait pas su empêcher le premier partage de la Pologne, si le gouvernement de Louis XVI et celui de la république, sans cesse agités par des commotions intérieures, ou occupés à se défendre contre l'ennemi extérieur, n'avaient pu porter un secours efficace aux Polonais depuis 1788 jusqu'à 1794, il était à croire que l'Empereur Napoléon saisirait la première occasion pour réparer les fautes et l'impuissance de ses prédécesseurs, et essaierait de reconstituer en état indépendant cette Pologne, la plus fidèle alliée de la France. Les espérances d'un grand nombre de Polonais se tournèrent donc du côté de Napoléon. Elles étaient justifiées par son génie et par l'intérêt manifeste de sa couronne. En 1805, ces espérances semblaient acquérir quelque consistance. L'empereur vint en Moravie, remporta la victoire signalée d'Austerlitz, et ses troupes victorieuses allaient pousser jusqu'aux frontières de Pologne, lorsque la paix de Presbourg vint mettre fin à la guerre *.

* Il y avait aussi un parti qui voulait mettre Alexandre sur le trône de Pologne; à sa tête étaient les princes Czartoryski. Ce parti, quoique peu nombreux, n'était pas sans influence dans le pays, et eut un instant quelques chances de succès. Antérieurement à la bataille d'Austerlitz, ses projets semblaient au moment d'atteindre leur but. Le tzar voulait détacher de son empire les provinces polonaises qui y étaient incorporées. La Pologne prussienne devait se lever et Poniatowski se mettre à la tête de l'insurrection, lorsque le rapprochement de la Prusse et de la Russie vint anéantir ces flatteuses espérances.

En 1806, la Prusse s'était engagée imprudemment dans une lutte inégale avec Napoléon ; elle vit son armée anéantie à Iéna ; et toute la campagne ne fut qu'une suite de désastres pour elle et de triomphes pour les Français, qui plantèrent les aigles impériales sur les rives de la Warta. Napoléon arriva à Posen le 25 novembre. Il y fut reçu avec joie par les populations de la Grande-Pologne, qui se levèrent en masse pour secouer le joug prussien. L'empereur sans doute avait les meilleures intentions pour la Pologne, et il voulait la rétablir dans ses anciennes limites ; mais cette tâche était difficile : la prudence ne lui permettait pas d'attaquer les trois puissances copartageantes à la fois ; il devait suspendre ses coups d'un côté pendant qu'il frappait de l'autre, et l'intérêt de son empire lui défendait de s'engager inconsidérément. Il encouragea donc, à son arrivée en Pologne, l'insurrection qui s'étendait progressivement dans le pays, mais sans donner aux Polonais des gages certains de ses intentions futures.

Cependant l'armée française s'avançait sur la Vistule. Les troupes prussiennes étaient au moment de quitter Varsovie ; et le roi de Prusse, craignant les désordres qui pouvaient accompagner une insurrection populaire, voulut mettre le pouvoir aux mains d'un Polonais influent qui enchaînât ces désordres par sa popularité même. Il tourna ses vues vers le prince Joseph, et lui proposa le gouvernement de Varsovie et des pays environnants. Ce prince, mu par un sentiment que l'on pourra facilement apprécier, surmonta la répugnance qu'il éprouvait à tenir le pouvoir des mains d'un monarque étranger et usurpateur; et, voulant être utile à ses concitoyens, il accepta la proposition du roi. Il fut nommé gouverneur de la capitale de l'ancienne Pologne. Ce fut en cette qualité que le prince Joseph fut appelé à recevoir l'avant-garde de la grande armée commandée par Murat, lors de son entrée triomphale à Varsovie, et il partagea, dans cette occasion, la joie de tous ses compatriotes; mais en même temps, avec la délicatesse exquise qui le caractérisait, il écrivit au roi de Prusse pour lui exposer les motifs de sa conduite, dictés par son patriotisme. Murat témoigna aux Polonais toute sa sympathie; mais, ne voulant rien préjuger sur les intentions de l'empereur quant à l'existence politique de la Pologne, il se contenta d'instituer à Varsovie une commission administrative.

L'enthousiasme des habitants de la Grande-Pologne et de la Mazovie était à son comble. Ils couraient tous aux armes pour combattre l'ennemi, et le prince partageait leurs sentiments. Dans sa haute position, la prudence lui commandait néanmoins quelque réserve. Avant d'agir, il dut s'attacher à bien connaître les intentions de Napoléon sur la Pologne. L'empereur arriva à Varsovie le 19 décembre, et fut entouré de tout ce que le pays avait de plus illustre. Voulant profiter de l'élan général de la nation pour former une armée qui pût lui servir de puissant auxiliaire, il songea à mettre à sa tête un personnage éminent, et tourna d'abord ses vues vers Kosciuszko, qui, des prisons de Pétersbourg, avait passé en Amérique *, et s'était ensuite retiré en France, où il habitait alors ; mais Kosciuszko, concevant quelque défiance à l'égard de Napoléon, défiance qui prenait sans doute sa source dans ses principes républicains, instruit à l'école du malheur, et appréciant à juste titre son influence sur la nation polonaise, demanda d'abord des assurances positives de la part de l'empereur : il voulut que l'indépendance de la Pologne, dans ses anciennes limites, fût avant tout proclamée. Napoléon, qui avait alors à ménager l'Autriche, ne prétendait pas s'avancer autant. Kosciuszko rejeta donc ses propositions, et dit hautement « qu'ayant, une fois déjà, déçu les espérances de ses concitoyens, il ne voulait pas s'exposer à leur attirer une nouvelle catastrophe. » Les vues de Napoléon se tournèrent alors sur le prince Joseph, qui, entraîné par le mouvement général des esprits, était plus facile à émouvoir. Napoléon l'invita formellement à se mettre à la tête de l'armée polonaise qui allait se former sous l'égide de sa puissance. Quoique Napoléon n'eût donné aucune assurance positive quant au rétablissement de la Pologne, et n'eût pas voulu convoquer la diète nationale, se contentant de nommer une commission de gouvernement, à la tête de laquelle il mit le ma-

* Ce fut l'empereur Paul I<sup>er</sup> qui lui rendit la liberté à son avènement au trône.

réchal de la dernière diète, Stanislas Malachowski, Poniatowski crut devoir accepter les propositions de l'empereur, car il sentait qu'il était indispensable de former promptement une armée qui contribuerait puissamment à l'heureuse issue de la guerre, de laquelle dépendait le sort futur de la Pologne.

Dès lors, Poniatowski devint le principal représentant des intérêts de sa patrie auprès de Napoléon, et il remplit dignement sa tâche. Les efforts que firent, à cette époque, les populations polonaises, étaient prodigieux : non seulement le pays, nouvellement délivré, fournit à l'armée française toutes les choses indispensables à son entretien, mais trois légions, sous les ordres de Dombrowski, Zaionczek et Poniatowski, furent formées comme par enchantement, et présentèrent un effectif de près de 27,000 hommes.

Poniatowski conférait fréquemment avec l'empereur, et discutait avec lui les intérêts du pays. Il soutenait ses opinions avec la franchise et la droiture qui le caractérisaient. Il s'éleva entre eux, dès le principe, un point de contestation important. Napoléon voulait que les troupes nouvellement levées portassent la cocarde française; Poniatowski, au contraire, soutint la nécessité de leur donner les couleurs nationales, et, il faut le remarquer, *c'était pour ainsi dire une reconnaissance tacite de la Pologne.* Napoléon finit par céder à l'opinion du prince. Bientôt des régiments nouveaux, au milieu desquels flottait le drapeau polonais, vinrent renforcer la grande armée et seconder ses efforts.

Peu après l'occupation de Varsovie, une armée russe vint au secours de la Prusse. La guerre se ranima et continua malgré la mauvaise saison. Les coalisés firent quelques efforts pour refouler l'armée française sur la Vistule. Alors eurent lieu les combats de Pultusk et Golomin, et la sanglante bataille d'Eylau. Ils furent tous à l'avantage des Français.

Cependant les hostilités cessèrent quelque temps, et les deux partis utilisèrent ce repos pour organiser leurs mesures de guerre *.

Au printemps, d'habiles manœuvres de Napoléon préparaient la victoire décisive de Friedland, qui décida de l'issue de la lutte. Les coalisés se retirèrent derrière le Niémen; un armistice fut conclu bientôt après, et enfin la paix fut signée le 7 juillet 1807. Les espérances des Polonais, qui désiraient ardemment le rétablissement de la Pologne dans ses anciennes limites, ne furent alors réalisées qu'en partie. Napoléon ne pouvait pas exiger de l'Autriche la restitution de sa part de la Pologne; et il crut momentanément devoir ménager la Russie. Il ne lui disputa pas les acquisitions qu'elle avait faites

---

* Alexandre, qui redoutait les progrès de Napoléon en Pologne, voulut alors balancer son influence par la formation d'une armée polonaise. Il promettait le rétablissement d'une Pologne régénérée sous son sceptre; il voulut même appeler le général Kniazewicz, qui habitait ses terres de Wolhynie, à la commander; mais ce vétéran des légions polonaises refusa de coopérer à la guerre civile, et le projet fut abandonné.

par les trois partages de l'ancienne république, et il l'agrandit même du gouvernement de Bialystok, détaché de la Prusse. Cette puissance seule fut forcée de céder presque toutes ses possessions en Pologne. Napoléon en forma un état indépendant, régi par une constitution, sous le titre de grand-duché de Varsovie. Il en donna la souveraineté au roi de Saxe, dont les ancêtres avaient jadis régné en Pologne. Les Polonais furent loin d'être satisfaits; mais bientôt de nouveaux événements, de nouvelles guerres soutenues par la France contre les puissances copartageantes, et surtout la confiance que leur inspirait le génie de l'empereur, ranimèrent leur zèle un moment refroidi, et les rallièrent à la cause de la France avec une confiance entière et un dévoûment sans bornes.

Après l'établissement du duché, toutes les branches de l'administration du pays furent promptement organisées, et la formation de l'armée fut surtout poussée avec vigueur.

Poniatowski continua à gérer les affaires militaires du duché en qualité de ministre de la guerre. Il compléta la constitution des trois légions que l'on venait de former; elles étaient composées de troupes de toutes armes avec une organisation semblable; mais chacune avait un chef, un état-major, et même un uniforme différent. Ce partage de l'armée aurait eu quelque inconvénient par la rivalité qui existait entre Zaionczek, Dombrowski et Poniatowski, qui les commandaient, si l'amour d'une patrie commune n'avait resserré entre eux les liens d'une noble fraternité ; elle se changea dès lors en une émulation propice qui se communiqua aux soldats et perfectionna promptement l'instruction de l'armée polonaise. Dès l'année 1808, le duché de Varsovie put fournir trois régiments d'infanterie et une batterie d'artillerie à l'armée d'Espagne. Trois autres régiments d'infanterie concoururent à former les garnisons des places de la Prusse occupées par les Français. Un régiment de cavalerie fut envoyé en Westphalie. Il ne restait en 1809, pour la défense du duché, que 15,000 hommes, avec 2,000 hommes de troupes saxonnes qui y stationnaient, et ce ne fut qu'immédiatement avant l'ouverture des hostilités contre l'Autriche, qu'une levée de 8,000 conscrits renforça ses rangs ; mais ces hommes inhabiles à la guerre ne pouvaient être encore employés en campagne.

Cependant l'Autriche se préparait à la guerre; elle comptait d'un côté sur les secours que lui fournirait l'Angleterre, sur le mécontentement de l'Allemagne, et, de l'autre, sur la diminution des forces de Napoléon, que la guerre d'Espagne et l'occupation du Portugal avait forcé d'employer une armée considérable dans la Péninsule. Il restait à Napoléon au delà de 300,000 hommes de troupes françaises et alliées* pour repousser l'agression ;

---

* Dans ce nombre, sont compris 35,000 Russes qui devaient agir au besoin concurremment avec nos troupes. Depuis Tilsitt, Alexandre était l'allié de Napoléon.

mais l'Autriche avait 330,000 soldats réguliers et 100,000 hommes de landwehr à lui opposer. L'ennemi prit l'offensive sur tous les points : en Italie, en Bavière et en Pologne. 33,000 hommes furent destinés à la conquête du duché. Cette armée était composée de troupes aguerries et commandées par l'archiduc Ferdinand d'Este, frère de l'impératrice. Les Polonais furent surpris, ainsi que les Bavarois et les Italiens. A l'ouverture des hostilités, les préparatifs de défense n'étaient pas complets. Il importait d'éviter un engagement général : dès le début, l'armée Polonaise aurait pu être écrasée par Ferdinand. Poniatowski dut temporiser, traîner la guerre en longueur, et, profitant du patriotisme des habitants du duché comme de celui de la Galicie, organiser l'insurrection du pays, qui pouvait puissamment seconder les efforts de l'armée nationale.

## CAMPAGNE DE 1809.

Vers le milieu d'avril, Ferdinand s'avança, à la tête de 33,000 hommes, sur la capitale du duché, que Poniatowski ne voulut pas abandonner sans combattre. Le 19 août, une bataille fut livrée à Raszyn, à deux milles de distance de Varsovie. La position du gros de l'armée polonaise était couverte par un ruisseau marécageux ; mais son avant-garde se trouvait en avant de la ligne de bataille, et occupait le village de Falenty et un bois voisin. Elle se trouvait par-là exposée au premier choc de l'ennemi. Celui-ci parut à une heure en vue de Falenty. Ferdinand, impatient de combattre, négligea de déployer son armée et de reconnaître celle des Polonais, et fit attaquer, vers deux heures de l'après-midi, la position de Falenty par son avant-garde, appuyée par quelques bataillons d'infanterie qui arrivèrent successivement sur le champ de bataille. Les Autrichiens soutinrent leur attaque par le feu de plusieurs batteries, auxquelles l'artillerie polonaise, moins nombreuse, ne put répondre que faiblement. Néanmoins le combat fut acharné. Les Polonais firent un résistance désespérée; cependant, vers cinq heures du soir, ils durent se replier sur Raszyn.

L'archiduc fit alors attaquer la position de l'armée de Poniatowski, s'efforçant de franchir le ruisseau marécageux qui la couvrait, sur trois points différents; mais ses efforts principaux furent dirigés sur le centre, qui était couvert par le village de Raszyn, et qui fut vivement disputé. Les Autrichiens s'en rendirent maîtres; mais ils ne purent en déboucher, parce qu'ils étaient arrêtés par le feu d'une forte batterie polonaise et saxonne qui les mitrailla pendant plus d'une heure. A la nuit tombante, ils se replièrent derrière Raszyn, et les Polonais se maintinrent dans leur position. La canonnade dura, de part et d'autre, jusqu'à neuf heures du soir. Les Polonais perdirent, dans cette journée, 1,400 hommes mis hors de combat, et la perte des Autrichiens, qui combattirent presque toujours à découvert, fut évaluée à 2,500 hommes. Cependant Poniatowski, qui ne comptait plus que 12,000 hommes sous les armes, et qui fut affaibli par le départ de 2,000 Saxons, qui, d'après un ordre de l'empereur, retournèrent en Saxe, jugea convenable, dès que le combat fut fini, de se retirer sur Varsovie dans la nuit même, et d'y rallier ses troupes.

Cette bataille eut pour résultat d'imposer à l'ennemi, par la valeur que nos troupes y déployèrent dans une lutte de plusieurs heures contre un ennemi si supérieur en nombre, et favorisa la conclusion d'une convention par laquelle le prince Joseph, qui ne pouvait se maintenir à Varsovie, obtint la faculté d'évacuer, sur la place de Modlin, ses armes et ses approvisionnements de guerre, et de se retirer avec son armée sur la rive gauche de la Vistule.

Dès lors le premier but de la campagne était atteint et les premiers efforts de l'ennemi rendus infructueux. En vain il tenta le passage de la Vistule; il fut rejeté avec perte sur la rive gauche. Poniatowski * put alors continuer la guerre avec avantage. Il était couvert par la Vistule; il en profita pour exécuter un mouvement hardi : il se porta en Galicie, surprit les détachements isolés de l'ar-

---

* Le prince était alors à la fois le chef militaire et politique du pays; il réunissait dans sa personne un pouvoir dictatorial, qui seul peut sauver l'État dans les grandes crises politiques.

mée autrichienne, dispersa ses recrues, s'empara des places de Zamosc et de Sandomir, de ses dépôts de guerre et de ses magasins, et appela aux armes la population, qui s'émut tout entière, et s'empressa de répondre à son appel. Depuis le Bug jusqu'au Dniester, tout le pays était insurgé. En même temps, les lieutenants du prince, Dombrowski et Zaionczek, organisèrent de nouvelles levées dans le duché, sur les deux rives de la Vistule, et les Polonais furent ainsi à même de reprendre l'offensive sur tous les points. Ferdinand, qui comptait sur la levée du nord de l'Allemagne, et qui espérait même la coopération de la Prusse, avec laquelle l'Autriche négociait secrètement, porta des détachements de son armée jusque sur les frontières de ce royaume, menaça Thorn, et perdit de cette manière un temps précieux. Toutes ses espérances furent déçues : les insurrections du nord de l'Allemagne furent étouffées, et la Prusse, effrayée par les victoires de Napoléon, n'osa se déclarer contre lui.

Cependant les progrès de Poniatowski, sur ses derrières, inquiétèrent l'archiduc. Il se retira, en abandonnant la capitale et le duché. Poniatowski, maître de l'importante position de Sandomir, aurait pu, en marchant en avant, couper Ferdinand de Krakovie, et le menacer dans sa retraite; mais, soit qu'il n'eût pas encore acquis cette habileté et cette confiance en lui-même que lui donna plus tard une longue expérience acquise sur tant de champs de bataille, soit qu'il n'eût pas voulu abandonner les habitants de la rive droite de la Vistule à la vengeance des Autrichiens et au mauvais vouloir de l'armée russe, qui s'avançait du Bug comme alliée de Napoléon, mais dont les intentions secrètes lui étaient connues, il resta inactif sur le San, et s'exposa à voir bientôt ses communications interceptées avec Sandomir, qui, quoique défendue par une brave garnison aux ordres du général Sokolnicki, ne pouvait longtemps résister. Dombrowski et Zaionczek suivaient à la vérité le mouvement rétrograde des Autrichiens; mais, isolés comme ils l'étaient et marchant à la tête de nouvelles levées, ils ne pouvaient rien entreprendre de définitif pour secourir cette place. Ferdinand, qui avait réuni ses forces entre la Vistule et la Pilica, voulut alors profiter de sa position centrale pour attaquer successivement les divisions polonaises ainsi isolées; mais il exécuta son plan mollement, et ne sut pas frapper de coups décisifs. Zaionczek fut, il est vrai, repoussé et vint joindre Poniatowski sur le San; Dombrowski contenu fut forcé à repasser la Pilica; Sandomir fut réoccupé par capitulation après la défense héroïque de sa garnison\*; mais aucun des corps polonais ne fut détruit ni même entamé.

Le prince, attaqué à son tour le 12 juin à Wrzawy,

---

\* Sokolnicki conclut, avec les Autrichiens, une capitulation honorable, par laquelle il avait la faculté de se retirer avec ses troupes derrière la Pilica.

sut triompher des efforts de l'ennemi, qui lui était supérieur en forces. A deux heures de l'après-midi, les Autrichiens ouvrirent leur attaque contre la division polonaise, qui occupait, en avant du San, une position couverte par des digues et par le village de Wrzawy. Les attaques de l'ennemi étaient impétueuses; mais elles furent repoussées avec vigueur par les Polonais; et les Autrichiens perdirent bon nombre des leurs par le feu de l'artillerie polonaise avantageusement placée. Vers le soir, l'attaque de l'ennemi s'étant ralentie, l'infanterie polonaise s'élança sur les Autrichiens, et fit ployer leurs lignes. Une compagnie polonaise s'avança trop loin à la poursuite de l'ennemi, et fut sabrée par les chevau-légers autrichiens. La journée se termina, de part et d'autre, par une canonnade qui dura bien avant dans la nuit, pendant laquelle les deux armées gardèrent leurs positions respectives. Le lendemain, Poniatowski resta sur le champ de bataille, et ce ne fut que dans la nuit du 13 au 14 qu'il fit repasser le San à ses troupes par un pont de bateaux qui assurait sa retraite, et qu'il fit lever dès que le passage fut effectué.

Sur ces entrefaites, différents corps autrichiens, la plupart de nouvelles levées, avaient réoccupé la partie de la Galicie qui s'étend de Léopol vers le Dniester, et entravaient la formation des nouvelles troupes qui s'organisaient dans ces contrées. Mais, d'un côté, l'arrivée de 35,000 Russes, aux ordres du prince Galitzyne, sur le San, et, de l'autre, les habiles mouvements des partisans polonais, qui harcelèrent sans cesse les troupes ennemies, les forcèrent à repasser cette dernière rivière, et à abandonner Léopol et ses environs aux troupes russes. L'armée de Galitzyne semblait devoir promettre à Poniatowski une puissante coopération ; mais en vain exigea-t-il des Russes qu'ils se portassent en avant, Galitzyne ne voulut pas prendre l'offensive, et refusa de passer la Vistule. Un nouveau plan de campagne fut alors concerté entre les deux chefs. L'armée russe devait agir sur la rive droite du fleuve, et l'armée polonaise passer sur la rive gauche pour attaquer l'archiduc et préserver le duché d'une nouvelle invasion.

Poniatowski franchit la Vistule à Pulawy, tandis que Sokolnicki et Dombrowski passaient, de leur côté, la Pilica, et venaient le rejoindre à Radom, sans que les Autrichiens cherchassent à entraver leur réunion. L'archiduc fut alors rappelé, et le général Mondet lui succéda dans le commandement du corps autrichien. Celui-ci commença sa retraite vers la Silésie autrichienne, voulant sans doute se rapprocher de la grande armée commandée par l'archiduc Charles, qui se préparait alors à livrer une bataille générale. Poniatowski suivit le mouvement de l'ennemi, et remporta des avantages marqués sur son arrière-garde. De son côté, Galitzyne, après avoir réoccupé Léopold, qui était tombé momentanément au pouvoir des Autrichiens, s'avançait lentement par la grande route de Krakovie sans éprouver aucune résistance.

Cependant Poniatowski se présenta devant Krakovie ; et les Autrichiens, décidés à évacuer cette ville, voulurent en retarder l'occupation par des négociations qui amenèrent une capitulation par laquelle cette ancienne capitale de la Pologne tomba au pouvoir du vainqueur ; mais, en même temps, ils s'empressèrent de donner avis de ce qui se passait à Galitzyne, qui détacha une division de son armée sur Krakovie, afin de prendre possession de la ville. Le prince Poniatowski, fort de son droit, ordonna à l'avant-garde polonaise d'entrer en ville de gré ou de force, et les Russes ne crurent pas devoir opposer de résistance à cet ordre impératif.

Toutefois, les Polonais durent partager leur précieuse conquête avec les Russes, et les troupes des deux nations occupèrent conjointement Krakovie.

Le prince fut reçu par les Krakoviens en libérateur, et eut la gloire de délivrer l'antique cité où reposent les cendres des rois de Pologne, et qui renferme des monuments qui attestent la grandeur d'une nation jadis la plus puissante du Nord.

Pendant que ces événements avaient lieu en Pologne, les opérations en Italie et en Allemagne, qui avaient commencé favorablement pour l'Autriche, s'étaient terminées à l'avantage de Napoléon. Après la victoire de Ratisbonne et la prise de Vienne, l'empereur voulut franchir le Danube. Une première tentative pour passer ce fleuve n'eut pas de succès, et les deux armées restèrent quelque temps inactives. Les généraux en chef opposés réunirent alors leurs forces sur le Danube. L'armée autrichienne d'Italie se retira sur la Hongrie, et celle du vice-roi la suivit. Une seconde tentative pour passer le Danube réussit complètement, et amena la victoire signalée de Wagram. L'armée de l'archiduc Charles se retira alors sur la Bohême, et tout semblait présager la ruine totale de la monarchie autrichienne ; mais il n'entrait pas dans la politique de Napoléon de détruire l'empire d'Autriche, il ne voulut que l'affaiblir, en détachant du corps de l'État les nouvelles provinces qui augmenteraient la puissance de ses alliés.

Un armistice, conclu à Znaym le 12 juillet, mit fin aux hostilités : on traita de la paix à Vienne, et elle fut conclue le 14 octobre. Le duché de Warsovie reçut en partage la Nouvelle-Galicie, et le cercle de Zamosc, qui faisait partie de la Vieille-Galicie. L'empire russe s'agrandit du cercle de Tarnopol, détaché de cette province. Le reste de la Pologne autrichienne continua à faire partie de l'empire de François II.

Ainsi Poniatowski, en trois mois, sut non seulement arrêter les progrès des Autrichiens sur la Vistule, mais encore reconquérir une province qui comptait 2,000,000 d'habitants *.

* Les services éminents rendus par Poniatowski dans cette campagne furent récompensés par l'empereur et par le roi de Saxe,

L'augmentation des cadres de l'armée du duché réclamait les soins du ministre de la guerre. Poniatowski remplit cette tâche avec zèle. L'armée polonaise, forte de 60,000 hommes depuis la campagne de 1809, reçut une organisation nouvelle et plus uniforme, dans laquelle le partage en légions fut aboli ; elle acquit une instruction et une discipline parfaites.

Cependant Napoléon se préparait à combattre les Russes, à les refouler dans le Nord, et à rétablir enfin une Pologne puissante et toujours armée, qui veillerait du côté de l'Orient au salut de son empire, et arrêterait désormais toute irruption des Moskovites en Europe. A cet effet, il devait compter principalement sur la coopération active des Polonais, et il aurait dû sans doute opérer des armements considérables dans le duché de Varsovie, et assigner un rôle important aux troupes polonaises, mieux acclimatées, et plus intéressées à l'issue de cette lutte qu'aucune autre troupe de la grande armée. Mais l'empereur, se confiant dans les moyens formidables d'agression qu'il avait accumulés de longue main, se contenta de porter l'effectif de l'armée polonaise à 70,000 hommes, et de prendre à sa solde un tiers des troupes du duché.

A la veille d'agir dans un pays presque inconnu,

grand-duc de Varsovie. Napoléon lui envoya la grand-croix de la Légion d'Honneur, et une épée enrichie de son chiffre, et Frédéric-Auguste le grand cordon de l'ordre militaire de Pologne, auquel il joignit une dotation d'un million de francs en biens-fonds sur le domaine des provinces récemment conquises.

et dont il ne possédait pas même de carte exacte, il désira consulter, sur ce sujet important, des Polonais instruits, et principalement le prince Poniatowski. Il lui communiqua son plan de campagne. Le prince lui donna toutes les informations désirables, et lui conseilla de réunir les troupes polonaises sur le Bug, et de les employer à la conquête des provinces du midi de la Pologne, afin d'augmenter ses forces à l'aide des immenses ressources que lui offriraient ces riches provinces. Outre les productions de leur sol fertile, elles pouvaient à elles seules fournir à Napoléon 100,000 hommes et 100,000 chevaux. Cette conquête devait réaliser un autre résultat non moins important, celui de se rapprocher de la Turquie ; ce qui eût sans doute contribué à relever le courage des Ottomans, et les eût portés à appuyer les efforts de la France par une puissante coopération. Mais Napoléon ne jugea pas convenable de détacher une force aussi considérable de ce côté ; il croyait pouvoir se passer des ressources que le plan de Poniatowski lui eût assurées. Déterminé, dans cette circonstance, par d'autres vues politiques et militaires, il résolut d'établir sa ligne d'opérations, par Kowno et Wilna, sur Smolensk, en appuyant son aile gauche à la mer ; et il faut avouer que, sous le rapport militaire, la position trop étendue de l'armée russe, qui lui était opposée et ne comptait que 230,000 combattants, et qui appuyait sa droite à la Baltique et sa gauche au Styr, devait le décider à diriger ses principaux efforts sur le centre de la ligne de défense de l'ennemi. Au reste, Napoléon, marchant à la tête de 400,000 hommes, croyait pouvoir triompher de tous les obstacles ; et toutes les probabilités de succès étaient en sa faveur. La difficulté était de faire subsister de telles masses. On peut reprocher à l'empereur de n'avoir pas, dans cette campagne, mieux organisé le service des vivres de son armée, car c'est le manque de subsistances qui fut la cause principale de ses désastres.

## CAMPAGNE DE 1812.

L'époque de l'ouverture des hostilités approchait; la diète du duché s'était confédérée et avait proclamé la reconstitution du royaume de Pologne ; de son côté, le prince Poniatowski pourvut aux derniers préparatifs que réclamaient les circonstances. D'après les ordres de Napoléon, les troupes du duché, ainsi que plusieurs régiments polonais qui servaient dans l'armée française, furent répartis dans les différents corps de la grande armée, à l'exception de trois divisions d'infanterie et d'une division de cavalerie, qui devaient former le cinquième corps, fort de 35,000 hommes, sous les ordres de Poniatowski.

Napoléon porta ses forces principales sur Kowno et Olitta. Le cinquième corps pénétra en Litvanie par Grodno, et fit partie de l'aile droite de la grande armée commandée par le roi de Westphalie. Jérôme Bonaparte avait aussi sous ses ordres le huitième corps westphalien, le septième, formé de Saxons, et le quatrième corps de cavalerie de réserve composé de cavalerie française, allemande et polonaise. Ces forces imposantes, que l'on peut évaluer à 80,000 hommes, devaient agir contre la deuxième armée russe, forte seulement de 65,000 hommes, commandée par Bagration, et être appuyées par 30,000 Autrichiens qui avaient passé le Bug à Drohiczyn.

Par sa pointe sur Wilna, l'empereur espérait empêcher la réunion de la deuxième armée russe avec la première, qui se retirait alors excentriquement vers la Dzwina. Il détacha 30,000 hommes aux ordres de Davoust pour couper toute retraite à Bagration; et certes, si ses ordres avaient été exécutés avec précision, la deuxième armée russe, resserrée par des forces si supérieures, devait être forcée à mettre bas les armes ou à se jeter en Ukraine. Mais le roi de Westphalie marcha lentement; ses troupes, dès le début de la campagne, manquaient de vivres, et il ne poursuivit que mollement l'ennemi. Bagration sut profiter habilement de tous les obstacles que présentait le terrain pour retarder sa poursuite. Davoust ne put à lui seul l'arrêter dans sa retraite; il fut contraint, après une bataille indécise livrée à Mohilow, de lui permettre de passer le Dnieper, et de se réunir, sous les murs de Smolensk, à Barklay de Tolly, qui commandait la première armée russe, et s'était retiré sur cette place après avoir échappé à la poursuite des forces que Napoléon avait fait agir contre lui. Instruit des retards que mettait Jérôme dans sa marche, et du peu de succès de ses premières opérations, dans le cours desquelles son avant-garde était tombée dans une embuscade et avait subi un échec à Mir, Napoléon lui en témoigna son vif mécontentement; ce qui détermina le roi de Westphalie à quitter immédiatement l'armée, et à retourner dans sa capitale.

L'aile droite de la grande armée resta ainsi sans chef pendant plusieurs jours; et lorsque Poniatowski fut investi par l'empereur de ce commandement important, il lui était impossible de réparer le temps perdu, que'que promptitude qu'il apportât à exécuter les ordres qu'il avait reçus. Napoléon, qui n'admettait pas qu'il existât des difficultés insurmontables, rejeta d'abord sur le prince la responsabilité de la non réussite de son plan ; mais bientôt après, reconnaissant son erreur, il lui rendit ses bonnes grâces, et l'accueillit avec bienveillance et distinction lors de la réunion du cinquième corps avec son armée devant Smolensk.

On se prépara à l'attaque de cette ville, où l'armée ennemie était arrêtée, et qu'elle se proposait de défendre. Smolensk peut être regardée comme la clé de la Russie du côté de la Pologne. Il importait éminemment à Napoléon de l'occuper. Le 16 août, dès son arrivée devant la place, et quoiqu'une partie de ses troupes ne fussent pas encore entrées en ligne, il fit attaquer la citadelle de Smolensk par le corps de Ney, qui ne put s'en rendre maître. Le lendemain, l'empereur avait réuni 150,000 hommes autour de la ville, et il renouvelait ses attaques avec vigueur.

Dans l'ordre de bataille, le corps de Poniatowski formait la droite. Le 17 août, au matin, une brigade de cavalerie polonaise, soutenue par une batterie d'artillerie à cheval, attaqua la cavalerie russe qui se trouvait en avant des faubourgs, et la contraignit à rentrer dans Smolensk. L'infanterie du cinquième corps, partagée en quatre colonnes, se porta ensuite sur les faubourgs, en chassa les Russes malgré la plus vive résistance, et s'y établit. L'artillerie polonaise contribua puissamment à cette attaque par un feu bien soutenu. Il en coûta néanmoins, aux Polonais, 500 hommes tués et 700 blessés. Les autres corps de l'armée rivalisèrent de zèle avec le cinquième, et firent d'aussi grands progrès.

Dans cette sanglante journée, qui se termina par l'entière occupation des dehors de Smolensk. Nos troupes ne purent franchir le mur d'enceinte, bien qu'il eût été battu en brèche pendant plusieurs heures. La ville fut incendiée sur plusieurs points par nos projectiles, et les faubourgs, occupés par les Polonais, entièrement brûlés.

On se préparait à renouveler l'attaque le lendemain; mais les Russes, craignant pour leurs communications, se retirèrent pendant la nuit, et, après un combat meurtrier qui eut lieu le 18 à Valoutina, ils se mirent en marche pour se porter sur Moskou.

L'empereur résolut de les poursuivre, espérant

bien les forcer à une bataille, qu'il désirait ardemment. Il se mit donc en marche sur trois colonnes, dont la principale s'avançait par la grande route de Móskou, et les deux autres par des chemins de traverse latéraux. Le corps de Poniatowski formait celle de droite. Comme il n'avait devant lui que des kosaks, il n'eut pas d'engagement sérieux à soutenir; mais, marchant par des routes étroites qui le forçaient souvent à faire de longs détours, et obligé de se tenir constamment à la hauteur de la colonne impériale, il éprouva de grandes fatigues.

Heureusement Poniatowski entretenait parmi ses troupes une parfaite discipline. Il n'envoyait point à la maraude et ne dévastait pas le pays. Cette sage conduite retint les habitants dans leurs demeures, et les disposa à vivre en bonne intelligence avec les Polonais. Ils leur fournissaient des vivres et des fourrages en abondance, ce qui ne contribua pas peu à maintenir le cinquième corps en bon état.

En attendant, Koutouzoff, qui avait remplacé Barclay de Tolly au commandement de l'armée russe, voulut marquer son avénement par un fait d'armes éclatant, et il se décida à livrer une bataille générale à Napoléon. Il choisit, à cet effet, une forte position sur la grande route en avant de Mojaïsk. Dès que l'empereur eut connaissance de ses intentions, il ordonna aux colonnes latérales de se rapprocher de la grande route. Ce fut par suite de cet ordre que le prince Joseph prit part au combat du 5 septembre, qui fut pour ainsi dire le prélude de la grande bataille qui allait être livrée. Dans cette journée, le corps polonais coopéra avec l'avant-garde de la grande armée commandée par le roi de Naples, et contribua à la prise d'une redoute élevée près du village de Schewerdino, qui était la clé de la position de l'ennemi, et qui fut emportée par la division Compans.

La journée du lendemain fut employée à se préparer, de part d'autre, au combat. Poniatowski tenait encore ici la droite de la ligne de bataille, et l'opération décisive lui fut confiée. Il devait commencer l'action en attaquant la gauche de l'armée ennemie, quoiqu'il ne comptât alors que 11,000 hommes sous les drapeaux *.

Le 7 septembre, dès cinq heures du matin, le corps polonais se mit en marche pour tourner le bois auquel s'appuyait la gauche de l'armée de Koutouzoff; il s'avança ensuite par la veille route de Smolensk à Moskou, afin d'attaquer l'extrême gauche de l'armée ennemie. Une forte batterie soutenait de son feu ce mouvement. Le village de Passerevo, occupé par les Russes, fut d'abord emporté, et ensuite le petit bois en avant de ce village. Le cinquième corps continuant son mouvement offensif, Poniatowski dirigea trois bataillons d'infanterie sur un mamelon couvert de broussailles, qui était occupé en force par l'infanterie russe. Cette

* Dès le passage du Dnieper, le cinquième corps avait été affaibli par le détachement de la division Dombrowski, qui bloquait Bobruysk.

attaque, exécutée en tirailleurs, fut puissamment appuyée par l'artillerie du cinquième corps. Une vive fusillade s'engagea de part et d'autre et dura jusqu'à midi sans qu'il fût possible aux Polonais de faire de notables progrès, vu la grande supériorité numérique de l'ennemi. Alors Poniatowski ordonna à son infanterie de redoubler d'efforts pour occuper le mamelon disputé par les Russes avec tant d'opiniâtreté. L'infanterie polonaise s'avança jusqu'au sommet, mais ne put s'y maintenir, et dut se contenter d'occuper les broussailles qui en couvraient la pente de son côté, tandis que, de son feu, notre artillerie en battait continuellement le sommet.

Les choses en restèrent là jusqu'à deux heures de l'après-midi ; alors Poniatowski, s'apercevant des progrès du centre de l'armée, dirigea une nouvelle attaque contre la position ennemie. Son infanterie, formée en colonne, attaqua le mamelon de front, tandis que sa cavalerie le tournait par sa gauche. Ce mouvement eut un plein succès, et la position fut enfin enlevée. En vain les Russes s'efforcèrent-ils de la reprendre ; ils furent repoussés avec perte et poursuivis par nos troupes. L'ennemi perdit, dans cette journée, beaucoup de monde mis hors de combat ; mais les Polonais lui firent peu de prisonniers, parce que la cavalerie sabra les fuyards sans faire de quartier.

Dans cette journée mémorable, l'armée de Napoléon triompha de tous les obstacles, et remporta un avantage signalé ; mais la victoire eût encore été plus complète sans une faute commise dans les dispositions de l'ordre de bataille. En effet, l'armée de Koutouzoff avait pris une position qui favorisait éminemment les plans de l'empereur : son centre et sa gauche se trouvaient en face de celle de Napoléon, à cheval sur la grande route de Smolensk à Moskou ; mais sa droite, placée en crochet, faisait, sans nécessité, face à la Moskva, où elle n'avait pas d'ennemis à combattre. Le plan de Napoléon consistait à écraser le centre et la gauche de l'ennemi avant que la droite pût venir à son secours. Il disposa son armée de façon à attaquer par échelons, par sa droite, et à n'engager successivement ses corps d'armée qu'à mesure que cette droite ferait des progrès. Il importait dès lors éminemment que le corps du prince Poniatowski fût en état de remporter, dès le commencement de la bataille, des succès décisifs, et de pousser en avant avec vigueur ; mais 11,000 Polonais, chargés de cette opération importante, n'étaient pas suffisants pour l'exécuter : ils ne purent obtenir d'avantages marqués, et furent obligés de s'arrêter dans leur marche avant de réitérer leurs efforts contre un ennemi fort supérieur en nombre. Les autres échelons s'engagèrent donc successivement avant que l'aile gauche russe pût être forcée dans sa position. L'attaque devint alors parallèle au lieu d'être oblique, et les principaux efforts durent être dirigés sur le centre de l'armée russe, qui occupait une position formidable sur une chaîne de mamelons couverts de ravins et fortifiés de plusieurs redoutes. Ces différents obstacles empêchèrent que les progrès de l'armée de Napoléon fussent aussi rapides qu'ils auraient dû l'être d'après le plan primitif, et donnèrent le temps à Koutouzoff de replier sa droite et de l'employer à soutenir la partie de son armée qui était si vivement attaquée. La bravoure des troupes, les bonnes dispositions des chefs des corps, triomphèrent cependant de l'opiniâtreté, de la résistance des Russes : le centre de leur position fut forcé ; une nombreuse artillerie française vint couronner les hauteurs occupées au commencement de l'action par l'ennemi, et sema la mort dans ses rangs. 50,000 Russes furent mis hors de combat dans cette sanglante journée, tandis que l'armée de Napoléon n'éprouva qu'une perte de 18,000 hommes. C'était certes un beau résultat. Les troupes russes, découragées et mises en désordre par cette énorme perte, se mirent en retraite et ne purent dès lors opposer aucune résistance à la marche de Napoléon sur Moskou.

Cette ancienne capitale de la Russie fut occupée, le 14 septembre, par la grande armée, et Napoléon comptait pouvoir donner enfin à ses troupes un repos dont elles avaient tant besoin. Mais ce repos fut bientôt troublé par l'incendie de la ville.

En abandonnant Moskou, le gouverneur, Rostopczin, avait tout préparé pour la brûler complétement. Quelques centaines de malfaiteurs, apostés par les Russes eux-mêmes, y mirent le feu dans la nuit qui suivit l'entrée de nos troupes, et revinrent à la charge pendant plusieurs jours consécutifs. La plupart des maisons de Moskou étaient en bois, et les trois quarts de cette grande cité furent consumés en moins d'une semaine. Ce coup, inspiré par le désespoir, pouvait néanmoins devenir plus funeste pour les Russes que pour les Français : il détruisait le centre de leur commerce et de leur industrie, et ne privait l'armée française que de la majeure partie des ressources qu'elle pouvait trouver à Moskou. Ce qui restait encore de vivres suffisait pour faire subsister l'armée pendant plusieurs mois, et le pays fertile qui environne cette ville pouvait fournir en quantité suffisante les fourrages indispensables à l'entretien de ses chevaux. Si Napoléon avait pris la résolution de se replier sans délai sur Smolensk, le désastre de Moskou ne lui eût causé d'autre préjudice que de l'obliger à évacuer cette capitale. Mais se confiant dans sa fortune et dans la réussite des négociations entamées avec le gouvernement russe, il y séjourna trop longtemps, et il exposa par là son armée, privée de vêtements d'hiver et mal acclimatée, à un désastre complet.

Le corps de Poniatowski, qui était destiné à faire partie de l'avant-garde commandée par le roi de Naples, ne fit que traverser les faubourgs de Moskou, et se porta sur la Pahra, où se réunissaient les troupes qui, sous les ordres de Murat, étaient destinées à observer l'armée de Koutouzoff. Celui-ci, après s'être d'abord avancé dans la direction de Kazan, vint prendre position sur la route de Kalouga, couvrant les pays fertiles qui, de là, s'étendent vers le midi de la Russie, d'où il pouvait tirer d'immenses ressources et recruter promptement son armée. Le roi de Naples suivit le mouvement des Russes, et plusieurs combats leur furent livrés par l'avant-garde de la grande armée. Un des plus importants fut celui de Tscherykow. Le cinquième corps, commandé par le prince Joseph, y prit seul part, et c'est à lui seul qu'est dû le succès brillant de cette journée.

Le 29 septembre, Poniatowski se porta, par les bois, sur le village de Tscherykow. Sa cavalerie, appuyée de l'artillerie légère, marchait en tête. En débouchant de ces bois, elle se trouva en face d'un corps de cavalerie ennemie bien supérieur en nombre. Les deux partis se chargèrent à plusieurs reprises sans résultat décisif ; mais, pendant cet engagement, l'infanterie russe eut le temps de se déployer parallèlement à la grande route de Moskou à Kalouga. Le cinquième corps prit position en face de l'armée ennemie. Ayant reconnu la position de l'armée ennemie, le prince fit attaquer le village de Tscherykow, auquel s'appuyait l'aile droite des Russes, qui en furent chassés et y mirent le feu en se retirant. Bientôt après, un bouquet d'arbres, qui se trouvait du même côté, fut aussi enlevé par les Polonais. Cependant, les Russes se maintenant toujours dans un bois plus étendu qui couvrait leur centre, le prince les y fit attaquer par son infanterie, appuyant ce mouvement du feu de son artillerie, et il en prit possession. Une division de cavalerie ennemie se porta alors contre notre gauche ; mais elle fut repoussée avec perte. Néanmoins l'ennemi réunit ses forces et attaqua les Polonais sur toute la ligne. Ses efforts principaux étaient dirigés contre Tscherykow ; mais il fut partout repoussé.

L'attaque du bouquet d'arbres n'eut pas plus de succès ; les troupes qui l'occupaient, enveloppées un instant, furent dégagées par une charge à la baïonnette. Toutefois, l'infanterie russe se rallia et tint bon. Le combat devint alors très vif ; l'ennemi perdit beaucoup des siens, et finit par se débander en nous abandonnant le champ de bataille. Dans cette journée, les Russes perdirent plusieurs milliers d'hommes et 500 prisonniers, tous blessés. De leur côté, les Polonais eurent 160 hommes tués et 300 blessés.

Après le combat, comme le prince retournait à son quartier-général, suivi de son état-major et d'une escorte de 50 chevaux, il rencontra, à la nuit tombante, une forte colonne d'infanterie russe qui débouchait du bois. On ne reconnut l'ennemi que lorsqu'il n'était déjà plus temps de reculer. Une seule décharge de cette infanterie eût mis dans un grand péril la vie du prince et des siens. Il n'y avait qu'un coup audacieux qui pût les tirer de ce mauvais pas. Le prince eut bientôt pris une résolution ; et, chargeant vigoureusement cette masse formidable à la tête de la poignée de braves qui l'accompagnait, il l'eut en un instant culbutée et refoulée vers le bois, où elle se hâta d'aller chercher un refuge. On fit quelques prisonniers, et le prince fut sauvé.

A la faveur du succès qu'il venait d'obtenir, le cinquième corps, ainsi que l'avant-garde de l'armée, purent jouir enfin de quelque repos. Les Russes évitaient à dessein tout engagement nouveau ; et, pour mieux endormir la vigilance de l'empereur, Koutouzoff consentit à un armistice dont la rupture devait être dénoncée vingt-quatre heures à l'avance.

Pendant la marche de Napoléon sur Moskou, et son séjour dans cette capitale, il s'était passé des évènements importants aux deux ailes de la grande armée, destinées à couvrir ses communications avec le duché de Varsovie. Dès le début de la campagne, et tandis que notre aile droite poursuivait Bagration dans le but de détruire son armée, Tormassoff, à la tête de 40,000 hommes, traversait la Volhynie et franchissait le Bug. Ce mouvement menaçait les derrières de l'empereur, et Varsovie même. Le corps du général Reynier, renforcé par une division du général Kosinski, tirée des réserves de l'armée, fut d'abord détaché contre lui, et ces forces étant encore jugées insuffisantes, le corps de Schwartzenberg, qui était en marche sur le Dnieper, eut ordre de rebrousser chemin et de se porter de ce côté. Schwartzenberg et Reynier réunis repoussèrent Tormassoff au delà du Styr. Lorsque la paix, conclue avec les Turcs, permit aux Russes de porter 46,000 hommes de vieilles troupes, aux ordres de Tschitschagoff, au secours de Tormassoff et de reprendre l'offensive, tous deux, s'avançant sur le Bug, menaçaient sérieusement la ligne d'opération de l'armée de Moskou.

Pendant que cela se passait au midi, au nord les troupes commandées par Macdonald, Oudinot et Saint-Cyr se maintenaient sur la Dzwina. Mais Witgenstein, qui commandait les forces russes en Livonie, recevant sans cesse de nouvelles recrues, et renforcé par une division de l'armée de Finlande, allait bientôt être en état de reprendre l'offensive. Napoléon, qui avait prévu que la guerre d'invasion qu'il entreprenait lui coûterait beaucoup d'hommes, avait préparé sur la Vistule et sur l'Elbe des réserves imposantes pour remplacer les pertes inévitables de la guerre. Ces réserves s'avancèrent successivement à la suite de l'armée ; mais, arrivées en Litvanie, elles durent s'y arrêter, afin de porter secours aux deux ailes, qui étaient toutes deux menacées.

Pendant l'armistice qui venait d'être conclu entre les deux partis, le roi de Naples campait, à la tête de 35,000 hommes, auprès du village de Voronovo, en présence de l'armée de Koutouzoff, qui occupait la position de Taroutino, et se recrutait chaque jour de nouvelles levées. L'approche de l'hiver accrut la confiance des Russes. Koutouzoff ne put plus contenir leur impatience, et, voulant profiter de la position un peu hasardée de l'armée du roi, dont la gauche appuyait à des bois qu'il avait négligé de faire occuper par ses troupes, il résolut de le surprendre. Le roi, de son côté, voulait prendre une position plus forte et plus sûre à Vinkovo. Il ordonna à ses troupes un mouvement de retraite pour la matinée du 17 octobre ; mais ce mouvement fut prévenu par les Russes, qui s'étaient préparés, pendant la nuit, à une attaque contre le front et l'aile gauche de Murat. D'après les dispositions de Koutouzoff, un corps devait s'avancer par les bois dont nous venons de parler, afin de tourner cette aile qu'on se proposait d'attaquer en même temps de front.

Ce mouvement fut exécuté à la pointe du jour et eut un plein succès à son début. Le corps de cavalerie de Sébastiani fut surpris et son artillerie enlevée. Les Russes se portèrent ensuite sur la position occupée par le cinquième corps ; il formait l'extrême gauche et se trouvait heureusement sous les armes ; car leur cavalerie se répandit au milieu de ses bivouacs. L'attaque était si inattendue, que le prince Joseph lui-même eut à peine le temps de quitter sa baraque et de monter à cheval ; mais sa présence d'esprit et son courage, ainsi que la valeur chevaleresque du roi de Naples, parvinrent à triompher du danger. L'infanterie polonaise se forma en carré, et se retira lentement en repoussant les attaques réitérées des Russes. La cavalerie la seconda et enfonça une colonne d'infanterie ennemie. Le roi se mit en personne à la tête des carabiniers français, qui firent une charge brillante, et culbutèrent la cavalerie russe. Enfin les troupes du roi de Naples parvinrent à se replier dans la position de Vinkovo sans éprouver de grandes pertes, excepté celle de l'artillerie de Sébastiani, qui était tombée au pouvoir de l'ennemi dès le commencement du combat.

Après avoir fait différentes tentatives pour lier des négociations avec Alexandre, Napoléon, convaincu de l'inutilité de ses efforts, se décida à quitter Moskou le 19 octobre, et à se replier sur Smolensk. Sa ligne d'opérations se dirigeait sur cette place; et, quoique le pays fût presque complétement dévasté, il espérait trouver suffisamment de subsistances aux étapes intermédiaires. On devait y préparer des magasins couverts par des postes bien fortifiés et gardés par de forts détachements. Napoléon allait donc se retirer sur Smolensk, voulant cependant frapper un grand coup, refouler l'armée de Koutouzoff sur Kalouga, et gagner par là quelques marches. Il se porta d'abord sur cette direction. Par suite de ces opérations, un combat sanglant fut livré, le 23 octobre, à Malo-Yaroslavétz, où l'on vainquit encore les Russes. Le vice-roi d'Italie et son corps d'armée eurent tous les honneurs de cette brillante journée. En même temps, le corps polonais se trouvait à Borovsk, couvrant la droite de l'armée. Il poussa une reconnaissance sur Médyne, et les troupes chargées de cette opération, étant tombées au milieu d'un corps d'ennemis très supérieur en nombre, y essuyèrent un échec.

Après la journée de Malo-Yaroslavétz, l'armée de Moskou commença sa retraite, se dirigeant, par Mojaïsk sur Smolensk. Le cinquième corps, qui longeait son mouvement sur la gauche, vint la rejoindre à Viazma, après avoir été obligé de repousser constamment, pendant sa marche, une nuée de Kosaks qui ne lui laissaient aucune trêve. Près de cette dernière ville, le prince Poniatowski, voulant reconnaître l'ennemi, gravit un mamelon qui se trouvait à peu de distance de la grande route ; mais il eut le malheur de se fouler la jambe droite, son cheval s'étant abattu sous lui. Cet accident le contraignit, pendant le reste de la campagne, à suivre en voiture les mouvements de l'armée. Elle fut ainsi privée non-seulement d'un de ses généraux les plus habiles, mais d'un chef dont l'ascendant moral eût sans doute rendu, pendant la retraite, d'inappréciables services. Le vénérable général Zaionczek le remplaça dans le commandement du cinquième corps.

Cependant les espérances de Napoléon, qui croyait pouvoir se retirer en bon ordre sur Smolensk, furent déçues. Les vivres, qu'il supposait trouver en abondance sur sa ligne d'opérations, suffisaient à peine pour la subsistance de sa garde ; dès que les autres troupes eurent consommé les vivres qu'elles avaient emportés de Moskou, il ne leur restait presque aucune autre nourriture que la chair de cheval. On ne pouvait se procurer de fourrages qu'à une forte distance de la grande route. Après une longue marche, on devait fourrager pendant une grande partie de la nuit, hommes et chevaux étaient exténués de fatigue et de besoin. Depuis Viazma, le froid se déclara avec une grande intensité, et descendit à douze degrés au thermomètre de Réaumur. L'armée était mal vêtue ; les chevaux y périssaient chaque nuit par centaines. Il fallait successivement abandonner l'artilerie. Les montures de la cavalerie se soutenaient à peine et n'étaient plus capables de fournir une charge. Malgré l'admirable fermeté des chefs et l'exemple de Napoléon lui-même, qui marchait à pied au milieu de ses troupes, le découragement s'empara du soldat, et la plus grande partie quittait les rangs et s'empressait de regagner à la hâte Smolensk. Mais rien ne put ébranler l'arrière-garde ; elle soutint avec succès plusieurs combats contre l'ennemi et le repoussa constamment.

A Smolensk, l'armée trouva des vivres et se reposa pendant quelques jours de ses fatigues; mais elle ne put s'y arrêter. Les nouvelles qui parvinrent à l'empereur sur les progrès de Tschitschagoff l'alarmaient à juste titre. Les efforts du maréchal Victor, réunis à ceux d'Oudinot, n'avaient pu arrêter les progrès de Wittgenstein. Il était à craindre que les généraux ennemis ne vinssent opérer leur jonction sur les derrières de l'armée de Moskou, et couper toute retraite à cette malheureuse armée, que Koutouzoff allait bientôt presser de front.

Napoléon quitta Smolensk le 14 novembre, et continua sa retraite. En exécutant ce mouvement, son armée marchait par échelons à distance d'une journée. A mesure que ses échelons arrivaient à Krasnoï, ils devaient combattre les Russes, qui les avaient devancés sur ce point. Le cinquième corps se présenta le premier, et trouva la grande route interceptée par le corps de Miloradovitsch ; mais, habilement dirigé par le général Kniaziewicz\*, il réussit à se faire jour. Davoust et le vice-roi furent aussi arrêtés sur ce point. Réunis à la colonne impériale, ils eurent à soutenir, le 17 septembre, un combat très vif contre toute l'armée de Koutouzof. Ce ne fut qu'à la présence de Napoléon, et à ses excellentes dispositions, qu'ils durent leur salut. L'empereur parvint à se replier en bon ordre sur Orsza, et passa le Dnieper. Mais le maréchal Ney, qui formait l'arrière-garde, ne put se tirer de la position difficile où il se trouvait, qu'en passant ce fleuve sur la glace, et en se repliant, par sa rive droite, sur le même point. Pressé, entouré de tous côtés par des forces décuples, il parvint néanmoins à triompher de tous les obstacles, et rejoignit l'armée impériale, à la tête des débris de son corps, sur la route de Borysow.

L'armée de Moskou était alors dans un péril émi-

---

\* Il remplaçait, au commandement du cinquième corps, Zaionczek, alors malade.

nent. Tschitschagoff avait su dérober quelques marches à Schwartzenberg, qui ne le suivait que de loin. Il culbuta les régiments litvaniens de nouvelle levée, et s'empara de Minsk, où se trouvaient de grands magasins de vivres et d'équipements dont il se rendit maître. Les Russes vivaient dans l'abondance, et ne manquaient pas des vêtements indispensables dans cette saison rigoureuse, tandis que l'armée de Napoléon manquait de tout. Quoiqu'en se retirant sur la Bérézina elle eût rallié successivement des corps qui se trouvaient échelonnés sur sa route et qui étaient en bon état, tous les efforts de Napoléon ne purent parvenir à la réorganiser. La garde exceptée, le désordre avait complétement envahi tous les corps d'armée qui revenaient de Moskou ; il se communiqua même aux troupes de réserve, et le nombre des traînards augmenta au point qu'à peine un tiers de l'armée se trouvait alors sous les armes ; tout le reste était débandé, et le grand nombre des hommes isolés gênait les mouvements des troupes.

Dans ce moment critique, Tschitschagoff s'avança sur la Bérézina, s'empara du pont de Borysow, et coupa les communications de l'armée avec Wilna et Minsk ; en outre, Wittgenstein était sur le point d'opérer sa jonction avec lui. Toutefois Napoléon ne désespéra pas de sa fortune ; il contint Wittgenstein, sut franchir la Bérézina malgré Tschitschagoff, et sans que Koutouzoff, dont l'armée était elle-même réduite de moitié, pût parvenir à l'atteindre. Le cinquième corps, qui venait d'être rallié par la division Dombrowski, comptait encore 8,000 hommes sous les armes, dans la journée mémorable du 28 novembre, et contribua puissamment à repousser le corps de Tschitschagoff qui s'avançait pour couper la retraite à Napoléon.

La Bérézina franchie, l'empereur se retira sur Wilna. Les vivres étaient plus abondants en Litvanie; mais si le soldat souffrait moins de la faim, d'un autre côté, un froid de vingt à trente degrés vint mettre le comble à sa détresse. Les hommes tombaient glacés de froid le long de la grande route; chaque bivouac était encombré de cadavres; l'armée n'était plus qu'une cohue qui se retirait en désordre; les bagages, l'artillerie étaient abandonnés. Une faible arrière-garde, composée de quelques troupes qui avaient moins souffert, arrêtait avec peine la poursuite de l'avant-garde ennemie. L'horreur des maux que l'on supportait, paralysait tous les courages; l'abattement moral des esprits était au comble.

Hâtons-nous de détourner les yeux de ce tableau funeste, et revenons au prince Joseph, qui fut sauvé comme par miracle au milieu de ce désastre général. Étendu dans sa calèche de voyage, réduit à l'impuissance par l'état de sa santé, souffrant lui-même de la faim, il éprouvait encore le cruel martyre d'entendre chaque jour le bruit du canon sans pouvoir partager les efforts de ses frères d'armes. Mais Napoléon veillait sur lui; il ordonna que sa voiture marchât à la suite du trésor, qui était escorté par un corps d'infanterie d'élite. Le prince arriva ainsi à la Bérézina accompagné de quelques officiers. Là il fallut traverser les faibles ponts qu'on venait de jeter sur la rivière, et sur lesquels se pressait une immense cohue de traînards. Quelques milliers de voitures encombraient les approches des ponts, et il était expressément défendu de les laisser passer. Napoléon voulait profiter de l'obstacle qu'offrait ce défilé pour les détruire, afin d'en débarrasser l'armée dont elles gênaient les mouvements. La calèche de Poniatowski se trouvait au milieu de tous ces équipages. Les officiers de son état-major faisaient de vains efforts pour atteindre les ponts et faciliter son passage, lorsqu'un détachement de gendarmerie d'élite vint au secours du prince; il lui fraya un chemin en renversant devant lui hommes, chevaux et voitures, il put ainsi franchir le fatal défilé, et arriver sur l'autre rive sain et sauf.

Napoléon, s'étant convaincu de l'inutilité de ses efforts pour rallier l'armée, se décida à retourner en France pour en lever une nouvelle, réparer, s'il était possible, les suites désastreuses de la retraite, empêcher le découragement de la France et la défection de ses alliés. Il remit le commandement au roi de Naples, lui ordonnant de rallier les débris de l'armée à Wilna, et il partit de Smorgonie, le 5 décembre, dans un simple traîneau, voyageant sous le nom de son grand écuyer, le duc de Vicence, qui l'accompagnait.

Malgré les ressources que présente une grande

ville, et les immenses approvisionnements qu'on trouva dans Wilna, le roi ne put s'y soutenir que quelques jours, et se retira par Kowno sur Kœnigsberg ; de là, il gagna la Vistule, où les débris de la grande armée trouvèrent enfin un refuge dans les forteresses qui bordent cette ligne de défense formidable, dont ils vinrent former les garnisons. Une partie seulement de cette malheureuse armée se dirigea sur Posen, où le roi de Naples quitta le commandement qui lui était confié pour rentrer dans ses États. Il laissa le peu de troupes qui l'avaient suivi sous les ordres du vice-roi d'Italie, qui lui-même se retira bientôt sur Berlin.

Poniatowski, après le passage de la Bérézina, fut conduit à Varsovie, où il arriva vers la fin de décembre. Dès que la santé du prince fut rétablie, il se hâta de rallier les débris de l'armée polonaise. De toute cette armée, 5,000 hommes seulement avaient gagné Varsovie ; mais ils ramenaient avec eux presque toute leur artillerie, et rapportaient leurs aigles. Le conseil de la confédération générale fit quelques préparatifs pour résister à l'invasion : on opéra, dans le duché, des levées d'hommes et de chevaux ; on décréta la levée en masse (pospolite-ruszenie), qui avait autrefois sauvé la Pologne dans les extrêmes dangers. Poniatowski en fut nommé chef sous le titre de Régimentaire ; mais il était malheureusement trop tard.

L'ennemi, profitant de ses succès, vint bientôt franchir la Vistule et paralyser ces tardifs efforts d'un patriotisme impuissant. Tout était enveloppé dans la fatalité qui poursuivait Napoléon dans cette malheureuse et glorieuse campagne. Combien dut-il regretter alors de s'être trop fié à sa fortune, et de n'avoir pas profité de l'ardeur patriotique des habitants pour former une forte réserve de troupes polonaises, ce qui était d'autant plus facile, qu'à l'ouverture des hostilités toute la population virile du duché ne demandait qu'à prendre les armes! Cette réserve réunie aux corps de Schwartzenberg et de Macdonald, et aux débris de l'armée de Moskou eût, on ne saurait en douter, arrêté sur la Vistule l'armée russe, que les combats et l'inclémence de l'air avaient considérablement affaiblie; celle-ci n'aurait pu, au printemps, remplir ses cadres que de bandes de paysans, incapables de lutter contre les soldats de Napoléon. Il aurait donc eu alors toutes les chances de succès en sa faveur.

## CAMPAGNE DE 1813.

Cependant les troupes russes passèrent le fleuve sur plusieurs points, et Varsovie tomba en leur pouvoir. Les débris du 5.me corps et la division Kosinski, se portèrent sur Krakovie, après avoir jeté des garnisons dans les places du duché. Le corps de Schwartzenberg suivit leur mouvement. Un seul détachement de troupes polonaises se retira sur Kalisz, et forma plus tard le noyau d'une division qui fut commandée par Dombrowski. Quant au prince

Poniatowski, profitant des ressources que lui offrait Krakovie, et de deux mois de répit, il réorganisa son corps d'armée, et le porta à 12,000 hommes. Le corps autrichien, qui était en première ligne, le couvrait du côté du nord.

Alexandre se présentait comme libérateur des peuples, et avait effectivement fait de grands progrès dans l'opinion en Allemagne; mais l'esprit de la Pologne l'inquiétait. Il voulut essayer de neutraliser les mauvaises dispositions des Polonais à son égard; et, tandis que Poniatowski et le gouvernement suprême se trouvaient réunis à Krakovie, il chargea le prince Antoine Radziwill[*] de se rendre dans cette ville sous prétexte d'affaires de famille, mais avec la mission cachée d'ébranler la fidélité des Polonais. Il devait proposer« que le duché « de Varsovie fût regardé comme neutre pendant la « durée de la guerre, et que le prince Poniatowski « réunît toutes les troupes polonaises à Zamosc pour « y attendre l'issue des événements. » La mission de Radzivill était épineuse; il craignait la surveillance du ministre de France, Bignon, qui observait ses démarches. La fidélité de Poniatowski à ses principes lui était connue; et le négociateur occulte n'osa pas d'abord faire au prince d'ouverture directe. Cependant il sonda les dispositions de quelques membres du gouvernement polonais, s'enhardit ensuite peu à peu, communiqua ses propositions aux personnes qu'il croyait avoir le moins de répu-

[*] Il avait épousé une princesse de Prusse.

gnance à abandonner de l'alliance la France, et se décida à la fin à s'ouvrir à Poniatowski, en lui insinuant que l'acceptation de ses propositions assurerait à la Pologne une existence politique indépendante. Le prince fut indécis entre son devoir comme militaire et *l'intérêt apparent* de la patrie, qui semblait exiger une nouvelle alliance. Dans l'impossibilité de les concilier, il eut un instant la pensée de s'ôter la vie *; mais il réfléchit que la Pologne ne pouvait attendre sa régénération des mêmes puissances qui l'avaient partagée, et resterait tout au plus leur tributaire. Il mit toute sa confiance dans la fortune de Napoléon, et demeura inébranlable.

Cependant les intrigues de Radziwill étaient venues à la connaissance du résident de France, Bignon, qui exigea formellement l'arrestation du négociateur; mais Poniatowski, obéissant à la générosité de son caractère, ne souscrivit point à cette demande: il voulut couvrir de sa protection un homme qui s'était fié à sa loyauté, et qui, au reste, croyait n'agir que dans les intérêts de la Pologne **; il fit reconduire Radziwill aux avant-postes ennemis.

* Le prince lui-même a raconté ce fait à l'auteur de ce livre, à Kollyn, en Bohême, où ce dernier était venu lui apporter des ordres de Napoléon. Il s'exprima ainsi : « Vous savez, mon cher « Soltyk, que je n'ai pas un esprit romanesque, et cependant j'é- « tais au moment de m'ôter la vie à Krakovie. »

** Avant de se charger de cette mission épineuse, Radziwill avait conseillé à Alexandre de reconnaître l'indépendance du duché de Varsovie; mais il n'avait pu obtenir de lui que de vagues promesses, qui pourtant lui parurent offrir quelques chances favorables pour les Polonais, dans ces malheureuses circonstances.

Les souverains de Russie et de Prusse s'étaient réunis à Kalisz, ils y avaient conclu un traité d'alliance contre Napoléon ; et après avoir laissé une armée russe en Pologne pour former le blocus des places fortes et observer Krakovie, ils portèrent leurs forces principales sur l'Elbe. Alors le vice-roi évacua Berlin, passa le fleuve, et se porta sur Leipzig, où il réunit 40,000 hommes. Les alliés franchirent l'Elbe et occupèrent la Saxe ; et le vice-roi se retira sur Magdebourg, où il prit position à cheval sur le fleuve, et sut, par d'habiles manœuvres, contenir l'ennemi malgré la supériorité de ses forces.

Pendant ce temps, Napoléon s'était occupé avec la plus grande activité de la réorganisation d'une nouvelle armée, qu'il conduisit bientôt en Allemagne. Elle était forte de 140,000 hommes, et composée en partie de vétérans tirés de l'armée d'Espagne et de la marine impériale ; mais la plupart des soldats étaient des conscrits à peine exercés au maniement des armes. Cette brave armée fit des prodiges. Réunie à celle du vice-roi, elle remporta la victoire éclatante de Lutzen, le 2 mai. Napoléon franchit ensuite l'Elbe, s'avança en Lusace, vainquit les alliés, le 21 mai, à Bautzen, les refoula en Silésie, et poussa jusqu'à l'Oder. Les chances de succès étaient alors en sa faveur. Il n'avait plus qu'à faire un pas pour atteindre la frontière du duché de Varsovie, qui certainement se fût levé à son approche ; mais l'espérance de négocier une paix honorable le séduisit : il s'arrêta, et conclut, le 4 juin, un armistice à Neumarck, durant lequel il traita de la paix sous la médiation de l'Autriche.

Revenons à ce qui se passait en Pologne.

Malgré l'occupation du duché par les Russes, les espérances des Polonais n'étaient pas abattues. L'esprit public se soutenait. Une insurrection se préparait, et l'on attendait avec impatience l'armée libératrice. Dès le commencement du printemps, le prince Poniatowski voulut utiliser ces heureuses dispositions, et opérer une puissante diversion en faveur de la France en se portant sur Varsovie. Il proposa au général autrichien de le seconder dans ce mouvement offensif; mais celui-ci refusa, et, s'interposant même entre les Russes et les Polonais, il paralysa le plan du prince, qui aurait pu sans doute être couronné de succès, favorisé qu'il eût été par l'approche de l'armée de Napoléon, à la suite des victoires qu'il avait remportées en Allemagne.

Cependant l'empereur, au moment de passer le Rhin, avait ordonné à Poniatowski de se porter en Saxe par la Moravie et la Bohême, et celui-ci avait réuni ses forces dans le rayon de Podgorze, sur la rive droite de la Vistule; et, après avoir réorganisé ses régiments, il se mit en devoir d'obéir. Le prince avait déjà fait deux marches, lorsqu'il reçut, par l'entremise du général Sokolnicki, la nouvelle de la victoire de Lutzen. Ce général, plein de confiance dans la fortune de Napoléon, et d'un caractère entreprenant, lui conseilla de rebrousser chemin, de repasser la Vistule, et d'attaquer le corps d'armée russe qui se trouvait en présence des Autrichiens devant Krakovie; mais le prince, assuré d'éprouver de la résistance dans l'exécution de ce projet de la part de l'Autriche, et craignant d'amener par-là un conflit avec cette puissance, ce qui l'eût immédiatement détachée de l'alliance française, continua son mouvement, et vint prendre position à Zittau en Saxe.

Pendant cette marche, il eut l'occasion de recevoir un témoignage flatteur de l'estime de l'empereur d'Autriche pour son armée et pour lui-même. D'après une convention conclue entre les autorités respectives, les troupes polonaises devaient traverser sans arme les états autrichiens, afin d'empêcher tout excès de la part du soldat; mais, dès les premières étapes, l'excellente discipline et l'ordre parfait qui régnaient dans le corps de Poniatowski rassurèrent le gouvernement de ce pays, et l'empereur d'Autriche ordonna de restituer les armes aux Polonais. Il accompagna cet ordre d'une lettre flatteuse pour le prince. C'est à la même époque que Poniatowski reçut de Napoléon un décret qui l'assimilait aux maréchaux de France.

Pendant la durée de l'armistice, Napoléon avait échelonné 260,000 hommes de ses troupes entre Dresde et Breslaw, et sur l'Elbe. Les troupes polonaises que Poniatowski venait de ramener de Krakovie, avaient été renforcées d'un régiment d'infanterie formé à Wittemberg des débris de la légion de la Vistule. Elles présentaient un effectif de 13,000 hommes, réparti entre six régiments d'infanterie, huit de cavalerie, et six batteries d'artillerie. L'infanterie et l'artillerie formèrent le huitième corps de la grande armée, dont Poniatowski prit le commandement, et la cavalerie le quatrième corps de réserve, qui fut mis sous les ordres de Kellermann; on y joignit deux batteries d'artillerie française. Ces troupes furent cantonnées dans les environs de Zittau. La cavalerie était excellente et bien montée; elle fut fort utile à la grande armée, dans laquelle cette arme était peu nombreuse. D'un autre côté, une division polonaise, qui comptait deux régiments d'infanterie, deux de cavalerie, et une batterie d'artillerie légère, avait été organisée à Wetzlaar par les soins du général Dombrowski, qui en avait pris le commandement. Cette division fit partie du corps de Vandamme, et fut cantonnée à Wittemberg.

Les négociations entamées sous la médiation de l'Autriche échouèrent. Cette puissance voulut imposer des conditions qui semblèrent trop dures à l'empereur, et stipuler pour elle-même la concession de vastes territoires. En cas de refus, elle menaçait de se joindre aux ennemis de la France. Quel que fût le danger de sa position, Napoléon ne voulut pas céder, et préféra courir de nouveau les chances des combats. Il commandait une armée inférieure d'un tiers à celle des alliés*, et qui était moins aguerrie. La plupart de ses soldats étaient des

---

* Après l'adhésion de l'Autriche à la coalition, la force totale des troupes de Napoléon, en Allemagne, était de 400,000 hommes ; mais les alliés lui opposèrent une armée de 600,000 combattants.

jeunes gens de dix-huit à dix-neuf ans, incapables de supporter les fatigues de la guerre. Il sut pourtant tenir en suspens la fortune pendant deux mois. Partout où l'empereur se présentait à la tête de sa garde, il était victorieux. Il remporta à Dresde une victoire signalée ; mais ses lieutenants éprouvèrent bientôt après des échecs à Culm, à Gros-Beren, sur la Casbach, et à Jutterbock. Resserré de tous côtés par les alliés, qui, à la suite de ces différents succès, avaient passé l'Elbe et débouché simultanément des montagnes de la Bohême, Napoléon dut se retirer sur Leipzig, et chercher à établir sa ligne d'opérations sur le Rhin, laissant dans les places de l'Elbe de fortes garnisons, dont deux corps d'armée, qui, restés à Dresde*, lui manquèrent au moment décisif.

Pendant le cours de ces opérations, le corps de Poniatowski, qui formait un effectif de 8,000 hommes**, fut d'abord employé à garder les débouchés de la Bohême, dans les environs de Gabel ; ce qu'il fit avec succès. Il obtint des avantages marqués sur l'ennemi, principalement à Friedland ; il fut ensuite réuni à l'armée du maréchal Macdonald, et eut à soutenir des combats très vifs à Bautzen, à Leibau et à Stolpe. Enfin il traversa l'Elbe, et se recruta de 3,000 prisonniers autrichiens, Polonais d'origine,

---

* Ces deux corps, aux ordres de Saint-Cyr, forts de 27,000 hommes, furent cernés à Dresde et obligés de capituler.
** La cavalerie polonaise composait le quatrième corps, et comptait 4,000 chevaux.

Placé alors sous les ordres du roi de Naples, il concourut à arrêter la marche de l'armée de Schwartzenberg, qui se portait sur Leipzig. A cette même époque, il livra encore différents combats, notamment à Pennig, à Frobourg et à Wachau. Ce corps se réunit peu après au gros de l'armée devant Leipzig, et forma l'extrême droite dans les deux mémorables batailles qui eurent lieu près de cette ville. Les pertes qu'il avait faites dans les combats précédents l'avaient réduit à 6,000 hommes. Toutes les forces réunies de Napoléon ne formaient alors que 160,000 hommes, auxquels les alliés opposèrent successivement 350,000 combattants.

Le 16 octobre, la victoire sembla un moment se déclarer pour Napoléon : le centre de l'armée de Bohême venait d'être enfoncé, lorsqu'une charge d'un régiment de Kosaks de la garde impériale russe changea le sort du combat. Dans cette journée, le huitième corps se soutint dans sa position, et conserva finalement le village de Dellitz, où il s'était établi, et que les alliés attaquèrent avec un tel acharnement qu'il fut pris et repris sept fois. Une des brigades polonaises, qui s'était formée en carré, fut vigoureusement chargée par une brigade de cuirassiers autrichiens : elle tint ferme, et ne fut point entamée. Alors la cavalerie ennemie traversa les deux lignes françaises et pénétra jusqu'aux réserves formées par la vieille garde. Assaillie de toutes parts, et voulant rejoindre le gros de son armée, elle fut détruite par le feu à mitraille de l'artillerie française. Poniatowski empêcha les troupes autrichiennes de déboucher sur le flanc droit de l'armée de l'empereur, et, vers le soir, appuyé par une division de la garde, il obtint un succès signalé, refoula les Autrichiens derrière la Pleiss, et leur fit 1,000 prisonniers parmi lesquels se trouvait le général Merfeld. Napoléon voulant récompenser le prince pour les services qu'il avait rendus dans cette journée, le nomma maréchal de France. Cette faveur était la dernière qu'il devait recevoir de l'empereur.

Le lendemain, 17 octobre, fut employé par les deux partis à se préparer à une nouvelle lutte. Napoléon attendait l'arrivée de son grand parc qu'il avait laissé à Ellenbourg ; mais tous les officiers qu'il envoya successivement pour porter au général qui le commandait l'ordre de venir le joindre à Leipzig, ne purent passer, ou furent faits prisonniers. Ce parc devait fournir à l'empereur des munitions pour deux batailles, et des pontons à l'aide desquels il eût établi plusieurs ponts sur la Pleiss et sur l'Elster, qu'il devait traverser en se retirant sur Erfurth. Privé de la ressource que lui eussent offert ces pontons, il aurait pu y suppléer par des ponts de chevalets, qu'il pouvait construire promptement à l'aide des ressources que lui fournirait la ville de Leipzig ; mais, soit qu'il voulût que rien ne pût donner à penser qu'il doutât de la victoire, ce qui eût pu ébranler le moral de ses troupes, et encourager les alliés, soit que, dans le trouble inséparable d'aussi grands événements, ses ordres n'eussent point été exécutés, toujours est-il que la construction des ponts fut négligée. Cependant l'empereur avait, dès le 17 octobre, résolu d'évacuer le terrain ; et en livrant la bataille du 18, il ne chercha plus à vaincre, mais à gagner du temps pour sauver ses blessés et ses malades, et à procurer une retraite facile à son armée. Cette journée fut néanmoins une des plus glorieuses pour ses armes.

L'armée française se soutenait devant Leipzig, avec la plus grande valeur, contre des forces doubles en nombre, lorsque le corps saxon passa à l'ennemi, et força Napoléon à rapprocher ses troupes de la ville, afin de faire disparaître le vide que cette défection formait dans sa ligne de bataille. Les alliés gagnèrent du terrain, mais ne purent forcer les troupes françaises dans leurs dernières positions devant les faubourgs de la ville. L'honneur des armes était sauf ; les ennemis avaient encore une fois éprouvé que tous leurs efforts devaient échouer contre la valeur de nos soldats. Leur perte était double de celle des Français ; mais des défections se déclaraient de toutes parts sur les derrières de Napoléon : l'empereur se décida donc à se retirer sans retard.

Cette retraite fut effectuée dans la nuit du 18 au 19, et dans la matinée de ce jour. Il ne resta à Leipzig que l'arrière-garde, composée des débris des corps de Macdonald, de Lauriston et de Poniatowski. L'empereur en confia le commandement au prince Joseph, certain qu'il opposerait à l'ennemi la plus vigoureuse résistance.

Le prince n'avait pour défendre une ville ouverte que 20,000 hommes dont 2,500 Polonais\*, tandis qu'une armée de près de 300,000 hommes se trouvait aux portes de Leipzig. On ne pouvait espérer de repousser l'ennemi ; tout ce qu'il était possible de faire c'était d'arrêter ses progrès, et de couvrir momentanément la retraite de l'empereur, qui se repliait sur la Saale. Sur les ponts, l'encombrement était extrême ; l'empressement qu'on mettait à franchir les deux rivières augmentait le désordre de la retraite \*\*.

La résistance des défenseurs de Leipzig se prolongea le 19 octobre jusqu'à midi ; alors une porte de la ville fut livrée par les Badois, qui firent défection. Il fallut céder à la trahison et à la supériorité du nombre, et nos troupes se replièrent lentement vers le centre de la ville.

Le prince eut encore ici l'occasion de signaler son héroïsme. Voulant arrêter les progrès de l'ennemi, et n'ayant de disponible qu'un faible escadron de cuirassiers polonais, qui composait son escorte, il se mit à sa tête, et, le sabre au poing, il se précipita sur une colonne d'infanterie prussienne, l'enfonça et la mit en déroute, sabrant lui-même les fantas-

---

\* La cavalerie polonaise s'était déjà retirée sur Wessends.

\*\* A côté du pont en maçonnerie qui se trouvait sur l'Elster, il y en avait un sur chevalets qui s'enfonça sous le poids des voitures et qui fut rompu.

sins ennemis. C'est alors qu'il fut atteint d'une balle au bras. Il se fit panser, remonta à cheval; et, le bras en écharpe, il continua de combattre.

Les tirailleurs ennemis avaient tourné la ville; ils s'avancèrent vers le pont en maçonnerie. Un sous-officier de sapeurs, le croyant sérieusement menacé, mit le feu à la mine et le fit sauter. La retraite était alors devenue presque impossible. Pour franchir l'Elster, il fallait la traverser à la nage, car ses eaux s'étaient accrues par les pluies, et débordaient de leur lit. La Pleiss, quoique moins considérable, formait néanmoins un obstacle fatal. Le prince, à la tête d'une poignée de braves, se trouvait acculé à cette rivière. On lui proposa de regagner l'autre rive; mais, quoiqu'il n'eût pas espoir de vaincre, il voulut encore continuer le combat, et répondit au général qui lui donnait ce conseil*, qu'il fallait *mourir en brave*. Il commanda une dernière charge, qui n'arrêta qu'un moment les progrès des assaillants. Refoulés vers la Pleiss, entourés d'ennemis, Poniatowski et son état-major étaient exposés au feu des tirailleurs. Il n'y avait plus de temps à perdre; le prince, qui attendait une mort glorieuse, allait tomber au pouvoir des alliés. Dans cette extrémité, Joseph se décida enfin à traverser la rivière à la nage. Les eaux étaient hautes, et son cheval fut emporté par le courant; mais le dévoûment d'un officier d'état-major, le ca-

---

* C'était le général Bronikowski, qui avait longtemps servi sous lui, et qui lui portait une grande affection.

pitaine Bléchamp\*, lui sauva encore la vie. Ce brave jeune homme, excellent nageur, se précipita à la suite du prince dans la rivière, et l'aida à gagner la rive opposée. Mais ses jours précieux n'étaient pas pour cela hors de danger : l'Elster séparait encore Poniatowski du gros de l'armée. Il s'avançait à pied à travers les jardins qui se trouvaient entre la Pleiss et l'Elster, lorsqu'il fut frappé d'une balle au côté, et tomba dans les bras des officiers qui l'entouraient. Il reprit bientôt connaissance. On l'aida à monter un cheval qu'on lui présenta ; mais il se soutenait à peine. On le pressa alors de toutes parts de se faire panser, de remettre le commandement à un autre général, et de se conserver pour la patrie ; mais son courage s'accroissait en raison du péril, et il répondit avec véhémence : « Non, non, Dieu m'a « confié l'honneur de la Pologne ; je ne le remettrai « qu'à Dieu ! » Un officier du génie accourt ; il connaît, dit-il, un point où l'on peut passer l'Elster à la nage. Le prince suit le bord de la rivière, et se dirige de ce côté ; mais il aperçoit une troupe ennemie qui l'avait devancé et qui lui barre le passage. Il s'écrie : « Les voilà ! » détourne son cheval et se précipite dans l'Elster. Mais, affaibli par ses blessures, il ne peut plus le diriger, celui-ci lutte pourtant contre le courant, et atteint l'autre rive ; mais le bord opposé est escarpé, et il ne peut le gravir. Tout cela s'est passé au milieu d'une

---

\* Il était beau-frère de Lucien Bonaparte.

grêle de balles. En ce moment fatal, le prince est frappé d'un troisième coup. Il tombe de son cheval, et le courant l'emporte. Le brave Bléchamp se trouve encore là pour le secourir. Dans son noble dévoûment, il se précipite dans l'Elster; il l'atteint; on le voit une fois encore reparaître à la surface de l'eau tenant Poniatowski à mi-corps ; mais bientôt ils disparaissent tous deux. Ainsi périt ce héros, qui, dans une lutte désespérée, préféra la mort à la captivité.

Le corps du prince fut retrouvé deux jours après par des pêcheurs. Ses traits ne présentaient aucune altération : l'expression d'une résignation céleste y était empreinte. Le prince Schwartzenberg, son ancien compagnon d'armes, alors généralissime de l'armée alliée, lui fit rendre les honneurs funèbres. Les officiers polonais prisonniers le déposèrent dans la tombe. Plus tard, ses dépouilles furent exhumées et portées à Varsovie ; elles furent placées dans l'église de Sainte-Croix, où le peuple de la capitale vint les entourer en foule et leur rendre ses derniers hommages. De là, son corps fut transporté à Krakovie, où il repose dans le même caveau que les restes mortels de Sobieski et de Kosciuszko.

# RELATION
## DES OPÉRATIONS DE L'ARMÉE
### Aux ordres du
# PRINCE J. PONIATOWSKI,

Pendant la Campagne de 1809, en Pologne.

## CHAPITRE I<sup>er</sup>.

Influence des partages de la Pologne sur les destinées de l'Europe. — Les puissances copartageantes interviennent dans les affaires de la France. — Guerre. — Avénement de Napoléon au trône. — Il combat l'Autriche, la Prusse et la Russie. — L'Angleterre est sa plus redoutable ennemie. — Efforts qu'elle fait pour organiser des coalitions contre la France. — Napoléon est victorieux. — Il tente d'entraîner Alexandre dans son système. — Conférence d'Erfurth. — L'Empereur veut reconstituer l'Europe sur une nouvelle base. — Son influence sur les peuples. — Une nouvelle coalition se prépare en 1809 contre lui. — Armements de l'Autriche, de l'Espagne et de l'Angleterre. — Menées secrètes des alliés. — La coalition recherche l'alliance de la Prusse et de la Russie; elle échoue. — Forces des deux parties au commencement de la guerre. — Etat de la Pologne à cette époque. — Duché de Varsovie, organisation de son armée au commencement de 1809. — L'Autriche forme trois armées, en Allemagne, en Italie et en Pologne. — Ferdinand commande la dernière. — Force et composition de cette armée. — Examen des moyens de défense des deux parties. — Le gouvernement polonais est informé des préparatifs de guerre de l'Autriche. — L'armée du duché est augmentée par une levée de conscrits. — Force de l'armée de Poniatowski au moment de l'entrée en campagne. — Description topographique du duché de Varsovie et des deux Galicies.

L'édifice européen, assis sur une base solide en 1648 par le traité de Westphalie, fut, à partir de

1772, fortement ébranlé par les partages successifs que la Pologne eut à subir. En 1795, l'impératrice Catherine II lui porta le dernier coup, en rayant d'un trait de plume ce royaume de la carte de l'Europe. La destruction de la Pologne, qu'un publiciste célèbre a proclamée le plus grand crime politique des temps modernes, était une audacieuse violation des engagements les plus solennels; elle faisait désormais de tous les traités une lettre morte, mettait en question la stabilité de tous les trônes, rompait l'équilibre des puissances, substituait la force au droit, et laissait au glaive seul à trancher les difficultés qui pouvaient surgir entre les États.

Il ne restait plus aux souverains qui avaient partagé la Pologne qu'à s'immiscer dans les affaires intérieures des peuples. L'occasion ne tarda pas à s'en présenter. Une révolution nationale venait de changer la constitution politique de la France; les puissances copartageantes se liguèrent contre cette nation pour l'obliger à rétablir l'ancien ordre de choses et le pouvoir absolu de ses rois, et peut-être aussi pour lui faire partager le sort de la malheureuse Pologne. Mais la France courut aux armes; la convention s'empara de la dictature, pour faire face, avec plus de succès, aux factions de l'intérieur, qui s'efforçaient de restaurer le régime aboli, et à l'étranger, qui menaçait les frontières. Une guerre terrible s'engagea, et la république triompha des entreprises des factieux et de la coalition des rois. Les Français voulurent alors, à leur tour, subjuguer leurs voisins, et faire de la propagande républicaine à la pointe de leur épée. L'Allemagne, l'Italie et la Hollande éprouvèrent, les premières, les rigueurs de la conquête, tandis que la Russie, tout en poussant ses alliés à combattre la nouvelle république, profitait du bouleversement européen pour étendre ses possessions en Suède et dans l'Orient.

C'est à la suite de ces événements que Napoléon fut placé, par son génie supérieur, à la tête de la nation française. Il réorganisa le gouvernement, releva l'autel et le trône, et posa lui-même la couronne sur son front. Dès lors, il domina les destinées de l'univers. Ce génie audacieux, plein du sentiment de sa propre force, et commandant à une nation puissante et belliqueuse, devait nécessairement concevoir la pensée d'une domination plus étendue ; et les circonstances passées et présentes devaient favoriser ses projets, et leur prêter même le prestige de la justice.

Quelles étaient les puissances qui se présentaient dans la lice pour le combattre? C'étaient l'Autriche, la Prusse et la Russie ; et celles-ci pouvaient-elles se plaindre de son ambition, et invoquer pour elles le bon droit? N'avaient-elles pas naguère donné le funeste spectacle du premier partage de la Pologne, consommé en pleine paix, et sans qu'aucune agression eût eu lieu de la part de cette malheureuse république, qui succomba enfin sous les coups de la force et de l'iniquité, sans qu'on pût lui reprocher d'autre crime que de combattre pour sa propre défense. C'étaient enfin les mêmes puissances qui s'étaient liguées à Pilnitz contre la France, et avaient tenté de détruire ses libertés par la force des armes. Napoléon vainqueur leur fit éprouver toutes les humiliations et tous les maux de la défaite. C'était là sans doute une grande leçon morale et politique, et personne ne saurait en blâmer Napoléon, qui ne faisait qu'user du droit de la victoire envers d'injustes oppresseurs, et qui le fit avec générosité, puisqu'il conserva aux États vaincus une existence politique que leurs souverains avaient ravie aux Polonais.

Le sort des monarques ainsi humiliés par Napoléon n'excita pas de regrets et n'éveilla pas de sympathies parmi les nations de l'Europe, qui avaient appris à détester leur despotisme. Mais l'empereur avait un adversaire plus redoutable à combattre : c'était la Grande-Bretagne. Cette puissance avait à sa disposition une force matérielle formidable, et une influence morale non moins prépondérante. Ses flottes dominaient sur toutes les mers ; elle était pour ainsi dire inattaquable dans ses îles, tandis qu'elle pouvait porter la guerre sur tous les points du continent. Maîtresse presque exclusive du commerce de l'univers, par sa puissante marine et par le droit de navigation qu'elle s'arrogeait, elle disposait d'immenses richesses et d'un crédit presque illimité. La sage constitution dont jouissaient les habitants des îles britanniques leur accordait plus de liberté individuelle et politique que n'en possédaient les citoyens d'aucun des grands États de l'Europe. Cette constitution était admirée des publicistes, et servait de point de mire aux réformateurs. L'Angleterre, soulevant parmi les peuples une puissante inimitié contre Napoléon, et leur parlant de liberté, leur prêchait d'exemple. Elle ne manqua pas d'employer cette arme terrible pour combattre son redoutable ennemi.

Depuis la rupture du traité d'Amiens, l'Angleterre était devenue l'ennemie la plus acharnée de la France. La querelle s'envenima de plus en plus, et se changea bientôt en une guerre à mort : l'empire de Napoléon ou la Grande-Bretagne devait y succomber. A Paris et à Londres, étaient les cabinets qui dirigeaient les destinées de l'Europe. Le continent européen était le champ de bataille où allait se vider la querelle. Napoléon, quoiqu'il menaçât l'Angleterre d'une invasion, ne pouvait en réalité l'atteindre sur son territoire. Elle trouvait son salut, comme les Athéniens, dans ses *forteresses de bois*; l'Empereur chercha donc à lui fermer le continent, et à détruire sa puissance en ruinant son commerce. Il frappa de prohibition toutes les marchandises anglaises ; mais, pour réaliser ses vues, il lui fallait nécessairement entraîner tous les États de l'Europe dans son système continental. Les puissances devaient se résigner, ou à se conformer à sa volonté, ou à être conquises par ses armes. C'est l'exécution de ce grand projet, autant que l'ambition personnelle de l'empereur, qui le poussa à la domination universelle. Le nord de l'Allemagne, la Hollande, presque toute l'Italie, une partie de la

Pologne, l'Espagne et le Portugal, furent successivement occupés par ses troupes, et le système continental y fut introduit. Mais, dans l'exécution de ce plan, se présentèrent d'immenses difficultés. Les intérêts des souverains, ceux des particuliers, furent froissés : les nations étrangères furent humiliées par un système de despotisme militaire.

De son côté, l'Angleterre fit de prodigieux efforts pour augmenter ses armements, susciter des ennemis à Napoléon, et les soutenir dans la lutte. Mais toutes les guerres entreprises jusqu'en 1808 contre la France se terminèrent à son avantage, ne fit qu'accroître la puissance du nouvel empire et sa prépondérance sur le continent. La seule Russie, quoique affaiblie par ses défaites, ne put être entamée, et restait indépendante. Trop éloignée du centre de la puissance de Napoléon, et appuyée sur les glaces du Nord, elle pouvait encore se mesurer avec lui. Un prince jeune, actif, possédant de belles qualités, et affectant un libéralisme qui était l'effet des exigences du moment plutôt que de son caractère et de ses principes, régnait en Russie. C'était là un antagoniste que Napoléon devait encore ménager. L'empereur voulut gagner son amitié, et fonder, sur ses sentiments personnels, une alliance entre les deux États, dont la principale condition devait être la participation de l'empire russe au système continental.

Les deux souverains se réunirent à Erfuth, en 1808. Là, devaient se discuter les plus grands intérêts ; les destinées de l'univers y étaient attachées. Napoléon se réservait l'Occident, et faisait entrevoir à Alexandre l'espérance de dominer en Orient. Le tzar, craignant particulièrement la régénération de la Pologne, et l'établissement d'un puissant empire entre l'Oder et le Dnieper, qui eussent à jamais enchaîné ses vues ambitieuses sur l'Europe, demanda avant tout à Napoléon la promesse formelle de ne pas rétablir la Pologne. L'empereur dut feindre d'y consentir, et Alexandre ne s'opposa pas aux projets de conquêtes que Napoléon nourrissait contre la péninsule ibérique, voulant sans doute l'entraîner dans une guerre qu'il savait devoir paralyser la moitié de sa puissance militaire. Il portait par là une double atteinte à la prépondérance de l'empereur en le privant d'un allié puissant et fidèle et en lui suscitant un ennemi redoutable. C'est ainsi que les deux partis voulaient gagner du temps et se tromper mutuellement ; mais, il faut l'avouer, l'habileté diplomatique était toute du côté de l'autocrate.

Un puissant génie comme celui de Napoléon ne pouvait se contenter d'abattre, il devait édifier. Il méditait la régénération de l'édifice européen, et voulait lui donner une nouvelle organisation qui reposât désormais sur la base la plus solide, celle de la nationalité, si souvent méconnue par ses ennemis. Il désirait réunir les peuples en corps de nations, et leur donner des gouvernements indigènes. Cependant, menacé sur tous les points par sa puissante rivale, l'Angleterre, il dut encore garder la dictature, ajourner l'entière exécution de son plan et se contenter de jeter les fondements d'un ordre politique nouveau en Allemagne par l'établissement de la confédération du Rhin ; en Pologne, par celui du grand duché de Varsovie ; en Italie, par la constitution d'un royaume, dont il ceignit lui-même la couronne. Ces grandes mesures politiques devaient sans doute faire espérer aux habitants de ces trois pays l'entier accomplissement de ses vues, dont elles étaient un commencement de réalisation ; mais elles ne pouvaient lui concilier des partisans qu'à un degré différent.

Les Polonais, qui avaient perdu leur indépendance et leur liberté sans perdre la force morale qui se perpétue chez une nation si longtemps libre, s'attachèrent avec enthousiasme au système de Napoléon qui leur faisait entrevoir la restauration de leur patrie, dans ses limites originaires. Les Italiens, qui avaient depuis des siècles vécu sous différents souverainetés, qui avaient même dû subir des monarques d'origine étrangère, sentaient le besoin de se réunir en corps de nation. Ce n'était qu'alors qu'ils pouvaient espérer de jouir d'une véritable indépendance ; mais, amollis par des gouvernements égoïstes et à vues étroites, énervés par les délices d'une vie indolente, leur patriotisme ne pouvait se ranimer assez tôt pour leur faire encore sentir tout leur abaissement. La nation allemande, qui avait vécu depuis les temps les plus reculés sous des princes de sa propre origine, était à la vérité

courbée sous le poids du vieux système féodal et
en éprouvait tous les inconvénients ; mais elle avait,
sous ces mêmes princes, étendu sa domination sur
des États voisins : du côté de l'Orient, en Bohême,
en Pologne et en Hongrie ; du côté du midi,
dans le nord de l'Italie ; du côté de l'Occident,
dans l'ancienne Gaule. Son amour-propre devait
être flatté de cette domination ; elle pouvait craindre de voir bientôt ses nombreuses acquisitions lui
échapper. Déjà la France lui avait enlevé ses provinces d'au delà du Rhin, et le Milanais. Il n'y
avait donc que des hommes à longue vue, et qui
étaient convaincus comme Napoléon de la nécessité de restreindre les États aux peuples de mêmes
origines, qui pouvaient goûter la reconstitution
future que leur promettaient les projets de l'empereur.

Au commencement de 1809, une nouvelle coalition se préparait contre l'empire français. L'Angleterre en était l'âme ; l'Autriche devait y jouer
le rôle principal ; l'Espagne et le Portugal la secondaient de leurs efforts. Depuis 1808, le gouvernement autrichien travaillait avec ardeur à la
réorganisation de son état militaire ; il recrutait et
organisait son armée, qu'il voulait appuyer par de
nombreuses landwers, ou milices nationales. L'archiduc Charles, qui joignait à une haute capacité
une longue pratique du commandement, avait été
placé à la tête des affaires militaires de l'empire.
Il activait les armements avec ardeur. Dès le

7

commencement de 1809, l'Autriche comptait 330,000 hommes de troupes de ligne sous les armes, et 100,000 landwers. Les ressources ne lui manquaient pas; ses riches provinces lui fournissaient tout ce qui est nécessaire à l'organisation de la force armée, et l'Angleterre l'aidait puissamment par un subside de 4,000,000 de livres sterling.

L'Espagne, qui avait vu son territoire envahi et sa maison souveraine dépossédée sans déclaration de guerre, avait couru aux armes. Soutenue par l'or de l'Angleterre, et appuyée par une armée de débarquement de 20,000 Anglais, elle était parvenue à réunir, en 1808, 140,000 hommes de troupes, avec lesquelles elle lutta opiniâtrément contre les armées de Napoléon. Elle fut vaincue; mais ses troupes débandées se rallièrent dans les montagnes ou trouvèrent un abri sous le canon des flottes anglaises. Quelques succès qui eussent couronné leurs efforts en Espagne, les Français avaient besoin d'une nombreuse armée pour se maintenir dans le pays. De son côté, le Portugal, occupé par les troupes de Napoléon à la fin de l'année 1807, avait été abandonné par sa famille royale, qui s'était retirée au Brésil; mais il fut délivré, en 1808, par une armée de débarquement anglaise, et devint depuis le point d'appui et pour ainsi dire la place d'armes des forces britanniques qui opéraient dans la Péninsule.

Les armements de l'Angleterre étaient en proportion de la grandeur de ses desseins et du patriotisme de ses habitants. Plus de cent vaisseaux de ligne lui assuraient la domination sur toutes les mers, et 100,000 hommes de troupes de débarquement pouvaient au premier signal se porter sur le continent au secours de ses alliés. A l'intérieur, elle entretenait 400,000 hommes sous les armes, prêts à défendre le sol britannique contre l'agression dont le menaçait l'empereur des Français. Ces immenses préparatifs coûtèrent à la Grande-Bretagne 25,000,000 de livres sterling.

Telles étaient les forces militaires de la nouvelle coalition. Mais ses vues ne s'arrêtèrent pas là : elle prétendit susciter des ennemis à Napoléon, au nom de la liberté et de l'indépendance des peuples, dans les pays mêmes occupés par ses armées.

L'Allemagne était depuis longtemps travaillée par une société secrète appelée *Tugend-Bund*, qui avait pour but de délivrer le pays du joug étranger, et d'y établir un régime libéral sous des souverains nationaux. Les chefs de cette association étaient le duc de Brunswick, dépossédé de ses États par la France, et le ministre Stein ; mais leurs noms étaient soigneusement cachés aux adeptes des grades inférieurs. Organisée à la manière des carbonari, elle était enveloppée dans un profond mystère. Les ramifications de cette société s'étendaient au loin et pénétraient dans toutes les classes de la population germanique. Mais ces deux foyers principaux d'action étaient, dans le nord de l'Allemagne, la Hesse, et, dans le midi, le Tyrol. Une insurrection générale s'y préparait en silence. Ces deux pays étaient échus, par l'organisation de la confédération du Rhin, à des puissances qui leur étaient antipathiques, et ils brûlaient du désir de rentrer sous le gouvernement de leur ancien souverain. Les villes anséatiques, dont la prospérité se fondait principalement sur le commerce maritime, et qui du souffraient le plus système continental, étaient aussi toutes disposées à embrasser la cause de la coalition.

En Italie, les alliés avaient moins de chances de succès. La majorité de la nation commençait à s'attacher à l'alliance française, et entrevoyait un heureux avenir. Cependant les intérêts matériels y avaient été tellement froissés dans les guerres précédentes, qu'il s'y trouvait bon nombre de mécontents qui murmuraient contre l'état de choses établi et regrettaient le passé; et cette circonstance donnait quelque espérance à la coalition de rallier à ses vues l'opinion publique dans ce pays.

Les Polonais voyaient avec peine les desseins de Napoléon se diriger d'un autre côté, et conséquemment la régénération de leur patrie retardée. Cependant ils avaient une foi entière dans le génie de Napoléon. Ils pensaient que son intérêt bien compris le déterminerait à réaliser bientôt les espérances qu'ils avaient mises en lui. Aucune suggestion, aucune menée des alliés ne pouvait donc avoir de chances favorables de ce côté.

La coalition recherchait aussi l'alliance de la Prusse et de la Russie, et tendait à se créer des intelligences à Berlin et à Saint-Pétersbourg ; mais ses intrigues ne purent alors être couronnées de succès. La Prusse, abattue par tant de revers et réduite à la moitié de son territoire, ne comptait plus que 40,000 hommes sous les armes. Ses places fortes étaient occupées par les troupes de Napoléon ; elle gémissait sous le poids des contributions de guerre, qui, bien qu'allégées sur la demande d'Alexandre, empêchaient les finances de l'État de se rétablir.

La Russie, entrée récemment dans l'alliance de Napoléon, ne pouvait se dégager sitôt de ses promesses ; elle voulait d'ailleurs terminer la guerre avec la Turquie et avec la Suède, avant de s'engager dans une nouvelle lutte contre la France.

Tels étaient, au commencement de 1809, les préparatifs et les espérances de la coalition.

Une rupture prochaine avec l'Autriche devenait inévitable. A peine Napoléon était-il revenu d'Espagne, après avoir vaincu les troupes anglo-espagnoles et rétabli son frère Joseph sur le trône de ce pays, qu'il tourna toute son attention du côté de l'Autriche. Ne se fiant guère aux protestations d'amitié que lui réitérait cette puissance dans le but d'endormir sa vigilance, il observait tous ses mouvements, et rassemblait ses forces pour entrer en campagne au premier signal. Le détachement de 200,000 hommes qu'il entretenait en Espagne ne lui permettait pas d'opposer à l'Autriche plus de 300,000 hommes de troupes françaises et alliées. Ses forces étaient ainsi réparties : 190,000 hommes en Allemagne, 55,000 en Italie, et 20,000 en Pologne, qui devaient être appuyées par une armée de 35,000 Russes*. Ainsi Napoléon s'efforçait de parer à tout événement; mais ses préparatifs ne pouvaient pas être achevés et ses forces réunies au moment où il était probable que l'Autriche commencerait les hostilités.

La Pologne était soumise, en 1809, à différentes dominations. La Russie possédait les deux tiers de son étendue : la Russie-Blanche, la Kourlande, la Litvanie, la Wolhynie, la Podolie et l'Ukraine; ces provinces contenaient une population de 10,000,000 d'âmes. L'Autriche régnait sur une grande partie de la Petite-Pologne, et sur la Russie-Rouge, qu'elle avait décorée des noms nouveaux de Vieille et de Nouvelle-Galicie, voulant sans doute effacer par là jusqu'au nom de Pologne, qui rappelait son usurpation. Ces provinces comptaient 6,000,000 habitants. La Prusse ne conservait plus qu'une partie du premier partage avec 800,000 de sujets. Enfin le duché de Varsovie, érigé, depuis la paix de Tilsit, en État indépendant, se trouvait sous le sceptre du roi de Saxe, qui portait le titre de grand-duc de Varsovie. Ce duché comptait 3,000,000 d'habitants et avait 1,800 milles carrés d'étendue. Varsovie, sa capitale, la seule ville confédérale du pays, contait 75,000 habitants. Po-

* On ne parle ici que des forces disponibles et non des dépôts.

sen, Bromberg, Kalisz et Ploçk n'en avaient que 10 à 20,000. Le grand-duché était divisé en six départements. Son territoire était séparé de la Saxe par la Silésie prussienne ; mais une route militaire était établie à travers cette province pour assurer les communications.

Le duché jouissait d'une constitution représentative. L'autorité souveraine était partagée entre trois pouvoirs : celui du grand-duc, qui était irresponsable ; celui du sénat, formé de palatins castellans et d'évêques nommés par le souverain, et celui d'une chambre de représentants élus par la noblesse, les villes et les communes. Le pouvoir exécutif était confié au grand-duc, qui habitait alternativement Dresde et Varsovie. Lorsqu'il était absent de la capitale du duché, le conseil des ministres, à la tête duquel était placé un président, le remplaçait dans ses fonctions souveraines. A l'époque dont nous parlons, Stanislas-Kostaka Potoçki remplissait la charge de président du conseil ; le prince Joseph Poniatowski, qui était généralissime, était en même temps ministre de la guerre ; Dembowski était ministre du trésor ; Lubienski, de la justice ; Luszczewski, de l'intérieur ; Alexandre Potoçki, de la police. L'armée du duché portait le titre d'armée polonaise ; ses drapeaux étaient aux couleurs nationales et surmontés de l'aigle blanche : elle était pour ainsi dire le vrai représentant de l'ancienne Pologne, que les patriotes espéraient voir renaître et qu'elle devait conquérir. Cette armée était peu nombreuse :

jamais, jusqu'à cette époque, elle n'avait atteint 32,000 hommes; mais, appelée à de si hautes destinées, elle était l'objet des soins et de la sollicitude du gouvernement. Toutes les autres branches judiciaires ou administratives n'étaient regardées que comme secondaires. Des 50,000,000 de florins de revenu dont jouissait le duché, les trois cinquièmes étaient affectés à l'entretien de l'armée; mais, dans un pays ruiné par les guerres et les commotions politiques, les impôts ne rentraient que difficilement, et plus d'une fois le gouvernement dut avoir recours au trésor impérial pour soutenir son état militaire, qui, depuis sa constitution, s'était accru de quelques mille hommes.

L'armée polonaise joua un rôle si important dans les guerres de l'empire, et principalement dans celle que nous nous proposons de décrire, que nous croyons devoir donner ici quelques détails sur sa formation primitive et sur son histoire.

Les premières troupes du duché furent formées à la fin de l'année 1806, lorsque Napoléon délivra la Pologne prussienne du joug sous lequel elle gémissait; elles se composaient tout entières de volontaires qui étaient accourus sous les drapeaux des divers points du pays, et même de la Pologne autrichienne. C'étaient les plus ardents patriotes, l'élite de la nation, qui s'étaient empressés de venir verser leur sang pour la cause nationale. Différents corps s'organisèrent alors simultanément par les soins des officiers polonais qui avaient servi dans les légions d'Italie et du Rhin, et y avaient rivalisé de gloire avec les troupes françaises. Parmi eux, se trouvaient les généraux Zaionczek et Dombrowski. Les vétérans de l'armée de la république de Pologne, qui étaient rentrés dans leurs foyers, vinrent aussi se ranger sous les drapeaux de l'indépendance. Le prince Poniatowski était au nombre de ces derniers, et, dès l'arrivée de Napoléon à Varsovie, il fut chargé du portefeuille de la guerre.

L'armée polonaise avait ainsi, dès sa première formation, trois chefs renommés : Zaionczek, Dombrowski et Poniatowski. Il y avait entre eux parité de mérite et d'ancienneté de service. Tous trois avaient eu des commandements importants : Zaionczek avait été mis à la tête de l'armée polonaise vers la fin de la campagne de 1794, et était alors général de division de l'armée française; Dombrowski avait commandé les légions d'Italie, et avait été promu au grade de général de division ; Poniatowski avait autrefois commandé en chef l'armée d'Ukraine, et ensuite servi sous Kosciuszko comme divisionnaire. Napoléon, voulant concilier les prétentions que ces trois généraux pouvaient avoir au commandement de l'armée, mit chacun d'eux à la tête d'une légion, qui toutes trois étaient sous la direction du ministère de la guerre. La première était aux ordres de Poniatowski, et se formait à Varsovie; la deuxième, commandée par Zaionczek, s'organisait à Kalisz ; et la troisième, qui avait pour chef Dombrowski, se réunissait à Posen.

Chacune de ces légions était composée de quatre régiments d'infanterie de ligne, à deux bataillons ; de deux régiments de cavalerie légère, l'un de chasseurs et l'autre de lanciers, chacun de trois escadrons ; de trois compagnies d'artillerie à pied servant chacune six pièces, avec un nombre proportionné de sapeurs et de troupes du train ; ce qui devait porter la force de chaque légion à environ 9,000 hommes *.

Dès qu'ils furent en possession de leur commandement, les trois chefs rivalisèrent de zèle pour perfectionner l'organisation de leurs troupes ; mais le prince Poniatowski y contribua le plus puissamment comme ministre de la guerre. Pour parvenir à ce résultat, le prince avait plus d'une difficulté à vaincre. Une armée composée de volontaires pris dans les différentes classes de la société, la plupart indépendants, et dont le début dans la guerre avait été marqué par des succès, n'était pas facile à plier sous le joug de la subordination militaire. C'est sans doute cette circonstance qui porta le prince à adresser aux troupes polonaises, en 1807, à son retour de Dresde, où il s'était rendu** après la paix de Tilsit, la proclamation suivante, qui est trop caractéristique pour ne pas être rapportée ici.

« Je regarde comme un devoir de vous répéter les propres paroles de l'empereur des Français : « Je

---

* L'uniforme de ces légions était semblable, quant à la coupe et aux couleurs, et ne différait que par les revers et les passe-poils.
** Pour prendre les ordres de l'empereur.

« suis content de l'armée polonaise; elle a fait preuve
« de courage; elle est vaillante et belliqueuse; mais
« elle n'a pas encore acquis l'esprit et la tenue mili-
« taires, la subordination et l'ensemble, qui forment
« les traits caractéristiques d'un bon soldat; ce qu'elle
« saura sans doute acquérir sous de bons chefs et
« pendant la paix. »

Le prince continuait ainsi :

« Soldats, vous avez acquis de la gloire dans les combats, et gagné l'estime de ceux à côté desquels vous combattiez; mais vous n'avez pas encore assez fait pour vous-mêmes et pour la patrie, qui attend de vous, outre les vertus guerrières, l'unité, l'ordre, la subordination et l'obéissance. Le plus célèbre guerrier des siècles modernes, le grand Napoléon, a reconnu votre mérite, et vous avertit de ce qui vous manque encore. Réjouissons-nous de ses louanges; mais n'oublions pas ses réprimandes. En réalisant ses vues, nous mériterons un jour son entière approbation. »

Ces vérités, exprimées avec franchise, produisirent le meilleur effet, et l'armée polonaise accomplit bientôt ce que l'on attendait d'elle.

Dès le commencement de la guerre d'Espagne, l'armée du duché fut appelée à seconder les efforts de Napoléon dans la Péninsule, en envoyant en France trois régiments d'infanterie qui furent portés à trois bataillons et mis sur le pied de guerre. Une compagnie d'artillerie à pied et une de sapeurs les accompagnèrent. Deux autres régiments d'infanterie furent envoyés à Dantzig avec une batterie d'artillerie à pied ; un régiment de cette arme dirigé sur la Silésie ; enfin un régiment de cavalerie détaché en Westphalie. A la fin de l'année 1808, l'armée polonaise fut augmentée d'une compagnie d'artillerie à cheval *. Nous donnons ici un état exact de l'armée du duché, au 1er janvier 1809, avec les lieux de stationnement des corps.

### DOUZE RÉGIMENTS D'INFANTERIE DE LIGNE.

| Numéros des rég. | Stations. | Colonels. | Effectis. |
|---|---|---|---|
| 1er | Praga. | Malachowski. | 1,934 |
| 2e | Varsovie. | Stanislas Potocki. | 1,962 |
| 3e | | Zoltowski. | 2,339 |
| 4e | En France. | Félix Potocki. | 2,555 |
| 5e | Lissa et Czenstochowa. | Michel Radziwill. | 1,933 |
| 6e | Sierock. | Sierawski. | 1,807 |
| 7e | En France. | Sobolewski. | 2,855 |
| 8e | Modlin. | Godebski. | 1,888 |
| 9e | En France. | Sulkowski. | 2,555 |
| 10e | Dantzig. | Downarowicz. | 1,485 |
| 11e | | Mielzynski. | 1,691 |
| 12e | Thorn. | Weysenhoff. | 1,335 |

Total de l'infanterie. 24,039

### SIX RÉGIMENTS DE CAVALERIE.

| Régiments. | Stations. | Colonels. | Effectif. |
|---|---|---|---|
| 1er chasseurs. | Piaseczno. | Przebendowski. | |
| 2e lanciers. | Varsovie. | Tyszkiewicz. | |
| 3e lanciers. | Frontières de Silésie. | Lonczynski. | 5,500 et 5,000 ch. |
| 4e chasseurs. | Idem. | Mencinski. | |
| 5e chasseurs. | Frontières de Litvanie et de Prusse. | Turno. | |
| 6e lanciers. | Frontières de la Vistule et de la Netze. | Dziewanowski. | |

* Wlodimir Potocki la forma à ses frais.

EN POLOGNE.

## TROIS BATAILLONS D'ARTILLERIE, DU GÉNIE ET DU TRAIN,

*Commandés par* Redel, Gurski, Hurtig.

| Cantonnements. | Compagnies d'artillerie, | | de sapeurs, | | du train, | |
|---|---|---|---|---|---|---|
| Varsovie...... | 3 | | 1/2 | | 1 » | |
| Praga....... | 1 | | 1/4 | | » | |
| Sierock...... | 1 | | 1/2 | | 1/2 | |
| Modlin...... | 1 | 9 comp. | 1/2 | 3 comp. | 1/2 | 3 comp. |
| Czenstochowa... | 1 | | 1/4 | | 1/2 | |
| Dantzig...... | 1 | | » | | » | |
| En France..... | 1 | | 1 » | | 1/2 | |

Totaux. ... 1,000 h.      450 h.      500 h. 1,950 h.

A ces trois bataillons étaient affectés, 860 ch.

EN PLUS, 1 COMP. D'ARTILL. A CHEVAL

Stationnée à Varsovie, et commandée par le
capitaine Włodimir Potocki. . . . . . . . .   75 ch.   50 h.

### 1 NOUVELLE COMP. DU TRAIN

Stationnée à Varsovie. . . . . . . . . . . . .   100₂ ch.   40 h.

### 1 COMPAGNIE

D'ouvriers. . . . . . . . . . . . . . . . . . .   50 h.
Pontonniers. . . . . . . . . . . . . . . .   8

Total des armes spéciales. . . . . . . . .  1,035 ch.   2,098 h.

### ÉTAT-MAJOR.

3 Généraux de division. { Poniatowski. Zaionczek. Dombrowski.

13 Généraux de brigade. { Kaminski. Bieganski. Sokolnicki. Rozniecki. Kamieniecki. Hauke. Piotrowski. Niemoiowski. Hebdowski. Fiszer. Grabowski. Woyczynski. Isidor Krasinski.

Total 16

35 Aides de camp.
1 Adjudant-commandant.
3 Inspecteurs aux revues.
6 Sous-inspecteurs.
3 Commissaire de guerre.
3 Payeurs.

Total... 51

SERVICE DE SANTÉ.

1 Médecin en chef.
1 Chirurgien en chef.
1 Pharmacien en chef.
3 Chirurgiens de 1re classe.
3 Chirurgiens de 2e classe.

Total..... 9

Total de l'armée : 31,713 hommes. 6,035 chevaux.

On voit, par ce tableau, que différents corps avaient été détachés à l'étranger. Il ne restait plus, dans le duché, que :

|  | Hommes. |
|---|---|
| Infanterie. | 11,265 |
| Cavalerie. | 4,584 |
| Artillerie. | } |
| Génie. | 1,548 |
| Train. | } |
| Total. | 17,397 |

Il y avait en outre, dans le duché, un corps auxiliaire saxon fort de :

| Infanterie. | 2,864 hommes. |
|---|---|
| Cavalerie. | 194 |
| Artillerie. | 389 |
| Total. | 3,447 |

Le total des troupes alliées était de 20,834 hommes.

Les seules garnisons des places de Thorn, Modlin, Praga, Sierock et Czenstochowa, exigeaient 18,100 hommes. On voit donc que le duché avait à peine le nombre de troupes nécessaires pour garder ses places de guerre. La garde nationale de Varsovie ne se montait qu'à 2,000 hommes ; celle des villes de province n'était organisée qu'en partie. Quant au matériel de guerre, il y avait dans le duché :

A Varsovie. . . . . . 39 pièces de canon.
A Praga . . . . . . . . 60
A Sierock. . . . . . . 37
A Modlin. . . . . . . 37
A Czenstochowa . . . 28
A Thorn. . . . . . . . 52

Total . . . . . . 243 dont 93 pièces de campagne.

Ces troupes étaient complétement armées ; mais les fusils de l'infanterie étaient de différents calibres, et la plupart en mauvais état. Il se trouvait, à l'arsenal de Varsovie, 21,000 fusils en réserve. Quant aux munitions, toutes les pièces étaient approvisionnées à sept cent cinquante coups ; il y avait en outre 5,000,000 de cartouches d'infanterie dans les magasins. Les ouvrages des places de Modlin, de Sierock et de Thorn, n'étaient pas complétement achevés. Il manquait 120 bouches à feu pour leur armement. L'armement du fort de Czenstochowa et de la tête de pont de Praga était seul au complet. Les anciens lignes de Varsovie, construits en 1769, lors de la peste qui désola la Pologne, et relevés par Kosciuszko en 1794, n'avaient jamais été que d'un faible profil, et étaient alors entièrement négligés : plusieurs retranchements étaient éboulés, d'autres complétement effacés.

Tel était l'état incomplet de défense du duché au 1er janvier 1809. Sa principale force consistait dans le patriotisme et le courage de ses habitants.

Cependant les Autrichiens se préparaient à la guerre. Au commencement d'avril, ils réunirent trois armées :

La première en Allemagne, sous les ordres de l'archiduc Charles, forte de 185 bataillons et de 164 escadrons, formant ensemble un total de 230,000 hommes. Elle était destinée à envahir la Bavière.

La deuxième, aux ordres de l'archiduc Jean, était composée de 53 bataillons et de 44 escadrons, ou environ 70,000 hommes. Elle se réunit sur les frontières d'Italie, et devait envahir ce royaume.

La troisième enfin, sous le commandement de l'archiduc Ferdinand, se rassembla aux environs de Krakovie. Elle était forte de 25 bataillons et de 44 escadrons, évalués 33,000 hommes, et était destinée à envahir le duché de Varsovie.

L'archiduc Ferdinand d'Este était frère de l'impératrice d'Autriche, et avait une grande influence dans le conseil aulique. Son courage personnel était reconnu ; son affabilité, la douceur de son caractère, et la sûreté de ses principes, l'avaient désigné, plus que ses talents militaires*, au choix

---

* L'archiduc avait sous lui des généraux expérimentés. Son chef d'état-major, le colonel Bruch, était regardé comme un officier d'un rare mérite.

de l'empereur d'Autriche pour le commandement important dont il était chargé. Sa mission était autant politique que militaire. Tout en combattant l'armée polonaise, il devait se concilier l'appui de la nation. Le choix des régiments qui devaient composer son corps d'armée lui fut abandonné. Presque tous ces corps étaient d'ancienne formation, éprouvés dans les combats. Ils étaient en grande partie composés de Hongrois, nation belliqueuse et fidèle à ses drapeaux. Le reste des troupes était formé d'Allemands, et de Galiciens ; et ces derniers ne marchaient contre leurs compatriotes que contraints par la force, ce que le gouvernement autrichien semblait ignorer.

Voici la composition exacte du corps d'armée de l'archiduc au moment de l'entrée en campagne.

## SEPTIÈME CORPS DE L'ARMÉE AUTRICHIENNE

### RÉUNI EN GALICIE.

Commandant du corps : S. A. I. l'archiduc FERDINAND.
Adjudant du corps : Colonel comte NEYPPERG.
Chef d'état-major : Colonel BRUSCH.
Commandant d'artillerie : Colonel GILET.

### AVANT-GARDE.

|  |  | Bat. | Esc. |
|---|---|---|---|
| Général-major Baron Mohr. | Empereur-Hussards.............. |  | 6 |
| | 1er régiment de Sübenberger Wallachen. | 1 | |
| | 2e Id..................... | 1 | |
| | Wukassowicz................ | 3 | |
| | 1 batterie légère. | | |
| | 1 de brigade. | | |
| | Total............ | 5 | 6 |

## CAMPAGNE DE 1809

### CORPS D'ARMÉE.

| | | | | |
|---|---|---|---|---|
| De Mondet. | Cte de Civalard. | de Ligne........... | 3 | |
| | | Kolulinski.......... | 3 | |
| | Baron de Trautenberg | Baillot-Latour....... | 3 | |
| | | Strauch............ | 3 | |
| | De Piking. | Wessenfeld......... | 3 | |
| | | Dawidowicz........ | 3 | |
| De Schauroth. | De Gringer. | Palatin-Hussards..... | | 8 |
| | | Szekler............ | | 8 |
| | Baron de Spelh. | Sommariva-Cuirassiers. | | 6 |
| | | Lorraine........... | | 6 |
| | | Total......... | 18 | 28 |

### BRIGADE DÉTACHÉE.

| | | |
|---|---|---|
| Général-major Bronowacki. | 1ᵉʳ régiment de Sübenberger Wallachen. | 1 |
| | 2ᵐᵉ id. id. id. | 1 |
| | 3ᵐᵒ id. Empereur chevau-légers. | 8 |
| | Total........ | 2  8 |

### ARTILLERIE, QUATORZE BATTERIES.

16 pièces de 3 livres.
48 id. de 6.
12 id. de 12.
18 obusiers.

Total... 94 pièces d'artillerie.

La force de cette armée peut être évaluée, en présents sous les armes :

Infanterie........... 25,000 hommes.
Cavalerie........... 5,200.
Artillerie et train...... 2,800.
Total.... 33,000. *

L'armée de l'archiduc avait en outre des réser-

---

\* L'effectif des corps au grand complet aurait fait 36,900 hommes, mais il avait diminué par la désertion, et par les hommes absents et aux hopitaux. L'évaluation que nous adoptons est celle du général autrichien Stutrchaim.

ves cantonnées sur divers points des deux Galicies, et commandées par le prince de Hohenzolleren-Indelfingen, qui avait sous ses ordres les généraux comte Merfeld, Egermann, Starzynski, Grosser et Biking. Elles étaient composées :

| | |
|---|---|
| Infanterie | 7,200 hommes. |
| Cavalerie | 200. |
| Total | 7,400. |

Dans la première quinzaine du mois de mars, les Autrichiens avaient commencé, dans les deux Galicies, la levée de 20,000 recrues qui devaient porter leur armée à plus de 60,000 hommes.

Mais ces levées s'opéraient lentement et ne pouvaient être encore d'aucune utilité en campagne, d'autant plus qu'elles étaient composées d'hommes malintentionnés pour la cause de l'Autriche.

Les ressources diverses qu'offraient les deux Galicies étaient considérables ; elles pouvaient fournir d'excellents chevaux pour l'armée, leur sol était fertile, et elles possédaient des mines de sel, de fer et de cuivre en pleine exploitation. La vieille Galicie se partageait en quinze cercles ; sa capitale était Léopol, ville de 50,000 habitants ; la nouvelle Galicie était également divisée en quinze cercles, et sa capitale, Krakovie, avait une population de 30,000 âmes.

L'Autriche ne possédait que deux places fortes, celles de Zamosc et Sandomir ; toutes deux étaient munies d'enceintes en maçonnerie, mais en assez mauvais état, la dernière était même en partie écroulée : le colonel du génie Pulski commandait dans la première, et le général Egermann dans la seconde. Ces places venaient d'être armées et approvisionnées.

Les magasins de l'archiduc, tant en subsistances qu'en équipements, se trouvaient réparties dans les villes situées le long de la grande route de Krakovie à Léopol. Ils étaient couverts par la Vistule et le San, qui formaient la base d'opération de l'armée autrichienne.

Le gouvernement polonais était parfaitement informé des préparatifs de guerre des Autrichiens par les habitants du pays et par les déserteurs, qui, Polonais d'origine, quittaient leurs drapeaux en grand nombre. Le prince Poniatowski, qui se trouvait sous les ordres immédiats du maréchal Davoust, commandant l'armée d'Allemagne, lui fit les rapports les plus détaillés à ce sujet. Dans les mois de janvier, de février et de mars, il informa ce maréchal de la réunion en Galicie d'une armée autrichienne qu'il évaluait à 40,000 hommes, et de la levée de 20,000 recrues, qui devaient porter cette armée à 60,000 hommes.

Au commencement de mars, le roi de Saxe était venu à Varsovie. La diète s'était réunie le 10 du même mois, et avait voté un subside de 30 millions de florins pour l'entretien des troupes. Une rupture avec l'Autriche semblait inévitable. L'augmentation de l'armée polonaise fut résolue. On commença à opérer la levée de 8,000 conscrits; mais le trésor était presque vide, et le prince pria avec instance le maréchal Davoust d'obtenir de l'empereur un subside de 8 millions de florins pour activer l'organisation des nouvelles troupes. On forma les troisièmes bataillons des six régiments d'infanterie cantonnés dans le duché, et des trois régiments qui se trouvaient en Prusse; les bataillons furent portés à 840 hommes et les régiments de cavalerie à 1,047. L'artillerie reçut aussi une augmentation considérable; on y ajouta trois nouvelles batteries d'artillerie à pied et une batterie d'artillerie à cheval *. Le général Pelletier fut placé à la tête de l'artillerie et du génie. Cet excellent officier, colonel d'artillerie au service de France, venait de passer à celui de Pologne avec le grade de général de brigade. Le capitaine du génie Mallet fut nommé chef de bataillon et commandant le génie polonais, et le capitaine Bontemps fut mis à la tête du matériel de l'artillerie. Tous les deux sortaient aussi du service de France. Enfin le prince Poniatowski fit organiser un parc de trente pièces pour le service de son corps d'armée.

Le 21 mars, le roi de Saxe communiqua au prince une lettre qu'il venait de recevoir de Napoléon. L'empereur écrivait au roi qu'il avait sans doute confié le commandement de l'armée du duché au prince Poniatowski; que celui-ci

---

* Cette dernière fut formée aux frais de Roman Soltyk, auteur de cet ouvrage.

réunirait ses forces et porterait sa cavalerie sur Krakovie, afin d'occuper les Autrichiens. Il demandait au roi de retirer ses troupes saxonnes du duché (il n'y avait plus que 2,155 Saxons à Varsovie *) afin de former un corps de 30,000 hommes près de Dresde.

Le prince répondit qu'il ne pouvait ordonner aucun mouvement de troupes sans les ordres du maréchal Davoust, et que le renvoi des Saxons affaiblirait trop ses forces, déjà si peu considérables; car il ne comptait que 12,000 hommes sous les armes. M. de Boze, ministre d'état du royaume de Saxe, qui assistait à cet entretien, lui objecta la levée des 8,000 conscrits, qui s'effectuait alors : le prince répliqua qu'il ne pouvait compter sur ces renforts, leur levée ne pouvant être achevée que dans six semaines. Le ministre fit valoir alors le puissant secours dont l'assurait l'alliance de la Russie, et Poniatowski observa que cette alliance était aussi peu sûre que la coopération de ses troupes, et qu'on ne devait nullement y compter.

Le 25 mars, le roi quitta Varsovie pour retourner à Dresde, et investit le conseil d'État de son pouvoir. La diète avait été close le même jour.

Déduction faite des cadres nécessaires à la formation des troisièmes bataillons d'infanterie et des nouvelles compagnies d'artillerie, l'armée polonaise active était composée ainsi qu'il suit :

---

* Le reste des troupes saxonnes était retourné en Saxe.

EN POLOGNE. 119

### INFANTERIE.

1ᵉʳ Régiment colonel Malachowski. . . . . . 1,642 hommes.
2ᵉ   id.   id. Stanislas Potocki. . . . . 1,742.
3ᵉ   id.   id. Zoltowski. . . . . . . . 1,927.
6ᵉ   id.   id. Sierawski. . . . . . . . 1,346.
8ᵉ   id.   id. Godebski. . . . . . . . 1,500.
12ᵉ   id.   id. Weissenhoff. . . . . . . 1,102.

Total. . . . 9,259 hommes

### CAVALERIE.

1ᵉʳ Régiment chasseurs, colonel Przebendowski. . 730 chevaux.
2ᵉ   id. lanciers,   id. Tyszkewicz. . . . 800.
3ᵉ   id.   id.,   id. Lonczynski. . . . 760.
5ᵉ   id. chasseurs,   id. Turno. . . . . . 505.
6ᵉ   id. lanciers,   id. Dziewanowski. . 709.

Total. . . 3,504 chevaux.

### ARTILLERIE.

3 comp. d'artill. à pied, servant chacune 6 pièces.  18 p.   600 h.
2  id.   id. à cheval,    id.   9      9     »
Train et ambulances. . . . . . . . . . . .         100 h.

Totaux. . .  27 p.  700 h.

### TROUPES SAXONNES.

Infanterie, 3 bataillons. . . . . . . . . . . 1,619 hommes.
Cavaleries, 2 escadrons d'hussards. . . .   178.
Artillerie, servant 12 pièces. . . . . . . .   358.

Total. . . . 2,155 hommes.

L'armée active se composait donc de 15,518 hommes, et de 39 pièces de canons. Les garnisons des places étaient incomplètes.

Il y avait à Varsovie. . . . . . . . . . 1,599 hommes.
          à Praga. . . . . . . . . . .   979.
          à Sierock. . . . . . . . . . 1,413.
          à Czenstochowa. . . . . . .   790.

à Modlin. . . . . . . . . . . . . 1,265.
à Thorn . . . . . . . . . . . . 1,594. *

Ces garnisons étaient formées des 3ᵉ bataillons des régiments stationnés dans le duché, et de plusieurs dépôts des régiments qui étaient en Espagne, avec 8 compagnies d'artillerie à pied, et quelques troupes du génie.

Il y avait en outre, dans les dépôts de cavalerie qui étaient cantonnés dans les environs de Varsovie, 1,812 hommes et 1,141 chevaux.

Après avoir donné une notice exacte de la force des deux partis adverses, nous donnerons une description topographique du pays qui allait devenir le théâtre de la guerre, afin que l'on puisse mieux comprendre et juger les opérations des deux armées belligérantes.

Le théâtre de la guerre était borné au midi par les Karpates; à l'occident et au nord, par la frontière de Prusse, et, à l'orient, par celle de l'empire russe. Cette vaste étendue de pays est traversée par la Vistule, qui coule d'abord vers l'orient, se détourne ensuite vers le nord et incline enfin à l'occident, en se dirigeant vers la frontière de Prusse. La longueur du cours de ce fleuve est de 144 milles; l'élévation de sa source, au-dessus du niveau de la Baltique, de 125 toises (243 m. 75 c.); sa largeur moyenne de 250 toises (487 m. 50 c.).

* Les troisièmes bataillons, des 10ᵉ et 11ᵉ régiments, qui se trouvaient à Dantzig, virent peu après renforcer la garnison de Thorn, ce qui la porta à 3,621 hommes.

Il est navigable depuis l'embouchure de la Przemsza. Dans cet espace et jusqu'à son embouchure dans la Baltique, son lit est de 10 à 20 pieds (de 3 m. 25 c. à 6 m. 50 c.) de profondeur. La Vistule coule généralement à travers un pays boisé. Les environs de Krakovie, de l'embouchure du Wieprz, et de Plotsk sont seuls découverts. Il ne se trouve point de montagnes sur les rives de la Vistule; mais seulement de simples collines. Depuis sa source jusqu'à Mniszew, la rive droite du fleuve est plus élevée; depuis ce point jusqu'à Bielany, c'est la rive gauche. La Vistule entre ensuite dans un pays de plaines. Depuis Plotsk jusqu'à la frontière de Prusse, c'est la rive droite du fleuve qui domine.

La Vistule reçoit de nombreux affluents : 120 ruisseaux ou rivières lui portent le tribut de leurs eaux ; les principaux, sur la rive droite, sont : la Raba, le Dunaiec et la Wisloka, qui se précipitent des Karpates et se convertissent en torrents à l'époque de la fonte des neiges. Elles inondent alors les contrées voisines. Plus loin, la Vistule reçoit les eaux du San, du Wieprz et de la Narew. Ces trois rivières sont navigables. La dernière est la plus considérable des trois. Depuis son entrée dans le duché jusqu'au confluent du Bug, la Narew coule à travers un pays plat et marécageux.

Les affluents de la rive gauche de la Vistule sont la Przemsza, la Nida, la Kamionna et la Radomka, rivières peu considérables, qui ne sont flottables que vers leur embouchure, et dont aucune n'était alors navigable ; et, plus bas, vient la Piliça, qui est plus forte que les précédentes ; elle est navigable depuis Przedborz, et coule à travers un pays très boisé, plat et sablonneux ; et la Bzura qui traverse d'abord un pays marécageux, ce qui rend ses bords inaccessibles ; elle coule ensuite par une contrée fertile coupée de collines et tombe dans la Vistule vis-à-vis de Wyszogrod. Plus loin se trouvent la Skwa et la Braa, qui sont tout à fait secondaires ; et enfin le Notetz, qui, bien qu'il coule vers l'occident, est réuni à la Vistule par le canal de Bromberg, et forme une barrière d'autant plus importante du côté de la Prusse, que ses bords sont marécageux. Il est navigable depuis Bromberg jusqu'à son embouchure dans la Warta.

Outre la Vistule, qui forme pour ainsi dire avec ses affluents un réseau au milieu de la Grande et de la Petite Pologne, il se trouve dans le midi un fleuve considérable, le Dniester, qui prend sa source dans les Karpates, traverse la Galicie, sépare la Podolie de la Bessarabie, et se jette dans la Mer-Noire à Akerman. Son cours est de 68 milles d'étendue ; il est navigable à 10 milles de sa source jusqu'au confluent du Styr : ses bords sont très escarpés. Son lit s'élargit ensuite et coule à travers un pays hérissé de rochers de 50 à 60 toises (de 97 m. 50 c. à 117 m.) de hauteur. Enfin, délivré de ces entraves, ce fleuve s'étend à partir de la frontière de Galicie, et sa largeur moyenne jusqu'à son embouchure est de 140 toises (273 m.).

A l'occident, coule la Warta, rivière considérable, dont le cours a 104 milles de longueur depuis le petit bourg du même nom. Elle est navigable jusqu'à son embouchure dans l'Oder, et a, depuis ce point, de 40 à 100 toises (de 78 m. à 195 m.) de largeur. Ses rives sont en grande partie sablonneuses et boisées. Ses affluents principaux sont l'Obra et le Notetz.

Il n'y a, dans cette partie de la Pologne, d'autres chaînes de montagnes que celles des Karpates, qui séparent la Hongrie de ce pays. Elles sont moins hautes que les Alpes et les Pyrénées; leur plus grande élévation est de 9,300 pieds (3022 m. 50 c.) au-dessus du niveau de la mer. Cependant elles forment une barrière imposante que l'on ne peut franchir que par cinq défilés, dont trois seulement, ceux de Jablonka, de Dukla et de Jakubowo, sont munis de bonnes routes; les deux autres ne sont traversés que par des chemins vicinaux fort difficiles. Tous ces défilés étaient faciles à défendre, mais aucun retranchement n'y était pratiqué. Les contreforts du nord des Karpates s'étendent le long de la vieille Galicie parallèlement à la Vistule, et une de leurs branches dépasse ce fleuve et coupe le palatinat de Sandomir. Cette branche porte le nom de Montagne de Ste.-Croix et ne compte que parmi celles du 3$^e$ ordre. Elle est fort boisée, surtout du côté du nord. Ce pays est éminemment favorable à la guerre de partisans. La surface de la Grande et de la Petite Pologne est aux deux tiers couverte de bois : ceux du palatinat de Sandomir et de la rive droite de la Narew, nommés forêt de Prasnysz, sont les plus touffus et les plus étendus.

Dix grandes routes se dirigent de Varsovie sur différentes directions, dont trois du côté du midi. La première, celle de Varsovie à Léopol, suit la rive droite de la Vistule à travers un pays en grande partie marécageux et boisé, qui est regardé comme un pays de chicane, à cause des nombreux courants d'eau qui le sillonnent. Cette route traverse le Wierprz à Koçk et se dirige, en passant sous le canon de la place de Zamosç, par le palatinat de Lublin jusqu'à Léopol, pays fertile et accidenté, beaucoup moins boisé que le précédent. La seconde route se dirige sur Pulawy par la rive gauche de la Vistule, à travers un pays à demi boisé et à demi découvert; elle franchit la Piliça à Mniszew, passe de là par une contrée fortement boisée, et franchit la Vistule à Pulawy même. Là, elle se divise en deux branches : l'une court vers Lublin à travers un pays de collines et l'autre sur Sandomir en passant d'abord par des bois, puis par un pays fertile et varié d'aspects. La troisième est celle de Krakovie; cette route suit d'abord jusqu'à la Piliça un pays riche en culture, puis un terrain légèrement ondulé, en partie couvert de bois; elle traverse la Piliça à Nowemiasto; elle parcourt ensuite un pays boisé et sablonneux jusqu'à Radoszyce, et, de là jusqu'à Krakovie, une contrée fortement accidentée, traversée de hautes collines et de profonds ravins. Le terrain y est argilleux et fertile, parsemé de rares bouquets de bois.

Trois autres grandes routes se dirigent de la capitale du duché vers la frontière de la Pologne russe. La première passe par Lublin à travers le pays que nous venons de décrire, et de là se dirige sur Wlodawa, par un pays coupé de collines fertiles et en partie boisé. La seconde jusqu'à Siedlce, passe par un pays couvert de forêts, traverse le Kostzyn, dont les bords sont marécageux; de là, elle se dirige sur Brzesc, par un pays de collines à demi boisé, et franchit le Bug près de cette dernière ville. La troisième se dirige d'abord sur Sierock à travers des bois, traverse la Narew près de cette place, et longe la rive droite de cette rivière jusqu'à Ostrolenka; là elle se partage en deux branches, dont l'une court sur Lomza, en passant à travers un pays couvert de collines et une grande partie fourrée; de là sur Tykocin, longeant les marais de la Narew, qu'elle traverse près de cette ville, située à l'extrême frontière du duché; et dont l'autre se dirige par Augustow sur Kowno, à travers un pays plat, couvert d'immenses forêts : à Kowno, elle traverse le Niémen.

Enfin, quatre routes mènent de Varsovie à la frontière de Prusse. La première est celle de Brzelau, capitale de la Silésie. Elle traverse d'abord la plaine qui entoure Varsovie, se dirige ensuite sur Piotrkow, à travers un pays légèrement ondulé et en grande partie couvert de bois, et de là elle suit une contrée à peu près semblable, quoique plus sablonneuse, jusqu'à la frontière de Prusse. La seconde route est celle de Berlin, qui passe par Posen : elle se dirige d'abord à travers un pays plat jusqu'à la Bzura, qu'elle traverse à Suchedniow ; puis elle longe cette rivière, et se dirige sur Lowicz, en traversant des bois, passe ensuite par Kutno, Klodawa et Posen, à travers un pays coupé de légères collines et plus découvert, et aboutit à la frontière de Prusse. La troisième route se dirige sur Thorn, par la rive gauche de la Vistule ; elle passe d'abord par Sochaczew sur la Bzura, y traverse cette rivière, se rapproche de la Vistule, passe par de grandes forêts au milieu desquelles se trouve Gombin, et enfin, elle court par le pays fertile de Kujavie, qui est coupé de légères collines, et traverse la Vistule près de Thorn. La quatrième route, enfin, suit la rive droite du fleuve et se dirige également sur Thorn ; elle passe d'abord par des bois, franchit la Narew, à son confluent dans la Vistule, à Modlin, se dirige sur Ploçk par un pays de collines fertiles et découvert, et, à partir de cette ville, elle suit le cours du fleuve, en passant par une contrée à moitié boisée, qui s'étend jusqu'à Thorn.

Outre les voies dont nous venons de parler, une grande route traversait le duché dans sa largeur, venant de Brzesc et se dirigeant sur Breslau ; elle passait par Lublin et Pulawy, à travers le pays que nous venons de décrire, se dirigeait ensuite par Radom, Opoczno, sur Piotrkoow ; par un pays boisé. Là elle réjoignait la grande route qui conduisait de Varsovie à la capitale de la Silésie. Aucune des onze routes dont nous venons de parler n'était ferrée ni entretenue avec soin ; leur état changeait selon la marche des saisons : Faciles à parcourir dans un temps sec, elles étaient difficiles pendant les temps de pluies, et presque impraticables dans les terrains gras et argilleux, surtout dans les environs de Krakovie. De nombreuses routes de traverse coupaient le pays en tout sens et étaient proportionnellement meilleures que les grandes routes ; car elles étaient plus faciles à entretenir et les habitants des villages voisins étaient directement intéressés à les réparer pour faciliter les communications. Entre les grandes routes et les routes de traverse, il n'y avait, en Pologne, d'autre différence que leur largeur. Les rivières étaient un grand obstacle : on les traversait rarement sur des ponts en pilotis\*, et même sur des ponts de bateaux. C'était presque toujours sur des bacs ou ponts volants. Pendant les crues des eaux et la débacle, les communications étaient souvent interrompues.

\* Les ponts ne pouvaient résister aux glaces. Le maréchal Davoust voulut en établir un en charpente à Varsovie ; il coûta 600,000 flor. polonais ; mais il fut emporté à la première débâcle.

Dans toute l'étendue de l'Ancienne Pologne, la Vieille Galicie possédait seule une route ferrée, laquelle la coupait dans toute sa longueur, depuis Bilitz jusqu'à Brody. Elle passait par Léopol, et traversait sur des ponts de pilotis ou sur des ponts de bateaux, les rivières qui se précipitent des Karpates. Diverses branches partant des villes principales qui se trouvaient sur cette grande route, se dirigeaient vers l'intérieur du pays, mais n'étaient pas encore complétement achevées. Le terrain de la Vieille Galicie étant fertile et en grande partie argileux les routes de traverse y étaient généralement plus mauvaises que dans le duché.

Tel était le terrain sur lequel allait avoir lieu la lutte qui devait décider du sort du duché de Varsovie.

# CHAPITRE II.

Position de l'armée de l'archiduc au moment de l'entrée en campagne. — Elle est forte de 33,000 hommes. — Observation sur son organisation. — Instruction que reçoit l'archiduc de son gouvernement. — Ce qu'il aurait dû faire et ce qu'il fit. — Sa présomption. — Proclamation de Ferdinand. — Observation sur la topographie du duché sous le rapport stratégique. — Le gouvernement polonais, avec plus de prévoyance, aurait pu se maintenir à Varsovie. — Poniatowski eût dû au moins fortifier Modlin et Thorn. — Il ne croyait pas être attaqué. — Les deux chefs opposés commirent des fautes par excès de confiance. — Dispositions de Poniatowski. — Il réunit 14,000 hommes près de Varsovie. — Déclaration de guerre. — Commencement des hostilités. — Diverses mesures de défense que prend le gouvernement du duché. — Son manifeste. — L'armée autrichienne s'avance sur Varsovie. — Poniatowski l'attend à Raszyn. — Position de l'armée polonaise. — Engagement de Nadarzyn. — L'armée de l'archiduc s'avance. — L'archiduc, sans reconnaître les Polonais, fait attaquer Falenty. — Combat très vif livré sur ce point. — Les Polonais se retirent sur Raszyn. — L'engagement s'étend sur toute la ligne. — Poniatowski se maintient dans sa position jusqu'à la nuit. — Pertes des deux partis. — Les Saxons se retirent. — Le prince Poniatowski replie son armée sur Varsovie pendant la nuit. — Ferdinand arrive devant la capitale. — Entrevues du prince et de l'archiduc. — Armistice. — Une convention pour la reddition de Varsovie est conclue. — Les Polonais l'évacuent et se retirent sur la Narew. — Événements qui se passèrent près de Czenstochowa. — Bronowacky lève le blocus et se porte sur Varsovie.

Dans les premiers jours d'avril, l'armée de Ferdinand se rapprocha des frontières du duché. Le 14, elle occupait les positions suivantes : l'avant-garde, aux ordres du général Mohr, se trouvait vis-à-vis de Nowemiasto ; le gros de l'armée, composé des divisions Mondet et Schauroth, était réuni près d'Odrzywol, où se trouvait le quartier-général ; la brigade Bronowacky occupait Olkusz, afin d'agir contre Czenstochowa ; et enfin un détachement de deux escadrons de hussards, aux ordres du colonel Neipperg, était posté à Okuniew, pour observer Praga.

Cette armée, de 33,000 hommes, composée de troupes aguerries, pouvait rendre de bons services sur le champ de bataille ; son organisation cependant laissait beaucoup à désirer. Sa cavalerie légère n'était forte que d'environ 3,800 chevaux, nombre insuffisant pour la tâche qu'elle était chargée d'accomplir. En effet elle devait faire le service d'avant-postes dans des contrées en grande partie boisées, marécageuses, et par conséquent très favorables aux surprises ; il lui fallait recourir à la violence pour fourrager dans un pays dont les habitants lui étaient hostiles ; enfin elle était destinée à disperser les rassemblements d'insurgés et à contenir les corps de partisans qui ne pouvaient manquer de se former de toutes parts, pendant cette guerre éminemment nationale pour les Polonais.

Le théâtre de la guerre que nous venons de décrire était coupé de courants d'eau et de rivières, que l'armée autrichienne avait à franchir dans le cours de ses opérations ; les ponts, si rares en Pologne, venant à être détruits, il pouvait devenir nécessaire de les traverser à l'aide de pontons ; et l'armée de l'archiduc n'avait pas d'équipages de ponts. Le duché renfermait plusieurs places fortes que Ferdinand pouvait être obligé d'assiéger ; et il n'avait pas de pièces de siége, et ne menait à sa suite que 12 pièces de douze : tout le reste de son artillerie était composé de pièces de campagne d'un moindre calibre. L'archiduc comptait dans son armée active un quart de Polonais ; et ce nombre allait bientôt être augmenté par 20,000 Galiciens qu'on réunissait dans les dépôts ; tous ces hommes ne servaient qu'à contre-cœur sous les drapeaux de l'Autriche, et il était à craindre que, dès qu'ils se trouveraient en présence de l'armée polonaise, ils ne passassent dans les rangs de leurs compatriotes : la prudence prescrivait de les remplacer par des troupes d'origine différente, et d'employer les Polonais dans d'autres armées ou dans les places fortes, située hors du territoire de la Pologne.

Les instructions données à l'archiduc portaient que : « son corps d'armée devait marcher directement sur Varsovie et chercher à emporter Czenstochowa, mais devait surtout mettre la plus grande activité dans ses mouvements pour finir promptement cette expédition et pour prévenir, par la fermeté de sa conduite et la rapidité de sa marche, les différentes complications qui pouvaient survenir, afin que ce corps, après avoir mis le duché de Varsovie hors d'état de nuire aux intérêts de l'Autriche, pût être employé selon qu'on aurait jugé convenable. » Ces instructions portaient encore que l'armée russe rassemblée à Dubno donnait de justes alarmes à la cour de Vienne, et que le commandant de l'armée autrichienne recevrait des instructions à cet égard.

Pour remplir la mission dont il était chargé, l'archiduc devait battre l'armée polonaise, prendre les places du duché, occuper le pays et empêcher l'insurrection d'éclater, non-seulement dans le duché de Varsovie, mais encore dans les deux Galicies. C'était là toutefois une tâche difficile à remplir avec 33,000 hommes et une réserve de 7,400 hommes. Elle supposait une suite non-interrompue de succès, sur lesquels, au reste l'Autriche semblait compter.

Cependant, quelques flatteuses que fussent ces espérances, Ferdinand n'en devait pas moins prévoir le cas où il serait forcé de se tenir momentanément sur la défensive et ne rien négliger pour se maintenir, pour prévenir les insurrections, et se mettre à même d'attendre les secours qui lui seraient envoyés; mais, soit qu'il fît une guerre offensive ou défensive, la prudence lui commandait de se rendre maître du cours de la Vistule, qui est le principal trait stratégique du pays. Ce fleuve coule d'abord vers l'orient jusqu'à l'embouchure du San : cette partie de son cours, avec celui de cette rivière, formait la base d'opérations de l'archiduc, et couvrait ses magasins. Plus loin la Vistule se détourne brusquement à gauche, et coule vers le nord et entre dans le duché qui s'étend sur ses deux rives. Ferdinand ne pouvait donc regarder la ligne de la Vistule comme une ligne de défense à occuper; il devait se rendre maître de son cours en fortifiant quelques points, qui lui permissent de se tenir à cheval sur le fleuve, et se trouver par là, à même d'opérer sur les deux rives.

Pour atteindre ce but, les points les plus convenables étaient les embouchures des rivières qui se jettent dans la Vistule; et aucune n'était alors fortifiée. Les Autrichiens ne possédaient à cette époque que deux villes fortes qui pouvaient leur assurer le passage du fleuve, Krakovie et Sandomir. Krakovie était entouré d'une vieille enceinte flanquée de tours qui n'était pas armée, mais pouvait être aisément convertie en poste de guerre; elle avait en outre un pont de pierre sur la Vistule. Le mur qui ceignait Sandomir, originairement très fort, tombait en ruines; l'archiduc ordonna de le relever et d'ajouter au corps de la place quelques ouvrages avancés; de plus il fit jeter sur la Vistule un pont, qu'il voulait couvrir d'une tête de pont. Ces travaux pouvaient être utiles; mais Krakovie et Sandomir se trouvaient éloignés du centre des opérations, et ne pouvaient lui servir que de point d'appui pour fortifier sa base. Si Ferdinand voulait opérer sur Varsovie, il fallait qu'il s'assurât d'un point plus rapproché de cette ville, d'un point qui lui servît d'échelon entre Sandomir et la capitale du duché. Aucun n'était plus convenable pour remplir cet objet que le confluent du Wierpz. Ce point, fortifié par une triple tête de pont, eût en même temps rendu l'archiduc maître du cours de cette rivière, et de celui de la Vistule, et eût servi de pivot à ses opérations; mais ce prince n'eut pas la prévoyance de s'en assurer en y exécutant des travaux.

Ferdinand faisait peu de cas de ses ennemis; il regardait l'armée polonaise comme n'étant qu'en formation, et croyait en triompher facilement. Il espérait que les habitants du duché seraient entraînés par l'esprit d'opposition qui se manifestait contre Napoléon dans d'autres contrées de l'Europe, et qu'en tout cas il paralyserait leur mauvaise volonté par ses premiers succès. Il n'ignorait pas que le prince Poniatowski avait réuni ses forces en avant de Varsovie; et, conformément à ses instructions, il voulait marcher droit à l'armée polonaise et la forcer à une bataille décisive.

Avant de franchir la frontière, le prince autrichien résolut de se faire précéder d'une proclamation. Daté d'Odrzywol du 12 avril, cette pièce ne fut cependant rendue publique qu'au moment du passage de la Pilica. Ferdinand y déclarait aux habitants du duché de Varsovie qu'il entrait à main armée sur leur territoire, mais qu'il n'était pas leur ennemi; que l'empereur d'Autriche ne faisait la guerre qu'à

Napoléon, et qu'il était l'ami de tous ceux qui ne défendaient pas la cause de la France. Ensuite il leur expliquait les motifs de la guerre, entreprise, disait-il, pour conserver l'existence de l'empire autrichien, pour rétablir de l'ordre en Europe et pour la prospérité des peuples menacés par l'ambition de l'empereur des Français. Puis il s'exprimait ainsi : « C'est à vous que je m'adresse particulièrement, habitants du duché de Varsovie. Je vous le demande, jouissez-vous du bonheur que vous a promis l'empereur? Votre sang, qui a coulé sous les murs de Madrid, a-t-il coulé pour vos intérêts? Qu'ont de commun le Tage et la Vistule? Et la valeur de vos soldats a-t-elle servi à rendre votre destinée plus prospère?..... L'empereur Napoléon a besoin de vos troupes pour lui-même, et non pour vous. Vous faites le sacrifice de vos propriétés et de vos soldats à des intérêts qui, loin d'être les vôtres, leur sont entièrement opposés, et, en ce moment, vous êtes, par son alliance, livrés sans défense à la supériorité de mes armes, tandis que l'élite de vos troupes arrose de son sang les champs de la Castille et de l'Aragon. » Enfin il engage les habitants à ne pas faire de résistance et leur déclare que s'ils en opposent, il usera contre eux du droit de la guerre, et il conclut ainsi : « Si, fidèles à vos véritables intérêts, vous me recevez en ami, sa majesté l'empereur d'Autriche vous prendra sous sa protection spéciale, et je n'exigerai de vous que les objets nécessaires à la sûreté de mes armes et à la subsistance de mon armée. »

Le duché de Varsovie était couvert, du côté de la Galicie, sur la rive droite de la Vistule, par une ligne de défense qui, suivait le cours du Bug depuis l'embouchure du Nürzec jusqu'à la Narew, puis le cours de cette rivière jusqu'à sa jonction avec la Vistule. Cette partie de la ligne n'était pas sans importance, d'autant plus qu'elle était fortifiée par les places de Sierock et de Modlin; elle eût été bien plus forte encore, si ces deux places avaient été munies de têtes de pont qui eussent permis aux Polonais de déboucher au besoin sur la rive gauche du Bug et de la Narew, et de prendre l'offensive en temps opportun. La ligne de défense du duché remontait ensuite le cours de la Vistule, depuis Modlin jusqu'à Mniszew. Cet espace, couvert par le fleuve, était fortifié par la tête de pont de Praga, dont la possession permettait aux Polonais de déboucher de Varsovie sur la rive droite de la Vistule. Mais, depuis Mniszew, la ligne de la Piliça ne couvrait Varsovie et les départements de la rive gauche que très imparfaitement, cette rivière étant guéable sur beaucoup de points, particulièrement vers sa source, ne présentait pas d'obstacles sérieux à la marche de l'ennemi. Varsovie n'était pas fortifié; et, cette capitale occupée, Praga n'avait plus d'importance pour les Polonais.

On voit par cet examen que le côté faible de la frontière du duché était sur la rive gauche de la Vistule, et qu'il était facile de l'envahir de ce côté.

Les mêmes motifs qui auraient dû engager l'Archiduc à s'assurer du cours de la Vistule devaient aussi porter les Polonais à s'en rendre maîtres, en y occupant des points fortifiés; et ils y étaient d'autant plus intéressés, que, devant se tenir sur la défensive, à cause de l'infériorité de leurs forces, il leur importait infiniment de pouvoir passer d'une rive à l'autre du fleuve, afin d'éviter un combat inégal, et d'attendre des circonstances plus propices.

Trois points étaient plus particulièrement convenables pour atteindre ce but : Varsovie, Modlin et Thorn. Varsovie avait été fortifié en 1794 par Kosciuzko. Cette capitale avait soutenu alors un siége de sept semaines contre une armée de 36,000 hommes, munie d'un parc de siége. Il n'était donc pas impossible, en 1809, de la défendre contre l'armée autrichienne, qui ne comptait que 33,000 hommes et ne menait pas à sa suite de grosse artillerie. Kosciuszko disposait de 18,000 hommes; Poniatowski en avait 17,000 (avec les dépôts qui se trouvaient à Varsovie); et ce nombre pouvait être augmenté promptement par de nouvelles levées. En retirant quelques pièces des places de la Narew et de Praga, Poniatowski pouvait armer convenablement ses lignes quoique très étendues : elles avaient 6,000 toises (11,700 mètres) de développement. Ces lignes étaient, à la vérité, en mauvais état; mais, à l'aide du grand nombre de bras qu'on pouvait y employer, six semaines auraient amplement suffi pour les relever. Il reste donc prouvé que le gouvernement polonais, en s'y prenant deux mois plus tôt, aurait pu empêcher les Autrichiens de pénétrer sans coup férir dans la capitale, et les eût forcés de l'assiéger; ce qui les aurait obligés à attendre l'arrivée d'un parc de siége, qu'ils n'auraient pu tirer que d'Olmutz. Pendant les longueurs inséparables de cette opération, ce gouvernement aurait eu le temps de lever des corps de partisans et d'organiser les levées en masse; il est probable que l'armée autrichienne eût bientôt vu sa ligne d'opérations interceptée, qu'elle eût manqué de munitions et de vivres. Enfin, resserrée de plus en plus, elle se serait vue sans doute forcée de se retirer comme le fit Frédéric-Guillaume en 1794.

Mais le gouvernement polonais ne croyait pas alors à la guerre et ne pensait nullement à s'y préparer. Lorsque le prince Poniatowski apprit, par la lettre de l'empereur Napoléon (qui lui fut communiquée le 21 mars), que la guerre était imminente, on n'avait plus assez de temps pour fortifier Varsovie. On aurait dû s'attacher uniquement alors à perfectionner les retranchements de Modlin et de Thorn, qui commandaient le cours de la Vistule, depuis l'embouchure de la Narew jusqu'à la frontière de Prusse.

L'importance du point stratégique de Modlin

avait été de tout temps reconnue ; les Suédois y avaient eu un camp retranché ; le maréchal de Saxe voulait en faire le centre de la défense de la Pologne ; Napoléon choisit ce point pendant la guerre de 1807 et le fit fortifier. Modlin recevant tous ses développements, c'est-à-dire muni d'une triple tête de pont, commanderait à la fois les cours de la Vistule et de la Narew. Si Poniatowski, plus prévoyant, avait eu le soin d'y construire au moins une tête de pont sur la rive gauche de la Vistule, il se serait ménagé, en y prenant position après la perte de Varsovie, les moyens de manœuvrer sur la capitale par la rive gauche du fleuve, d'en chasser Ferdinand ou du moins de paralyser ses mouvements. Les retranchements de Modlin, au temps dont nous parlons, n'étaient formés que d'un corps de place de six fronts construits, sur la rive droite de la Vistule, sans aucun ouvrage avancé ; ses remparts, qui étaient de 16 pieds (5 m. 20 c.) de profil et revêtus en bois, la mettaient à l'abri d'un coup de main ; mais la place perdait la plus grande partie de son importance, par la négligence qu'on avait mise à ne pas étendre ses retranchements, à la rive gauche du fleuve.

La place de Thorn avait sept fronts ; elle était revêtue et palissadée. Elle avait un pont de bateaux sur la Vistule ; mais ce pont n'était couvert sur la rive gauche que par un retranchement à peine ébauché : Poniatowski aurait dû le faire mettre promptement en état de défense.

Si les travaux de Modlin et de Thorn eussent été terminés avant la guerre, comme ils pouvaient l'être, et que, par suite des événements, le général polonais eût été forcé d'évacuer la capitale, il aurait pu faire de Modlin le pivot de ses opérations et de Thorn sa place de dépôt et de refuge. Celle-ci eût assuré ses communications avec la grande Pologne et avec la ligne de l'Oder. Mais Poniatowski, trois jours avant l'ouverture des hostilités, ne croyait pas être attaqué; il n'était pas même informé avec certitude des mouvements de l'ennemi.

Dans une lettre écrite au maréchal Davoust le 12 avril, il exprime ainsi son opinion à ce sujet: « En comparant les circonstances contenues dans les différents avis avec l'avis positif que l'archiduc Ferdinand se trouve déjà ou arrivera d'un moment à l'autre à Konskie, il paraît évident que les Autrichiens vont porter leurs troupes sur la Piliça, et qu'ils prendront alors une des positions dont j'ai eu l'honneur de parler à Votre Excellence. Je dis une de ces positions, car, malgré leurs fanfaronnades et leurs menaces, ils ne sont pas certainement de force à les occuper toutes... On annonce généralement que le corps de l'archiduc Ferdinand se monte à 30,000 hommes; mais il n'est guère probable qu'ils puissent porter de notre côté plus de 15 à 18,000 hommes. Dès lors, le corps qui devrait agir sur la Piliça serait plutôt destiné à observer nos mouvements qu'à effectuer l'invasion du duché depuis si longtemps annoncée*. »

Ainsi le prince avait négligé de prendre les mesures nécessaires pour se mettre à même de soutenir une défensive vigoureuse; il n'avait désormais pour défendre Varsovie que la bravoure de ses soldats. Il semble que l'opinion qui régnait généralement dans le duché que les Autrichiens n'oseraient pas entrer en lice avec Napoléon, avait contribué à endormir Poniatowski dans une fausse sécurité.

Par une singulière coïncidence, les deux généraux en chef des armées adverses faisaient mutuellement peu de cas de leur ennemi; ils commirent par là des fautes qui devaient avoir une grande influence sur les opérations de la guerre.

Poniatowski fit néanmoins, le 12 avril, les dispositions suivantes : le 6ᵉ régiment de cavalerie quitta Blonie et se porta à Nadarzyn; le 3ᵉ d'infanterie, commandé par le général Bieganski, soutenu par quatre pièces, alla occuper Raszyn; le 3ᵉ régiment de cavalerie prit position à Piaseczno; le 1ᵉʳ alla s'échelonner de Gora à Mniszew, et le 5ᵉ quitta Nieporent (rive gauche de la Vistule) et se porta sur Blonie. Le 3ᵉ régiment d'infanterie fut remplacé à Varsovie par un bataillon du 6ᵉ, tiré de la place de Sieroçk, et par un bataillon du 8ᵉ, détaché de Modlin; deux autres bataillons des mêmes ré-

* V. pièces justificatives, I.

giments les suivirent deux jours après. La garnison de Varsovie se composait alors des 1er et 2e bataillons des 1er, 2e, 6e et 8e régiments d'infanterie, du 2e de cavalerie, de l'artillerie polonaise à pied et à cheval, de quelques dépôts et de la division saxonne. Le 12e d'infanterie était en marche de Thorn, mais ne pouvait atteindre Varsovie que le 20 avril dans la matinée.

Le total des troupes prêtes à entrer en campagne, réunies sous les ordres de Poniatowski à Varsovie et aux environs, formait un effectif de 14,000 hommes avec 39 pièces de canon.

Le prince reçut, le 15 avril à 8 heures du matin, la déclaration de guerre de l'Autriche, qui lui fut notifiée par un simple billet de l'archiduc : il y était dit que, « les troupes autrichiennes entreraient sur le territoire du duché le 15 à 7 heures du matin et traiteraient en ennemi tout ce qui s'opposerait à leur passage *. »

Assuré que les hostilités avaient commencé, Poniatowski mit son armée en mouvement dans la direction de la Piliça. Il vint prendre position, dans la soirée même du 15 avril à Raszyn, avec le gros de son corps d'armée, et poussa sur Tarçzyn, son avant-garde, aux ordres du général Bieganski ; il chargea en même temps le général Rozniecki de se

---

* Cette lettre fut apportée au prince par le chef de bataillon Mallet, directeur du génie de l'armée polonaise, qui avait été envoyé à Nowemiasto pour reconnaître le cours de la Piliça, et la grande route de Varsovie à Nowemiasto.

porter en avant à la tête de la cavalerie, afin d'éclairer les mouvements de l'ennemi. Ce général avait sous ses ordres cinq régiments de cavalerie avec quatre pièces d'artillerie à cheval. Le 1er régiment prit position à Gora, tandis que le 2e se portait sur Raszyn; les 3e, 5e et 6e régiments suivirent le mouvement de ce dernier.

Dans la matinée du 16 avril, le prince voulut quitter sa position de Raszyn, et se porter à la rencontre de l'archiduc. Mais, d'un côté, les rapports du général de cavalerie lui annoncèrent que l'armée ennemie était forte de 26 à 30,000 hommes; d'un autre, le général Pelletier, qui possédait à juste titre la confiance de Poniatowski, lui exposa le danger qu'il y aurait pour l'armée polonaise à s'aventurer trop loin, et à s'exposer ainsi à être coupée de Varsovie, ce qui l'eût contraint à se retirer sur la Warta afin de conserver ses communications avec la ligne de l'Oder. Le général Pelletier observa qu'un tel mouvement serait fort hasardé, étant exécuté en présence d'un ennemi si supérieur en nombre, et dont l'armée était plus fortement organisée que celle de Poniatowski. Le prince se décida donc à conserver sa position de Raszyn, afin de couvrir Varsovie.

Le gouvernement polonais, se voyant menacé d'une invasion redoutable, adopta différentes mesures de défense qu'il eût été plus prudent de prendre à l'avance.

Il ordonna de relever les lignes de Varsovie;

mais il était trop tard pour les mettre dans un état de défense respectable : la garde nationale de la capitale fut réorganisée ; elle fut placée sous les ordres du colonel Saulnier, commandant de la place. Les fusils ne manquaient pas. Une espèce d'arrière-ban ou de garde nationale sédentaire, composée des hommes valides de 16 à 60 ans, fut organisée et armée. Cette garde, formée en décurie, centurie et bataillons, devait élire ses chefs. La levée en masse des départements fut aussi décrétée.

Le gouvernement nomma dans chaque département, un lieutenant ou fondé de pouvoir, et un commandant de la force armée.

Voici les noms de ceux qui furent investis de ces fonctions.

| Départements. | Lieut. fondé de pouvoir. | Commandant de la force armée |
|---|---|---|
| Varsovie, | le prince Stanislas Jablonowski. | Le colonel Siemianowski. |
| Posen, | le sénateur Wybicki. | Le général Kosinski. |
| Kalisz, | le préfet Garczynski. | Le colonel Biernacki. |
| Plock, | le préf. Rembielinski. | Le colonel Zielinski. |
| Lomza, | le préfet Lasocki. | Le général Karwowski. |
| Bromberg, | le préfet Gliszczynski. | Le colonel Lipinski. |

Tous ces décrets furent promulgués dès le 16 avril. Le conseil des ministres crut aussi devoir répondre par une proclamation énergique, en date du même jour, à celle de l'archiduc Ferdinand.

Dans ce manifeste, adressé aux habitants du duché, le conseil rappelle d'abord la restauration de la patrie par les efforts réunis de Napoléon et de la nation ; il dit ensuite que l'existence politique du duché a été ratifiée à Tilsit par les deux plus puissants monarques du monde ; que, dès lors, le duché a pris place parmi les états indépendants, et que la souveraineté en a été assurée à la maison de Saxe, appelée jadis au trône par le vœu national, scellé par de nouveaux serments.

Il proteste ensuite en ces termes contre l'invasion des Autrichiens :

« Un voisin que nous n'avons point offensé ; un voisin dont la capitale et l'empire ont été autrefois sauvés par les armes de nos ancêtres, vient d'envahir notre territoire et nous traite comme une horde sans patrie et sans gouvernement, s'efforçant de séparer notre cause de celle de notre grand régénérateur, et prétendant ne faire la guerre qu'à l'empereur Napoléon. Assurés que nous sommes de l'appui de notre puissant allié, n'opposerons-nous pas la force à la force pour défendre notre existence politique ? Une telle pusillanimité serait indigne des Polonais. Sacrifions tout pour défendre notre patrie et notre honneur. Le gouvernement et la nation redoubleront d'efforts pour repousser l'agression de l'ennemi, et ils ne regarderont jamais comme tel leurs frères les Galiciens. Habitants du duché de Varsovie, c'est à une défense nationale que le gouvernement vous appelle par les ordonnances qu'il vient de promulguer..... »

Le manifeste se termine ainsi :

« Accourez, Polonais qui n'avez jamais dégénéré ; vous, qui avez donné au monde tant de preuves éclatantes de votre patriotisme, concourez à l'envi avec votre vaillante armée à la défense de vos foyers! Vous, confiant en Dieu et dans la protection du grand Napoléon, combattez au nom de la patrie et de votre vertueux souverain ; couvrez de vos corps ce que l'homme a de plus précieux : votre indépendance et vos droits !! »

Pendant que le gouvernement prenait ces différentes mesures pour soutenir vigoureusement la lutte, la cavalerie polonaise commandée par Rozniecky avait avec celle de l'ennemi différents engagements, qui étaient tous à son avantage et dans lesquels elle faisait aux Autrichiens 100 prisonniers et leur mettait 100 hommes hors de combat.

Dans la journée du 18 avril, la garnison de la tête de pont de Praga poussa sur Grzybow (frontière de Galicie) une reconnaissance, qui rencontra deux escadrons de hussards autrichiens. Elle les chargea avec tant de vigueur que, malgré la supériorité du nombre, ils furent culbutés, mis en déroute et eurent 40 hommes hors de combat.

Cependant l'armée de l'archiduc s'avançait sur Varsovie ; Tarczyn fut évacué par l'avant-garde polonaise qui se replia sur Raszyn. Cette position était couverte par le ruisseau de la Rawka, qui tombe dans la Bzura et coupe les deux routes de Nadarzyn à Iaworowo et de Tarczyn à Raszyn. Ce ruisseau est marécageux dans les environs de Raszyn ; à l'époque dont nous parlons, il ne pouvait être franchi par l'armée ennemie dans le voisinage de ce village que sur trois points distants d'un demi mille l'un de l'autre : à Iaworowo, à Raszyn et à Michalowice, où se trouvaient des digues et des ponts faciles à défendre. En avant du centre de la position de l'armée polonaise, était le village de Falenty, et, plus loin, vers la droite, un bouquet de bois d'aulne. Au débouché de la digue de Raszyn, 'étendait un bois plus considérable, qui était traversé par les routes de Falenty et de Piaseczno. L'ensemble de cette position formait un poste assez fort. En avant se déroulait une plaine bordée de vastes forêts. Le prince Poniatowski plaça à Falenty une avant-garde composée des 1$^{er}$ bataillons du 1$^{er}$ et du 8$^{e}$ régiment d'infanterie, avec quatre pièces d'artillerie ; il en confia le commandement au général Sokolnicki, qu'il fit soutenir par un bataillon du 6$^{e}$ régiment d'infanterie avec deux pièces d'artillerie, postés en avant de la digue de Raszyn, qui lui servait de réserve. A la droite, le village de Michalowice était occupé par le 1$^{er}$

et le 2ᵉ bataillon du 3ᵉ régiment, avec quatre pièces de canon qui venaient de se replier de Tarczyn et étaient sous les ordres du général Bieganski. Au centre, un peu en arrière de Raszyn et à cheval sur la route de Varsovie, se trouvaient, en position sur des mamelons de sable, les 1ᵉʳ et 2ᵉ bataillons du 2ᵉ régiment d'infanterie polonaise, trois bataillons d'infanterie, un escadron de hussards et douze pièces d'artillerie de l'armée saxonne : toutes ces troupes étaient commandées par le général Polentz. A la gauche, Iaworowo était occupé par le 2ᵉ bataillon du 1ᵉʳ et le 2ᵉ bataillon du 8ᵉ régiment avec six pièces de canon, aux ordres du général Kaminski. Poniatowski avait aussi jeté sur ses flancs divers détachements. Une compagnie * du 5ᵉ de cavalerie occupait Blonie, un escadron de hussards saxons était placé en échelons entre ce point et Raszyn ; un bataillon du 6ᵉ d'infanterie avec deux pièces se trouvait à Wola. La cavalerie aux ordres du général Rozniecki, composée des 2ᵉ, 3ᵉ, 5ᵉ, et 6ᵉ régiments, avec quatre pièces d'artillerie à cheval, était en présence de l'armée de Ferdinand, et l'observait tout en se retirant : le 1ᵉʳ régiment de cavalerie s'était replié de Gora, dans la soirée du 18, et était venu prendre position à 1,000 toises (1,950 m.) en arrière du centre de l'armée, où se

* Les escadrons étaient composés de deux compagnies, qui équivalaient à de forts escadrons de guerre français.

trouvaient aussi cinq pièces d'artillerie à cheval formant la réserve d'artillerie.

La cavalerie de Rozniecki eut, le 19 au matin, un engagement sérieux à Nadarzyn avec l'avant-garde de l'archiduc, dans lequel le 2e de cavalerie fit une charge brillante. Elle se replia ensuite sur le gros de l'armée, et devait se placer en réserve pour couvrir les flancs, qui pouvaient être menacés par l'ennemi.

Cependant l'armée autrichienne s'avançait de Tarczyn, par les bois dont nous venons de parler. Son avant-garde était conduite par le général Mohr. Elle était composée de trois bataillons d'infanterie, (Wukasowitsch) de deux bataillons de chasseurs (Siebenburger-Walaken), et de toute la cavalerie légère dont disposait l'archiduc, avec douze pièces d'artillerie. Le gros de l'armée autrichienne marchait à la fois par les routes de Nadarzyn, Tarczyn et Piaseczno. Mohr déboucha dans l'après-midi. La cavalerie polonaise masquait encore la position de Poniatowski. Vers une heure, elle suivit le mouvement de flanc que les escadrons autrichiens fesaient vers la droite du prince, et découvrit celui-ci; Poniatowski porta aussitôt le général Rozniecki, par Michalowice sur les derrières de son armée.

L'archiduc aurait pu alors reconnaître la position des Polonais, dont la gauche était la partie faible et pouvait être aisément tournée, vu que le ruisseau de la Rawka est insignifiant au-dessus de Iaworowo; mais il négligea de le faire. En suivant les règles prescrites par l'art de la guerre, le général autrichien aurait dû ne montrer d'abord à Poniatowski que son avant-garde, et arrêter le gros de son armée à la lisière des bois; il aurait dû remettre l'attaque au lendemain, et faire ses dispositions de manière à porter une partie de ses forces sur l'extrême gauche des Polonais, faire tourner cette gauche et en même temps attaquer le centre : par là Poniatowski eût été forcé à se retirer précipitamment sur Varsovie, mouvement qu'il ne pouvait opérer sans danger dans un pays ouvert, et sur un terrain argileux, défoncé par le dégel. Il aurait été contraint, sans doute, d'abandonner son artillerie dans les fondrières. Ce mouvement eût à la vérité présenté l'inconvénient de placer la colonne tournante entre les troupes polonaises et la Vistule; mais, vu la supériorité des forces de l'archiduc, il n'eût présenté aucun danger.

Ferdinand était impatient de combattre. Sans attendre le gros de son armée, il ordonna au général Mohr d'emporter la position de Falenty, se réservant de le faire soutenir par les premières troupes qui arriveraient sur le champ de bataille.

De son côté, le prince Joseph, qui connaissait la lenteur des Autrichiens, ne croyait pas être attaqué immédiatement. Présumant sans doute que la bataille n'aurait lieu que le lendemain, il ne replia pas son avant-garde, et la laissa dans une position hasardée, où elle n'avait qu'un seul pont pour opérer sa retraite. Mais l'attaque de Mohr fut si brusque que Poniatowski dut accepter le combat, sans rien changer à son ordre de bataille.

Sokolnicki n'avait que trois bataillons et six pièces à opposer aux cinq bataillons, et aux douze pièces que Mohr amenait avec lui, et qui, bientôt après, furent appuyés par les six bataillons et les douze pièces de la brigade Civalard, qui les suivaient immédiatement. Le combat s'engagea à deux heures de l'après-midi. Le prince Joseph, qui se trouvait alors à son quartier-général à Raszyn, monta aussitôt à cheval, et se porta sur Falenty. D'après ses ordres, trois pièces d'artillerie légère de la réserve prirent position en avant de ce village. Sokolnicki ayant alors neuf pièces en batterie, fit redoubler le feu sur les troupes autrichiennes qui s'approchaient; Mohr y répondit par une vive cannonade tandis que son infanterie s'avançait en colonne par bataillons.

Le bouquet de bois d'Aulne fut emporté par l'ennemi vers trois heures, et, bientôt après, le village de Falenty fut aussi enlevé. Le bataillon du 8ᵉ régiment, qui gardait ces deux points se retirait en désordre; le prince le rallia, se mit de sa personne à la tête du 1ᵉʳ bataillon du 1ᵉʳ régiment, chargea les Autrichiens à la baïonnette et reprit la position. L'artillerie polonaise contribua à ce succès par un feu bien dirigé. Cependant la brigade Civalard était arrivée sur le terrain ; Mohr, disposant dès lors de forces triples de celles qu'il avait en tête renouvela l'attaque. Vingt-quatre pièces étaient en batterie ; quelque fût la bravoure de l'artillerie polonaise, elle ne put longtemps se maintenir contre le feu de celle des Autrichiens, qui lui demonta un obusier, fit sauter plusieurs de ses caissons, et mit bon nombre de ses canonniers hors de combat. Les obus ennemis mirent le feu au village de Falenty ; l'infanterie, formée en colonnes d'attaque, reprit le bois d'aulne, et occupa bientôt après le village même de Falenty. C'est alors que le colonel Godebski officier, d'un rare mérite, fut tué. Il commandait le 8ᵉ régiment d'infanterie. Au même moment, le bataillon du 6ᵉ régiment était aussi vivement attaqué, et se soutenait avec peine contre un ennemi si supérieur en nombre.

Pressée ainsi de toutes parts l'avant-garde polonaise fut contrainte de se retirer sur Raszyn. Ce mouvement ne put s'exécuter sans désordre ; l'obusier demonté et une autre pièce furent abandonnés sur le champ de bataille. Le général Fiszer, chef d'état-major de l'armée, fut blessé dans la mêlée. Le général Sokolniçki parvint pourtant à regagner Raszyn avec ses troupes, en partie par la digue qui y conduisait, et en partie en franchissant, homme à homme, le ruisseau marécageux ; il était alors cinq heures de l'après-midi.

Les Autrichiens, enhardis par ce premier succès, voulurent pousser en avant et attaquer Poniatowski dans sa position de Raszyn. Ils s'avancèrent par la digue, malgré le feu de son infanterie, et se rendirent maîtres d'une partie de ce village, mais ne purent chasser les Polonais de celle qui était le plus rapprochée de leur ligne de bataille. Ils attaquèrent aussi les villages de Iaworowo et de Michalowice, mais mollement, et sans succès. Vers sept heures du soir, ils redoublèrent d'efforts pour déboucher sur le centre des Polonais. Une de leurs colonnes s'avança par Raszyn, pendant que l'autre s'efforçait de traverser les marais sur la gauche de ce village. Le prince Poniatowski fit alors placer en batterie sur la droite de la grande route de Varsovie seize pièces, dont douze saxonnes et quatre polonaises. Ces pièces ouvrirent un feu très vif sur l'infanterie autrichienne ; elles la mitraillèrent pendant plus d'une heure, et l'obligèrent à la retraite. Les Autrichiens essuyèrent sur ce point de grandes pertes. Le prince Joseph avait mis pied à terre et encourageait lui-même les canonniers. Pendant tout le cours de la bataille de Raszyn, il s'exposa personnellement ; tous les officiers de son état-major furent blessés ou eurent des chevaux tués.

Les obus de l'artillerie polonaise incendièrent Raszyn, et les tirailleurs d'infanterie se maintinrent avec l'intrépidité la plus rare dans la partie du village qu'ils défendaient. Tous les efforts des Autrichiens furent vains; ils ne purent faire aucun progrès; la conformation du terrain ne leur permettait pas de mettre en batterie, pour soutenir leurs attaques. A neuf heures du soir, le feu cessa; les Autrichiens repassèrent le pont de Raszyn, et se contentèrent d'occuper la digue, et le bois qui se trouvait en arrière de ce village. A l'exception de Falenty, les Polonais n'avaient donc pas perdu un seul pouce de terrain, et s'étaient maintenus sur le champ de bataille.

La perte de l'armée polonaise, dans cette journée, fut de 450 hommes tués, de 900 blessés et de 40 prisonniers; celle des Autrichiens, qui combattirent presque toujours à découvert, fut plus considérable; elle se monta à 2,500 hommes.

Vu l'infériorté des forces des Polonais, la bataille de Raszyn doit être comptée parmi les faits d'armes les plus glorieux de cette campagne; et, si l'on considère que l'armée de Ferdinand était formée de vieilles troupes, de troupes éprouvées dans les combats, et que celle de Poniatowski n'était, pour ainsi dire, composée que de recrues, qui n'avaient jamais vu le feu, on ne pourra qu'admirer le courage qu'elle déploya dans cette belle journée.

A peine le feu avait-il cessé que les Saxons, qui avaient vaillamment combattu commencèrent leur mouvement de retraite sur Varsovie, afin de se rendre en Saxe, comme ils en avaient reçu l'ordre depuis quelques temps. Cette retraite fut fortement critiquée dans l'armée polonaise : abandonner ses alliés dans un moment de danger était, sinon une action blâmable, du moins un manque de procédé choquant.

Le prince Poniatowski tint conseil à dix heures du soir, sur le champ de bataille. Les pertes essuyées pendant le combat, le grand nombre d'hommes qui avaient quitté les rangs pour emporter les blessés, enfin le départ des Saxons avaient réduit les forces de Poniatowski à moins de 9,000 hommes; la retraite fut décidée, et il fallut se hâter de l'opérer pendant la nuit, afin qu'elle fût achevée avant le jour, pour éviter la poursuite. Cette retraite commencée à onze heures du soir, eut lieu sans autre perte que celle de deux pièces abandonnées dans le bourbier, qui rendait une partie de la route presque impraticable.

Immédiatement après l'action, le général Sokolnicki fut chargé par le prince de se porter à la tête du 2ᵉ régiment de cavalerie, sur la Vistule. Il prit position près de Wilanow, et resta pendant toute la nuit dans cette position pour observer les routes, par lesquelles on pouvait craindre que l'ennemi ne s'avançât sur Varsovie, afin de couper l'armée polonaise, de la capitale.

Mais les Autrichiens, fatigués par le combat et étonnés de la résistance inattendue des Polonais, ne firent aucune tentative, et le général Sokolnicki se replia dans la matinée du 20 sur les lignes de Varsovie, où l'armée polonaise avait déjà pris position. Ces lignes étaient armées de quarante-cinq pièces d'artillerie, dont six de vingt-quatre ; cependant le prince ne pouvait espérer de s'y maintenir, bien qu'il eût été renforcé dans la journée par le 12⁰ régiment d'infanterie, qui arrivait de Thorn, et par 800 recrues que lui amenait de Kalisz, le capitaine Rybinski : Poniatowski comptait alors 12 à 13,000 hommes sous les armes. La garde nationale et les volontaires de Varsovie formaient un effectif de 5,000 hommes ; mais ces forces, disséminées dans des lignes de 6,000 toises (11,700 m.) d'étendue, n'eussent jamais pu arrêter les Autrichiens, car celles-ci étaient en si mauvais état qu'elles pouvaient être presque partout franchies, même par la cavalerie. Tous les généraux étaient d'avis qu'on ne pouvait tenir à Varsovie ; Dombrowski, qui avait rejoint l'armée à la fin de la bataille de Raszyn, et le général Zaionczek, qui était arrivé à Varsovie dans la nuit, partageaient l'opinion générale à ce sujet.

Cependant, les Autrichiens ne s'avançaient qu'avec circonspection. Leur cavalerie parut devant la ville vers midi ; l'artillerie polonaise lui lança quelques boulets de vingt-quatre ; cette circonstance produisit une forte impression sur l'archiduc, qui ne pensait pas que les Polonais eussent des pièces d'un si gros calibre ; et lui fit supposer que Varsovie était dans un état de défense respectable, supposition qui contribua à accroître le désir qu'il avait d'entrer en arragement.

Dès son arrivée devant Varsovie ce prince demanda à Poniatowski une entrevue, qui eut lieu à quatre heures de l'après midi, en avant de la barrière de Jérusalem. Ferdinand aborda le prince avec la plus grande courtoisie, le loua de sa conduite à la bataille de Raszyn, et le félicita de commander à de si braves troupes. Il lui témoigna ensuite qu'il était temps de mettre fin à l'effusion du sang; et lui insinua, que les Polonais devraient abandonner la cause de Napoléon, qui ne les employait que comme des instruments de son ambition, et dont l'alliance ne leur apportait aucun profit; il finit par protester des bonnes intentions de l'empereur d'Autriche envers la nation polonaise. Le prince répondit : « Vous avouerez au moins, Monseigneur, que nous devons à l'empereur Napoléon beaucoup de reconnaissance, pour nous avoir procuré l'honneur de vous combattre sous les drapeaux polonais. » Cette entrevue se termina par la conclusion d'un armistice de vingt-quatre heures.

Le lendemain, 21, les deux chefs eurent une nouvelle entrevue. Ils arrêtèrent les bases d'une convention, par laquelle Varsovie devait être évacuée par les troupes polonaises. L'archiduc fit d'abord quelques difficultés de consentir aux propositions de Poniatowski; mais, ayant aperçu parmi son escorte des cavaliers de la levée en masse, revêtus d'habits bourgeois et armés de lances, il éprouva une émotion qu'il ne put cacher. Il jugea par là que la guerre pouvait devenir nationale, ce qu'il voulait éviter à tout prix. Il se hâta donc de conclure la convention qui portait que : « L'armée polonaise aurait 48 heures, pour évacuer la capitale ; que les hostilités cesseraient jusqu'au surlendemain, cinq heures du soir. Les Autrichiens devaient alors occuper Varsovie ; mais ne pouvaient lever dans cette ville aucune contribution de guerre; les employés civils polonais et saxons, les officiers et soldats français pouvaient aussi évacuer librement la ville dans un délai de cinq fois 24 heures ; 'armée polonaise avait droit d'emmener avec elle es armes et munitions qui se trouvaient à Varsovie ; enfin les malades et convalescents étaient confiés à la loyauté de l'armée autrichienne, et dès qu'ils seraient rétablis ils pouvaient rejoindre leurs corps respectifs. Les personnes, les propriétés et les cultes devaient être respectés. » Cette convention fut signée, le 21 avril à cinq heures du soir *.

Elle plongea dans la tristesse l'armée et les habitants de Varsovie. Le prince lui-même se reprochait presque d'y avoir consenti. Lorsque le général Pelletier vint prendre ses ordres, il lui dit : « Général, je crains d'avoir signé mon déshonneur. » Pelletier lui répondit : « Vous pouvez être tranquille, la cause de la Pologne ne peut que gagner à la convention que vous avez conclue. Retirée sur la rive droite de la Vistule, l'armée sera libre de ses

* *V.* Pièces justificatives, II.

mouvements, et les Autrichiens verront une grande partie de leurs forces paralysées par l'occupation de Varsovie. »

Les munitions et les armes qui se trouvaient à l'arsenal furent embarquées sur les bateaux du pont de la Vistule, et évacuées sur Modlin ; l'armée traversa le fleuve ; elle se porta sur cette place et sur Sierock. Le 23 à quatre heures du soir, ce mouvement était achevé. Le conseil des ministres se retira de son côté à Tykocin, emmenant avec lui les archives.

Tandis que ces évenements se passaient sur le théâtre principal de la guerre, le général Bronowacky s'était avancé à la tête de sa brigade, forte d'environ 3,000 hommes, avec dix pièces de canon, sur le fort de Czenstochowa. Il franchit la frontière le 15 avril, arriva devant la place le 17, força ses avant-postes et la somma le 18 de capituler. Le fort était commandé par le major Stuart, qui avait sous ses ordres le 3ᵉ bataillon du 5ᵉ d'infanterie, un détachement du 3ᵉ lanciers, et une compagnie d'artillerie à pied qui devait servir 28 pièces, en batterie sur les remparts. Cette garnison d'environ 800 hommes suffisait à sa défense. Le fort de Czenstochowa formait un carré bastionné de 100 toises (195 m.) de côté, bien revêtu en maçonnerie et casematé. Son armement était complet et la garnison ne manquait ni de munitions ni de vivres ; pour s'emparer de ce fort il fallait ouvrir la tranchée et battre en brèche.

Le commandant répondit par un refus. Bronowacky forma le blocus du fort ; mais le leva presqu'aussitôt, et se porta le 21 par Radomsk et Piotrkow, sur Varsovie.

# CHAPITRE III.

Entrée de Ferdinand à Varsovie. — Ses mesures administratives. —Les autorités polonaises sont maintenues.— Services qu'elles rendent à la cause nationale. — Négociation, convention additionnelle pour Praga. — Son influence sur la guerre. — Proclamation de Ferdinand. — L'armée polonaise sur la Narew. — Poniatowski, Dombrowski, Zaionczek, Pelletier, Sokolnicki et Fiszer — Projet de Ferdinand de passer sur la rive droite de la Vistule.— Il détache sur Praga Mohr qui somme inutilement la tête de pont de se rendre. — Poniatowski l'attaque. — Combats de Radzymin et de Grochow. — Les Autrichiens se retirent en désordre sur Karczew. — Poniatowski revient sur la Narew. — Il organise l'armée active et la défense du duché.— Il partage le commandement entre ses généraux. — Les Autrichiens construisent à Ostrowek une tête de pont sur la Vistule qui n'est pas achevée. — Sokolnicki s'avance pour l'attaquer. — Hésitation de Poniatowski. — Sokolnicki attaque et prend le retranchement d'Ostrowek. — Les Autrichiens lèvent le pont. — Proclamation de Poniatowski aux troupes et aux Galiciens.

A l'expiration du délai fixé par l'armistice, Ferdinand fit son entrée à Varsovie à la tête de ses troupes\*, son armée, et ne trouva sur son passage que douleur profonde et silence absolu ; les rues étaient désertes, les maisons fermées. Les

\* Les soldats autrichiens avaient orné leurs coiffures de branches vertes, signe particulier qu'on avait adopté dans toute l'armée autrichienne pendant la durée de cette guerre, et qui devait sans doute simuler des branches de laurier.

habitants, plongés dans la tristesse, ne voulurent pas assister au triomphe de l'ennemi. Cette réception dut peu flatter les Autrichiens et leur paraître de mauvais augure. S'annonçant comme les libérateurs des peuples, ils espéraient trouver de la sympathie en Pologne, et ils n'y rencontraient qu'une répulsion marquée. Les Varsoviens prouvèrent, dans cette triste circonstance, que le plus pur patriotisme n'avait cessé de les animer. Autrefois ils s'étaient levés contre les Moskovites, et les avaient vaincus; aujourd'hui, obligés de se soumettre momentanément à la force, ils se préparent en silence à tirer satisfaction de l'injuste agression de l'ennemi et à briser le joug qu'il fait peser sur eux.

L'archiduc alla s'établir au château royal, dans la soirée du 23 avril, et, sans perdre de temps, il s'occupa de l'organisation d'un gouvernement pour la capitale et pour les pays envahis. Il nomma le comte de Saint-Julien gouverneur militaire du duché, lui adjoignit les conseillers Bresani et Baum, pour gérer les différentes branches de l'administration, et confia au baron de Trauttenberg le commandement de la place de Varsovie. 10,000 hommes de troupes formèrent la garnison de cette capitale; le reste des forces autrichiennes fut cantonné aux environs. Quelque répugnance qu'éprouvassent les Polonais, employés dans les administrations publiques, à conserver leurs fonctions, ils jugèrent utile de le faire, et ils se résignèrent à gérer les affaires sous la direction suprême du gouverneur autrichien. Le préfet Nakwaski garda sa place ; Zaluski fut maintenu à la tête de l'administration des hôpitaux ; Wengrzecki, confirmé dans son poste de président de la ville ; et enfin le prince Stanislas Iablonowski, qui, dès le commencement de la guerre, avait été nommé lieutenant du gouvernement polonais dans le département de Varsovie, devait servir d'intermédiaire entre les autorités militaires autrichiennes et l'armée polonaise, Poniatowski l'ayant chargé de cette mission. Ces citoyens dévoués adoucirent le sort des habitants et contribuèrent à maintenir l'esprit public. Ils firent plus encore pour la cause polonaise : ils entretinrent, à leurs risques et périls, des relations secrètes avec le chef de l'armée nationale. Ils surent tromper toute surveillance et lui faire parvenir des information exactes sur les mouvements de l'armée ennemie*. La garde nationale de Varsovie, commandée par Pierre Lubienski, resta armée et concourut avec les autorités militaires à maintenir le bon ordre et à réprimer les abus ; ce qui était facile, vu que les généraux autrichiens tenaient leurs troupes dans une parfaite subor-

* L'ancien maréchal de la diète constituante, Stanislas Malachowski, et celui de la dernière diète, Thomas Ostrowski, restèrent aussi à Varsovie. Ils contribuèrent, par leur influence et leurs conseils, à soutenir le zèle des habitants et à modérer leur bouillant enthousiasme, qui aurait pu les compromettre vis-à-vis des Autrichiens.

dination. L'archiduc Ferdinand lui-même donnait constamment des preuves d'humanité, et chercha à tempérer autant que possible les maux inséparables de la guerre.

Lors de la conclusion de la convention pour l'évacuation de Varsovie, Praga ne fut pas compris dans cet arrangement. Ce faubourg était séparé de la ville par la Vistule, qui, sur ce point, a 390 toises de large (760 m. 50 c.); le pont étant levé, toute communication avec la rive droite était interrompue. Mais l'assiette de Varsovie dominait complétement la rive opposée; et les Autrichiens pouvaient, de leur position, battre non-seulement l'intérieur de la tête de pont, qui était ouverte du côté de la Vistule, par le feu de leur artillerie, mais entreprendre même, sous sa protection, un passage de vive force sur ce point. Une garnison polonaise, aux ordres du major Hornowski, occupait la tête de pont de Praga; mais les Polonais ne pouvaient espérer de s'y maintenir; et si les Autrichiens avaient franchi le fleuve, les retranchements de cet ouvrage pouvaient leur servir contre les Polonais, en couvrant le pont qu'ils auraient rétabli sur la Vistule. Tous ces motifs firent sentir à Poniatowski la nécessité d'évacuer ces retranchements et de les raser ou de les mettre à l'abri d'une attaque au moyen de quelques arrangements.

Dans ce but il laissa à Varsovie le colonel Paszkowski, aide de camp du roi de Saxe, pour négocier avec les Autrichiens; l'archiduc nomma, de son côté, le colonel Neipperg pour traiter. Paszkowski proposa une suspension d'armes de 48 heures, pendant laquelle les Polonais auraient la faculté d'évacuer la tête de pont. L'archiduc sembla d'abord adhérer à ces propositions, mais il se ravisa bientôt et éleva des difficultés. Les négociations entamées étant au moment d'être rompues, les Autrichiens bordèrent la Vistule de leur artillerie, et pointèrent leurs pièces sur Praga. Hornowski mit de son côté, quelques obusiers en batterie et se tint prêt à riposter.

Ces préparatifs de guerre alarmèrent les habitants de la capitale. Dans la matinée du 24, ils se répandirent en foule sur les bords de la Vistule; ni les factionnaires autrichiens, ni même leurs patrouilles ne purent les contraindre à évacuer le terrain. Paszkowski, profitant de cette disposition des habitants, rompit les négociations avec éclat, et, au moment de s'embarquer pour Praga, il déclara que si dans une heure un arrangement n'était pas conclu entre les autorités militaires autrichiennes et Hornowski, celui-ci recevrait l'ordre de faire feu sur Varsovie et de la brûler. Le bruit de cette déclaration énergique se répandit dans la ville; le peuple s'attroupa, et, ne gardant plus aucun ménagement, il menaça les Autrichiens de courir aux armes dès que le feu se manifesterait sur quelque point. L'archiduc fut alarmé de ces menaces : il renoua à l'instant même les négociations avec Hornowski, et, dans la soirée, une convention fut conclue, qui stipulait que, « tant que la garnison de Praga ne tirerait pas sur la capitale, la garnison autrichienne de Varsovie ne ferait pas feu sur Praga. »

Cette convention importante eut une grande influence sur les événements ultérieurs non-seulement par les motifs que nous venons d'énoncer, mais par l'influence morale que la présence des troupes polonaises, dans un faubourg si rapproché, exerça sur les habitants de la capitale, pendant son occupation par les Autrichiens. L'archiduc faisait-il publier la relation de quelque succès des armées de l'empereur d'Autriche, et tirer le canon; le commandant de Praga répondait, de son côté, par des salves d'artillerie et de bruyants vivat pour célébrer les victoires que les armées de Napoléon avaient remportées sur les Autrichiens; il alla même jusqu'à exposer en transparents, à la vue des Varsoviens, des extraits de bulletins français et polonais écrits en gros caractères, qui, dans l'obscurité de la nuit, brillaient à leurs yeux, et les remplissaient de joie et d'espérance. De plus Hornowski conservait des relations clandestines avec les autorités et les habitants de Varsovie, et était exactement informé par eux de ce qui se passait en ville *.

* Ces communications se faisaient par des pêcheurs qui, à la faveur de la nuit, traversaient la Vistule sur de légères nacelles, et aussi par les militaires polonais convalescents qui rejoignaient

Les soins du commandant de Praga ne manquèrent pas de produire le meilleur effet. L'esprit public se soutint constamment à Varsovie, et les habitants manifestèrent en toute occasion leur aversion pour les Autrichiens. Les théâtres et les jardins de la ville étaient déserts, les dames ne paraissaient vêtues que d'habits de deuil. A mesure que les circonstances devinrent plus favorables, les esprits s'exaltèrent. Les autorités polonaises pouvaient à peine contenir l'enthousiasme du peuple, qu'elles craignaient de voir produire une insurrection prématurée. Cette disposition des habitants remplissait de crainte les Autrichiens; au moindre mouvement ils croyaient que l'insurrection commençait, et le souvenir de la catastrophe dont les Moskovites furent autrefois victimes venait sans cesse assiéger leur imagination effrayée. Enfin ils furent obligés de se tenir constamment sous les armes, et campèrent dans les rues de Varsovie.

Au commencement de son séjour dans la capitale, Ferdinand se flattait encore de rallier les Polonais à la cause de l'Autriche ; il se montrait souvent dans les lieux publics, passait des revues brillantes, faisait parader ses troupes dans les rues ; il visitait les dames les plus notables de la ville, se montrait bon et indulgent pour tout le monde, et faisait droit à

leurs corps, conformément à la convention du 21 avril, et souvent même par des plongeurs, qui passent la Vistule en vue des factionnaires autrichiens.

toutes les réclamations. Après la conclusion de la convention concernant Praga, il publia une proclamation par laquelle il témoignait de ses bons sentiments pour les habitants ; il disait : « qu'il « connaissait l'avantage de sa position, mais qu'il « n'avait voulu écouter que la voix de l'huma- « nité. » Le 25 avril, il adressa une proclamation aux troupes saxonnes pour les attirer dans ses rangs. Il s'exprimait ainsi : « L'armée royale saxonne ayant pris les armes en opposition avec les véritables intérêts nationaux, et uniquement pour assouvir l'ambition d'un conquérant étranger..... par suite des événements de la guerre, j'ordonne la formation d'un bataillon saxon à Varsovie. » Il poussa plus loin ses espérances, et voulut engager les Polonais sous ses drapeaux, en ordonnant la formation d'un régiment de Kosaks polonais. Il est facile de comprendre que ces ordonnances et ces proclamations ne produisirent aucun effet.

L'armée polonaise s'était retirée sur la Narew. Elle occupait Sieroçk, Zegrze et Modlin. Le quartier général du prince fut établi à Nowydwor, dans la proximité de cette dernière place. L'ocupation de Varsovie, la retraite de l'armée sur la rive gauche de la Vistule, l'abandon dans lequel le duché semblait être laissé par Napoléon, avaient abattu les esprits des défenseurs de l'indépendance polonaise. On craignait que l'archiduc ne franchît le fleuve et ne suivît le mouvement rétrograde de l'armée. Que serait-elle alors devenue? Elle eût été placée dans l'alternative de se laisser acculer aux frontières de la Litvanie, ou de marcher sur Thorn, afin de se frayer un passage vers l'Oder, abandonnant tout le duché, qui, dans ce cas, serait devenu la proie des Autrichiens. Les Saxons s'étaient déjà hâtés de prendre cette route pour retourner dans leur patrie; on se demandait si on ne serait pas bientôt réduit à les suivre? Mais ce découragement ne fut pas de longue durée. La confiance sans bornes qu'avaient les troupes du duché dans le génie et la fortune de l'empereur des Français soutint leurs espérances, et la présence du prince Joseph dans le camp polonais contribua puissamment aussi à ranimer leur courage. Joseph jouissait dans l'armée d'une popularité méritée; il était aimé et respecté par ses soldats; son caractère chevaleresque, sa bravoure, sa loyauté et son zèle étaient généralement reconnus. Sous ses ordres servaient plusieurs généraux expérimentés.

C'était d'abord Dombrowski, qui, au début de sa carrière, avait servi en Saxe et y avait acquis des connaissances militaires étendues. Il était ensuite passé au service de Pologne, avait fait la campagne de 1792, et s'était particulièrement distingué dans celle de 1794 : il avait alors chassé les Prussiens de la Grande-Pologne, et avait acquis une haute considération parmi les habitants de cette province. Après le troisième partage, il n'avait pas désespéré de la chose publique ; il s'était rendu en France en 1796, et avait été envoyé par le gouvernement de la république en Italie pour y former une légion polonaise ; il avait fait avec distinction les campagnes de 1797, 1799 et 1801. Lorsque l'empereur Napoléon était venu à Posen, Dombrowski l'avait accompagné ; il y avait formé une légion, qui, à peine réunie, avait pris place dans les rangs de la grande armée et avait été employée activement au siége de Dantzig et à la bataille de Friedland. Depuis, il était resté constamment à la tête de cette légion, et s'était occupé avec zèle à compléter son organisation et à perfectionner son instruction. A l'époque dont nous nous occupons, il avait cinquante-quatre ans ; mais il était encore capable de soutenir les plus rudes travaux. S'il n'avait jamais commandé une armée en chef, il était un des généraux de division les plus habiles de la grande armée. Il s'était concilié à la fois l'affection et l'estime des citoyens et des soldats ; son nom seul aurait pu faire lever des provinces entières. On admirait en lui un citoyen qui, dans aucune conjoncture, n'avait désespéré de la cause nationale, une de ces âmes fortement trempées dont la vertu résiste aux coups de l'adversité.

Zaionczek était entré fort jeune au service : aide de camp du grand général Branecky, il était parvenu en peu de temps au grade de colonel. Il avait été nonce à deux diètes, à celles de 1786 et 1788, et avait rempli avec zèle ses fonctions législatives. Lorsque le territoire de la république fut envahi par les Russes, Zaionczek se rendit à l'armée; il combattit sous les ordres de Kosciuszko, et se distingua par sa bravoure. Ayant ensuite émigré, il servit d'intermédiaire entre le futur dictateur et les patriotes de l'intérieur, s'exposant pour servir sa patrie à toute la vengeance des Russes. Il fut arrêté par ordre de l'ambassadeur de la tzarine; mais amené devant lui, il lui imposa par la fermeté de ses réponses, fut mis en liberté et expulsé de la capitale. Il servit ensuite sous Kosciuszko en 1794, dans l'armée insurrectionnelle; il commanda un corps séparé et rendit de bons services à la cause nationale en plusieurs occurrences. Il était alors lié avec les patriotes les plus ardents, et faisait partie du club des jacobins. Il eut le malheur de commander en chef l'armée polonaise à Praga, pendant la prise et le sac de cette place; il y fut blessé et parvint avec peine à regagner Varsovie. Comme il arrive souvent après les grandes défaites, on le rendit responsable du désastre : l'histoire dira si cette accusation était fondée. Quoi qu'il en soit, Zaionczek paya en toute occasion de sa personne, et doit être regardé comme brave entre les braves. Retiré en France, il entra au service de la république en 1797, et fut chargé d'un commandement important pendant la campagne d'Italie qui eut lieu cette année. Zaionczek fit partie l'année suivante de l'expédition d'Egypte; il fut promu au grade de général de division, et revint en Europe avec l'armée française. Il commanda une des divisions du camp de Boulogne, et fut employé activement pendant la campagne de 1805. En 1806, il forma à Kalisz une légion polonaise, qui, à peine organisée, opéra sur la Vistule vers Thorn et Graudenz, et plus tard dans la vieille Prusse. Si les vicissitudes de la carrière de Zaionczek ne lui permirent pas de jouir en Pologne d'une réputation égale à celle de Dombrowski, il n'en était pas moins un général habile, car il fut distingué par Napoléon lui-même. Il devait, sous tous les rapports être regardé comme un divisionnaire parfait. Dans sa carrière politique, on lui reprochait une certaine instabilité de principes : il donnait, disait-on, dans les extrêmes, tantôt souple courtisan, dévoué au pouvoir, tantôt jacobin fougueux ; mais on ne pouvait lui contester le mérite d'un zèle ardent pour la cause de sa patrie. En 1809 il avait cinquante-sept ans ; sa stature était haute et sa constitution robuste, il semblait être dans toute la force de l'âge et très capable encore de rendre de grands services à la cause nationale.

Sokolnicki n'était, à l'époque dont nous parlons, que général de brigade ; d'abord officier du génie, il fit en cette qualité la campagne de 1792. Il quitta cette arme et devint colonel de chasseurs.

Fait prisonnier en 1794 à la bataille de Maciowice, il fut enfermé avec ses compagnons d'infortune dans les casemates de Saint-Pétersbourg. Il en sortit en 1797, passa en France, et fut employé dans la légion d'Italie sous Dombrowski ; il passa dans celle du Danube sous Kniaziewicz, devint adjudant-commandant et fit, comme chef de brigade, la campagne de 1800. Il se rendit ensuite à Paris, où il se livra avec assiduité à l'étude des sciences exactes. Il reprit du service en 1806, et entra comme général de brigade dans la nouvelle armée polonaise.

Sokolnicki était instruit, capable ; d'une activité extraordinaire, d'une bravoure à toute épreuve, d'une présence d'esprit remarquable dans le danger; plein d'audace dans ses conceptions militaires, il semblait être appelé à de hautes destinées. Son caractère froid et réservé, lui conciliant plutôt l'estime que la bienveillance de ceux qui l'entouraient, lui fit plus d'un envieux. Au temps dont nous nous occupons, il avait quarante-neuf ans ; il se développait alors dans son âme une ambition qui le portait à entreprendre les plus grandes choses : c'était un aspirant au généralat en chef.

Fiszer était général de brigade et chef d'état-major de l'armée. Il avait servi dans l'armée polonaise dès ses plus jeunes années, et s'était formé sous Kosciuszko, dont il avait été l'aide de camp pendant les campagnes de 1792 et 1794. Fait prisonnier avec le dictateur, il fut emmené en captivité avec lui. Il recouvra sa liberté en 1797, passa en France, fut employé comme colonel dans la légion du Danube sous Knaziewicz, et eut le malheur d'être fait prisonnier par les Autrichiens. Pendant la campagne de 1800, il rentra dans sa famille après une longue captivité; et lorsqu'en 1806 la victoire d'Iena conduisit l'empereur Napoléon à Berlin, il fut un des patriotes polonais qui se rendirent auprès de ce prince pour l'engager à marcher sur Posen et à seconder l'insurrection de la Grande-Pologne. Fiszer reprit alors du service, et fut fait général de brigade en 1808, lors de l'organisation définitive de l'armée du duché de Varsovie. En 1809, il avait environ quarante ans. Il était aussi apte aux travaux de cabinet qu'au service des camps. D'un caractère froid et d'un esprit méthodique, ami de l'ordre et d'une stricte subordination, il était éminemment utile au général en chef, qui se reposait sur lui de tous les détails du service : c'était un excellent chef d'état-major.

Pelletier avait constamment servi en France, et n'était passé au service de Pologne qu'au commencement de 1809. Entré dans l'artillerie à dix-sept ans, il avait fait sous la république les campagnes de 1792, 1793, 1800 et 1801, et sous l'empire, celles de 1805, 1806 et 1807. Plein de mérite et d'instruction, il était parvenu à trente ans au grade de colonel. Il jouissait de la confiance particulière de l'empereur, et fut en 1808 envoyé dans le duché pour commander l'artillerie polonaise. Pelletier n'avait que trente-deux ans au moment des événements que nous décrivons. D'un courage imperturbable au milieu des plus grands périls, laborieux dans le cabinet, plein de prévoyance dans le conseil, il était destiné à jouer un grand rôle dans cette campagne mémorable, et sa qualité de Français rehaussait encore son influence; car, d'un côté, il pouvait servir d'intermédiaire entre le chef de l'armée polonaise et Napoléon, et, de l'autre, de conciliateur entre les généraux polonais, dont les rivalités pouvaient produire une division dangereuse.

Tels étaient les hommes influents qui étaient principalement appelés à seconder Poniatowski dans la lutte difficile qu'il allait soutenir. Après eux venaient, en seconde ligne, quelques généraux et un grand nombre d'officiers supérieurs qui commandaient les corps, ayant acquis, dans les dernières guerres, des connaissances pratiques et théoriques qui les rendaient parfaitement capables de les diriger.

Poniatowski s'occupa d'abord de réorganiser son armée. Les bataillons et les escadrons furent complétés par des hommes tirés des dépôts; une compagnie d'artillerie à pied, détachée des garnisons des places, joignit l'armée, qui alors était ainsi composée :

### INFANTERIE.

| | | |
|---|---|---|
| 1er régiment. | . . . . . . . . . . . . . . . | 2 bataillons. |
| 2e id. | . . . . . . . . . . . . . . . | 2 id. |
| 3e id. | . . . . . . . . . . . . . . . | 2 id. |
| 6e id. | . . . . . . . . . . . . . . . | 3* id. |
| 8e id. | . . . . . . . . . . . . . . . | 2 id. |
| 12e id. | . . . . . . . . . . . . . . . | 2 id. |

Total. . . . . . 13 bataillons.

### CAVALERIE.

| | | | |
|---|---|---|---|
| 1er régiment | (chasseurs) | . . . . . | 3 escadrons. |
| 2e id. | (lanciers) | . . . . . | 3 id. |
| 3e id. | ( id. ) | . . . . . | 3 id. |
| 5e id. | (chasseurs) | . . . . . | 3 id. |
| 6e id. | (lanciers) | . . . . . | 3 id. |

Total. . . . . . 15 escadrons.

### ARTILLERIE.

4 comp. d'artillerie à pied, servant chacune 6 pièces. 24
2 id. id. à cheval, id. id. 4 id. 8

Total. . . . 32 pièces.

En admettant que les troupes du génie du train et des ambulances eussent une force analogue, et évaluant chaque bataillon à 800 hommes et chaque escadron à 250, on obtient un chiffre de :

| | |
|---|---|
| Infanterie. . . . . . . . . . | 10,400 hommes. |
| Cavalerie. . . . . . . . . | 3,750 |

A quoi on doit ajouter pour les armes
spéciales et le train. . . . . . . . . . . .    1,000

Total. . . . 15,150 hommes.
En déduisant pour les non combattants.  1,150
Il restait en présents sous les armes. . .  14,000 hommes **.

\* Ce régiment avait peu souffert à la bataille de Raszyn, et venait de recevoir 800 recrues.
\*\* Les troupes de Poniatowski avaient passé dès le commence-

Le prince s'occupa aussi, conjointement avec le gouvernement, de l'organisation des nouvelles levées. Les départements de Płock et de Łomza venaient de fournir chacun 300 chevaux, le district d'Ostrolenka avait donné un bataillon de chasseurs tirés de la population du pays connu sous le nom de Kurpié, qui s'occupe continuellement de la chasse. Poniatowski envoya le général Niemoiewski à Łomza et le général Hauké à Płock, pour organiser ces nouvelles levées.

Cependant Ferdinand conservait toujours l'espérance de se rendre maître de la tête de pont de Praga, qui lui aurait facilité le passage de la Vistule. Néanmoins cette opération était devenue plus difficile depuis la convention, l'artillerie ne pouvant plus appuyer, du côté de Varsovie, l'attaque des troupes autrichiennes qui auraient tenté de l'enlever d'assaut. Ferdinand conçut pourtant le projet de s'en emparer, en détachant sur la rive droite du fleuve son avant-garde, aux ordres de Mohr. Le 24, cette avant-garde traversa la Vistule près de Karczew, sur des bateaux, et se porta en avant. Mohr, ayant rallié les deux escadrons de hussards qui se trouvaient à Okuniew, disposait alors de cinq bataillons d'infanterie et de huit escadrons de cavalerie, que l'on peut évaluer à environ

---

ment de la guerre sous les ordres du maréchal Bernadotte qui commandait le 9ᵉ corps de la grande armée ; mais il faisait des rapports directs au prince de Neufchâtel.

6,000 hommes. Avec ce faible corps, il devait, en même temps, observer l'armée de Poniatowski et enlever Praga. Il détacha sur sa droite, vers Radzymin, deux bataillons (chasseurs valaques) et deux escadrons de hussards, qui occupèrent ce bourg, pendant qu'avec le reste de ses troupes il se portait directement sur Praga. Arrivé le 25 devant la tête de pont, il somma Hornowski de capituler. Le commandant polonais rejeta ses propositions, et Mohr se mit en devoir de la bloquer. Voulant l'enlever le lendemain, il fit occuper par un de ses bataillons et six pièces, les hauteurs de Szmulowszczyzna, pendant que lui-même, à la tête de deux autres bataillons et de six pièces, campait près de Grochow : sa cavalerie faisait la chaîne autour des retranchements et les investissait de toutes parts. Dans cette position, le général autrichien était séparé du gros de l'armée de l'archiduc, et n'avait pas de pont pour assurer sa retraite.

Poniatowski, informé du mouvement offensif de Mohr, résolut d'attaquer ce général. Ne pouvant pas néanmoins supposer que celui-ci ne fût pas soutenu par des forces plus considérables, il ne voulut s'avancer qu'avec circonspection.

Le prince fit les dispositions suivantes : le 25 au soir, les troupes destinées à attaquer Mohr eurent ordre de se mettre en mouvement sur trois colonnes ; la première, conduite par le général Sokolnicki, et composée du 12⁰ régiment d'infanterie, du 2ᵉ de cavalerie, de deux pièces d'artillerie à cheval, devait se porter de Modlin par Iablonna sur Grochow ; la deuxième, commandée par le général Kaminski, formée du 1ᵉʳ régiment de chasseurs et de deux escadrons du 3ᵉ de lanciers, devait s'avancer de Zegrze, par Nieporent, sur la direction d'Okuniew ; la troisième, aux ordres du colonel Sierawski, composée d'un bataillon du 6ᵉ régiment d'infanterie et d'un escadron du 3ᵉ de lanciers, soutenue par deux pièces d'artillerie à cheval, devait se diriger de Sieroçk sur Radzymin. Celle-ci était suivie par le général Dombrowski, qui marchait à la tête du 5ᵉ de chasseurs et du 6ᵉ de lanciers. Ces trois colonnes, s'avançant en silence, devaient éviter la rencontre des patrouilles ennemies, afin de surprendre les Autrichiens, pendant que le prince Poniatowski occuperait, à la tête de son corps d'armée, Nieporent et Iablonna. En même temps le major Krukowieçki, profitant de l'obscurité de la nuit, devait passer la Vistule près de Modlin, à la tête d'une compagnie du 3ᵉ d'infanterie, et inquiéter les Autrichiens sur la rive gauche, afin de diviser leur attention.

Ces dispositions eurent un plein succès. La colonne de Sierawski se présenta à minuit devant Radzymin. Ce bourg, situé dans une clairière, était entouré de tous côtés par des bois, à une distance d'environ mille toises (1,950 m.). Sierawski prit position à la lisière de ces bois, sur la route de

Sieroçk, dirigea une compagnie de grenadiers sur Radzymin, afin de reconnaître la position de l'ennemi. Après avoir exécuté sa mission et échangé quelques coups de fusil avec les avant-postes autrichiens, le capitaine qui commandait cette compagnie, rejoignit Sierawski. Les instructions de celui-ci lui enjoignaient de laisser libre la route de Radzymin à Grochow, afin que, si les Autrichiens se retiraient de ce côté, ils tombassent dans les embuscades que le général Sokolniçki, qui les attaquerait au même moment à Grochow, devait leur tendre. Mais ce général avait une distance de 4 milles à parcourir pour arriver en présence de Mohr ; il ne put l'attaquer qu'à la pointe du jour. Sierawski jugea donc convenable de ne commencer ses opérations que le 26 au matin. Vers six heures, le canon de Sokolniçki se fit entendre; il se mit en devoir de commencer l'action. Il détacha le capitaine Rybinski à la tête de sa compagnie, et lui ordonna de pénétrer dans le bourg, pendant que le capitaine Woiakowski, se mettant en mouvement sur la droite avec deux autres compagnies, y pénétrerait de son côté. Il poussa lui-même en avant avec le reste de ses forces et prit position vis-à-vis de la route de Grochow, afin d'être à même de soutenir l'attaque de ces deux détachements.

Rybinski et Woiakowski exécutèrent leurs instructions avec précision ; ils forcèrent l'entrée de Radzymin, et pénétrèrent dans l'intérieur de ce bourg. Les Autrichiens se voyant menacés sur deux points, se hâtèrent de l'évacuer, et se retirèrent par la route d'Okuniew; quelques détachements de leur infanterie qui ne purent suivre assez promptement leurs colonnes, se jetèrent dans les maisons et les granges de Radzymin. La compagnie de Rybinski les y força et les contraignit à rendre les armes. L'escadron du 3ᵉ de cavalerie se mit bientôt après à la poursuite des Autrichiens. Ceux-ci s'étaient arrêtés dans un taillis; leur infanterie était rangée sur deux colonnes, et couverts par deux escadrons de hussards. A peine la cavalerie polonaise avait-elle débouché, que ceux-ci la chargèrent et la ramenèrent en désordre sur Radzymin, où ils pénétrèrent. Le capitaine Rybinski, qui avait rallié sa compagnie sur la place du marché, les reçut par un feu bien nourri et les obligea de se replier sur le gros de leurs troupes. Sierawski se porta alors à la tête de sa réserve sur la route d'Okuniew, et y prit position; il fit mettre ses deux pièces d'artillerie à cheval en batterie et tirer quelques coups de canon sur l'infanterie ennemie, qui se retira sur Okuniew. Les Autrichiens eurent dans cet engagement 200 hommes hors de combat et 130 prisonniers, et les Polonais environs 50 hommes tués ou blessés. Dombrowski rejoignit Sierawski à 11 heures, lorsque le combat était fini.

De son côté, le général Sokolniçki avait marché toute la nuit. Après une halte d'une heure à Iablonna il détacha par les bois le lieutenant-colonel Fredro, du 2ᵉ de cavalerie, avec son escadron et une compagnie de voltigeurs du 12ᵉ, pour couper la route de Grochow à Milosna, par laquelle il supposait que Mohr devait se retirer, afin de le menacer sur ses derrières pendant qu'il l'attaquerait de front. Le général polonais se présenta le 26, à la pointe du jour, devant Praga, et quoique ses troupes fussent fatiguées par une longue marche, il attaqua sans hésiter le bataillon autrichien qui occupait la position de Szmulowszczyzna ; il le culbuta et le força à se retirer en toute hâte sur la position qu'occupait Mohr. Celui-ci, qui avait déployé ses troupes en arrière de Grochow, sur des mamelons de sable, appuyait sa droite à des bois et sa gauche à des marais qui touchent à la Vistule. Grochow était occupé par un détachement d'infanterie, et quatre pièces de canon étaient placées à la tête de ce village, et quatre autres plus à droite. Sokolnicki avait débloqué Praga et communiqué avec Hornoswki, qui lui avait envoyé une compagnie de voltigeurs. Ses forces cependant ne s'élevaient pas à plus de 2,000 hommes soutenus par deux pièces de canon, et Mohr pouvait lui opposer 4,000 hommes et douze pièces ; mais le général polonais comptait sur l'arrivée de Fredro ; il résolut de marcher contre les Autrichiens. Après avoir fait prendre un peu de repos à ses troupes, il se porta sur Grochow, son infanterie déployé à droite de la grande route, son artillerie en tête, et ses deux escadrons de cavalerie échelonnés sur sa gauche. Dès le premier coup de canon, toute la population de Varsovie fut dans une agitation extrême ; le peuple se porta en foule sur les rives de la Vistule, accompagnant de ses vœux les efforts des troupes nationales. La garnison autrichienne était sous les armes, et l'archiduc Ferdinand suivait, des fenêtres du château, avec une vive anxiété, les phases d'un combat qui devait décider du sort de Mohr, qu'il avait si imprudemment jeté sur la rive droite du fleuve, et auquel il ne pouvait porter aucun secours. Les soldats de Sokolniçki témoins du mouvement qui régnait sur l'autre rive, redoublaient d'ardeur pour répondre à l'attente de leurs compatriotes. L'infanterie aborda à la baïonnette la position ennemie, en même temps qu'un escadron chargea la cavalerie de Mohr, et enleva les pièces qui étaient placées en avant de Grochow. Il allait les emmener, lorsque l'infanterie autrichienne arriva à leur secours et le força à lâcher prise.

L'attaque avait été si impétueuse, que les Autrichiens furent obligés d'évacuer le village de Grzybow et de se replier sur Grochow. Sokolniçki les suivit ; les deux cavaleries se chargèrent à plusieurs reprises avec des succès balancés. Si Fredro fût arrivé sur ces entrefaites, la déroute de l'ennemi eût été entière ; mais Fredro, obligé de parcourir des routes détestables, de traverser des marais fangeux, ne put déboucher qu'à l'entrée de la nuit. Son apparition néanmoins obligea les Autrichiens de hâter leur retraite sur Karczew. Leur infanterie se débanda dans les bois, et si Sokolniçki eût pu les poursuivre, il leur aurait fait bon nombre de prisonniers. Leur perte dans ce combat fut assez forte : elle s'éleva à 100 morts et à quelques centaines de blessés ; ils laissèrent aussi au pouvoir des Polonais 116 prisonniers. La perte des troupes de Sokolniçki fut comparativement peu considérable.

Le général Kaminski, en attendant, avait marché par Niéporent sur Okuniew, et ramassé une centaine de prisonniers. De son côté, le major Krukowieçki avait passé la Vistule ; il s'était avancé jusqu'à Lomazy pendant la journée du 26, et avait porté l'alarme dans Varsovie. La nuit suivante, il se replia sur Modlin, sans avoir éprouvé aucune perte.

Les Autrichiens se retirèrent de toutes parts en désordre. Leur perte totale, dans cette journée, peut être évaluée à 1200 hommes.

Le prince Poniatowski aurait dû sans doute profiter de ce succès, chercher à acculer Mohr à la Vistule, et enlever les troupes qui lui restaient; mais il ignorait le véritable état des choses : il ne supposait pas que Mohr eût hasardé un mouvement si téméraire que celui de se porter sur la rive droite de la Vistule sans être soutenu, sans même avoir sa retraite assurée sur la rive gauche. Il craignit de s'avancer trop loin ; non-seulement il arrêta sa poursuite, mais il rétrograda vers la Narew, et réunit ses forces principales en avant de Sieroçk, ne laissant qu'une avant-garde, aux ordres de Sokolniçki, à Radzymin et à Niéporent. Le quartier général fut établi à Zegrze. Ce mouvement rétrograde fut inopportun : Poniatowski devait avant tout avoir en vue d'empêcher l'ennemi de s'établir sur la rive droite du fleuve. S'il était déterminé à ne pas marcher en avant, il devait au moins prendre position, avec son armée réunie, près de Praga, en faisant éclairer le cours de la Vistule depuis Modlin jusqu'à l'embouchure du Zwider, où il pouvait supposer que l'ennemi tenterait de franchir le fleuve et se tenir prêt à suivre Mohr, si celui-ci faisait quelque entreprise, tout en se ménageant les moyens de revenir sur la Narew si les circonstances l'exigeaient. Poniatowski devait d'autant moins craindre de faire face à l'ennemi, qu'il se trouvait à la tête de 14,000 hommes, tandis que l'armée de Ferdinand était affaiblie par l'occupation de Varsovie, et par conséquent beaucoup moins forte qu'au commencement de la campagne.

Mohr, voyant qu'il n'était pas poursuivi, rallia ses forces à Karczew où il avait réuni des bateaux. Dans cette position, il se trouvait en mesure de traverser au besoin la Vistule, et couvrait les travaux de la tête de pont de Gora que les Autrichiens construisaient à la hâte, afin de jeter un pont sur la Vistule.

Si dans les opérations que nous venons de décrire la conduite de Poniatowski donne lieu à quelques critiques, celle de Ferdinand est infiniment plus blâmable. Le premier est trop prudent peut-être, mais le second est imprévoyant et téméraire. L'archiduc disposait à cette époque d'environ 30,000 hommes, y compris le corps de Brenowasky ; 10,000 formaient la garnison de la capitale, et suffisaient pour la contenir : il lui en restait donc 20,000 pour agir contre Poniatowski et sur la rive droite de la Vistule. Ce fleuve est, à la vérité, un obstacle sérieux ; mais, depuis l'embouchure de la Piliça jusqu'à Biélany, la rive gauche, qu'occupait l'archiduc, dominait la rive droite, et l'on ne peut mettre en doute qu'à l'aide de sa nombreuse artillerie, il n'eût pu franchir la Vistule de vive force, même en présence de Poniatowski. Il n'avait pas de pontons, mais Varsovie lui présentait toutes les ressources qui peuvent y suppléer. Il ne devait opérer ce passage qu'avec toute son armée réunie : jeter une division sur la rive droite, sans la faire appuyer par le reste de ses forces et sans communiquer avec elle par un pont, était une opération des plus hasardées et des plus blâmables.

A son arrivée à Zegrze, le prince Poniatowski s'occupa de prendre les mesures convenables pour la défense du pays, et de partager le commandement entre les généraux qui servaient sous ses ordres. Quel que fût le mérite de Dombrowski et de Zaionczek, leur présence à la même l'armée était plutôt un inconvénient qu'un avantage : une vieille rivalité existait non-seulement entre ces deux chefs, mais même entre le prince et eux ; le partage de l'armée du duché en légions avait communiqué ce sentiment jusqu'aux soldats, et il était à craindre qu'il ne dégénérât en une discorde manifeste. Déjà, dans les bivouacs, où campaient les corps des diverses légions, des propos fâcheux avaient eu lieu, et l'on en était venu presque à des insultes. Dans le conseil, Zaionczek et Dombrowski énonçaient d'ordinaire une opinion diamétralement opposée ; après l'évacuation de Varsovie, le premier opina pour la retraite sur Thorn, et le second pour une marche en Galicie. Les deux rivaux, il est vrai, donnaient au prince toutes les marques extérieures de déférence que commandent les obligations du service militaire, mais chacun d'eux se flattait en secret de lui être supérieur par sa capacité et son expérience ; chacun d'eux ne pliait qu'avec peine devant une autorité, qu'à son avis, il eût mieux exercée lui-même. Le prince résolut donc de donner à ces deux généraux des commandements particuliers, et de ne conserver sous ses ordres immédiats que des généraux de brigade. Dombrowski fut chargé de se rendre à Posen et d'organiser les nouvelles levées de la Grande-Pologne[*], n'emmenant avec lui que 200 cavaliers tirés des dépôts et un détachement d'infanterie de la garnison de Thorn, avec quelques canonniers, qui devaient servir de cadre à ces formations. Outre l'influence personnelle que le général avait dans une province où il avait si longtemps commandé, il espérait y trou-

[*] Ce fut le général Pelletier qui fut chargé par le prince de lui faire cette proposition.

ver quelques éléments propices à son entreprise : il comptait sur les talents militaires du général Kosinski, sur le zèle de son propre fils, Michel Dombrowski, et sur le patriotisme bien connu du général Wybiçki et Biernaçki, fondés de pouvoir du gouvernement dans les départements de Posen et de Kalisz. La Grande-Pologne était dégarnie de troupes de ligne, mais il s'y trouvait quelques dépôts de la légion de Dombrowski et de Zaionczek, et les gardes nationales des villes de ce pays étaient en partie organisées.

Quant au général Zaionczek, le prince lui confia le commandement de ses réserves sur la rive droite de la Vistule, dont les garnisons de Modlin, Sieroçk et Praga devaient former le noyau. Les 3ᵉ bataillons des 1ᵉʳ, 2ᵉ, 3ᵉ et 8ᵉ régiments en faisaient partie ; les cadres des dépôts de cavalerie étaient cantonnés dans les environs, et le patriotisme des départements de Ploçk et de Lomza, activé par la présence du gouvernement du duché, assuraient à Zaionczek un prompt accroissement de forces. Ce général avait sous ses ordres plusieurs généraux de brigade ; le général Hauké, qui fut chargé du commandement de la rive droite de la Vistule, depuis Wyszogrod jusqu'à Wroçlawek, et qui établit son quartier général à Ploçk ; le général Piotrowski, qui était gouverneur de Modlin et commandait de Wyszogrod à Praga ; Isidore Krasinski, gouverneur de Sieroçk ; enfin le major Hornowski, qui remplissait les fonctions de commandant à Praga. Plus tard, le général Niemoiowski, alors employé dans le département de Lomza, prit le commandement depuis Praga jusqu'à Mniszow. Ces dispositions faites, le prince se trouva à la tête d'une armée active de 14,000 hommes, conduits par des officiers capables et des généraux de brigade sur les talents et les bonnes dispositions desquels il pouvait se reposer : le général Fiszer, chef d'état-major du prince, ayant été blessé à Raszyn, avait été remplacé provisoirement par le colonel Rautenstrauch, qui dirigeait le travail de la chancellerie, pendant que le général d'artillerie Pelletier remplaçait réellement Fischer dans les conseils du prince. Le colonel Paszkowski, aide de camp du roi de Saxe, que nous venons de voir chargé d'une mission auprès de Ferdinand pour la convention de Praga, et qui l'avait si bien remplie, se trouvait aussi à l'état-major.

L'archiduc, malgré l'échec que Mohr avait essuyé, était impatient de déboucher sur la rive droite et de poursuivre ses opérations. Il fit hâter la construction de la tête de pont vis-à-vis Gora (situé près d'Ostrowek), et pressa l'achèvement du pont. Le régiment Baillet-Latour fut placé dans les retranchements avec trois pièces de canon. Les bateaux manquaient ; Ferdinand en fit venir de la haute Vistule et les plaça sur-le-champ. Il fit couper les bois nécessaires pour le revêtement dans les forêts de Wilanow ; mais elle avait chargé des Polonais de cette fourniture qui la retardaient autant que possible, et signalaient à Poniatowski les livraisons qu'ils étaient obligés de faire *.

La journée du 28 se passa tranquillement. Le 29, le général Sokolniçki, qui commandait l'avant-garde du prince composée du 12ᵉ régiment d'infanterie et de deux pièces d'artillerie à cheval, se porta en avant et occupa Okuniew. Il fut soutenu dans son mouvement par le général Rozniecki, commandant les 2ᵉ et 5ᵉ régiments et quatre pièces d'artillerie à cheval. L'ennemi se retira sur Karszew et rompit les ponts du Zwider; il plaça ses avant-postes le long de ce ruisseau marécageux. Le 1ᵉʳ mai, le général Sokolniçki franchit le Zwider, chassant les Autrichiens devant lui, et s'avança sur Karczew; Mohr évacua cette ville, et se retira, partie par la rive droite de la Vistule, et partie sur la tête de pont de Gora. Le quartier-général de Poniatowski et le gros de son corps d'armée se portèrent sur Okuniew. Zaionczek et Dombrowski accompagnaient le prince, voulant prendre part aux opérations de l'armée active avant de se rendre à leurs postes respectifs. Le 2 mai, Dombrowski offrit ses services et reçut l'ordre de se porter sur Karczew, à la tête du 6ᵉ régiment d'infanterie et du 6ᵉ de cavalerie. Le général Sokolniçki marcha sur Dzićci-

* Le préfet de Varsovie, Nakwaski, fournit à l'archiduc un ingénieur civil, à qui il donna l'ordre secret de retarder les travaux.

now, village qui se trouvait en face de la tête de pont de Gora; il y arriva à sept heures et demie du soir. Le général Rozniecki s'était établi, le 1ᵉʳ au soir, à Osiek, avec le 5ᵉ de cavalerie et quatre pièces de canon : le 2ᵉ de cavalerie, qui faisait partie de sa brigade, occupa alors Wionzowna. Dans la matinée de ce même jour, le 5ᵉ vint reconnaître la tête de pont d'Ostrowek; un de ses détachements s'empara d'un convoi de bateaux qui descendait la Vistule. Le colonel Turno, qui commandait ce régiment, reconnut les retranchements avec soin. Il se convainquit qu'il manquait quelques bateaux pour l'achèvement du pont du côté de la rive droite, et qu'un seul régiment autrichien, avec trois pièces, occupait la tête de pont qui n'était pas encore munie de palissades. Il fit de toutes ces circonstances un rapport détaillé qui parvint au général Sokolniçki pendant sa marche sur Dziécinow. Le général le transmit de suite au prince Poniatowski, ajoutant qu'il était déterminé à enlever de vive force les retranchements autrichiens. Mais le prince, trompé par de faux renseignements qui lui étaient parvenus de Varsovie, répondit à Sokolniçki qu'il avait reçu l'avis positif que 12,000 hommes de troupes ennemies se trouvaient déjà sur la rive droite de la Vistule, et qu'il ne devait pas s'engager inconsidéremment. Cependant, craignant la désunion qui pouvait exister entre Sokolniçki et Rozniecki\*, il envoya le général Pelletier à Dziécinow, qu'il autorisa à agir d'après les circonstances. Il fit aussi rallier Sokolnicki par le 6ᵉ régiment d'infanterie et deux obusiers servis par l'artillerie à cheval, qu'il lui expédia d'Okuniew, où il avait établi son quartier-général dans la soirée du 2. Mais ces deux pièces n'arrivèrent à leur destination que le 3 à la pointe du jour.

Le général Sokolnicki avait ainsi à Dziécinow le 6ᵉ (qui était de trois bataillons), le 12ᵉ d'infanterie; le 5ᵉ de cavalerie et six pièces de canon. Dès son arrivée, il reconnut la position de l'ennemi et se convainquit que le rapport de Turno était exact; mais que les Autrichiens travaillaient avec activité à terminer le pont, ce qui augmenta encore l'impatience qu'il avait d'en venir aux mains. Le général Pelletier le joignit dans la soirée. Tous deux furent d'avis qu'il fallait attaquer immédiatement; pendant que les troupes se préparaient à l'assaut, ils voulurent sommer le commandant. Pelletier rédigea une lettre, qui portait que : « Le général Sokolnicki ayant reçu l'ordre d'occuper toutes les positions de la rive droite de la Vistule, la garnison autrichienne devait évacuer dans une heure la tête de pont, sinon son commandant serait responsable des suites de ce refus. »

\* Le prince répétait souvent qu'il devait arrêter Sokolnicki et pousser Rozniecki.

Cette lettre fut, à l'instant même, portée par le capitaine Siemiontkowski du 5ᵉ régiment de cavalerie, qui fut en outre chargé de s'assurer de l'état dans lequel se trouvaient les retranchements et le pont de la Vistule. Le commandant autrichien Czerwinka, chef du régiment Latour-Baillet, retint longtemps le parlementaire : il était onze heures, et celui-ci ne revenait pas ; Sokolnicki était sur le point d'en envoyer un second, lorsqu'enfin il arriva, apportant le refus du colonel autrichien. Celui-ci répondit par écrit « qu'il saurait bien « défendre le poste qui lui était confié. » Siemiontkowski donna l'assurance positive que le pont n'était pas achevé : observé de près par les Autrichiens, il n'avait pu, dit-il, s'en assurer par ses yeux, mais il avait entendu Czerwinka commander de chercher une barque pour transporter sur l'autre rive un officier chargé de prendre les ordres du général Schauroth, qui se trouvait à Gora. Siemiontkowski avait parlé français et feint de ne pas comprendre l'allemand ; les Autrichiens ne s'étaient pas défiés de lui et avaient donné, dans leur langue, l'ordre qui révéla cette circonstance importante.

Les généraux Sokolnicki et Pelletier, après avoir ordonné aux troupes de s'ébranler, montèrent à cheval et se mirent à leur tête.

Voici quelles furent, dans cette occasion, les dispositions du général Sokolnicki. Le 6ᵉ régiment, fort de trois bataillons, qui était chargé d'enlever la tête de pont, fut partagé en trois colonnes, d'un bataillon chacune : la première, commandée par le chef de bataillon Boguslawski, s'avança le long de la Vistule en remontant le fleuve; la seconde, à la tête de laquelle marchait le lieutenant-colonel Suchodolski, fit un mouvement semblable en descendant la Vistule; la troisième, sous les ordres du chef de bataillon Blumer, emmena avec elle tous les tambours du régiment. Cet officier devait d'abord répandre son bataillon en tirailleurs, lui faire pousser de grands cris en battant la charge, et attirer l'attention de l'ennemi de son côté; il devait ensuite, aussitôt qu'il verrait que les colonnes latérales commençaient l'attaque, se rallier promptement et escalader de front les retranchements. Le 12ᵉ régiment d'infanterie et l'artillerie étaient en réserve, et le 5ᵉ de chasseurs à cheval, répandu par détachements, formait un vaste demi-cercle autour de la tête de pont, afin que rien n'en pût échapper.

Il était une heure du matin. Le silence de la nuit n'était interrompu que par le bruit des charpentiers qui achevaient le pont : les colonnes d'attaque s'approchèrent des retranchements, à une portée de fusil, sans être découvertes. Aux premiers coups de feu tirés par la garnison, les colonnes de Boguslawski et Suchodolski croisèrent la baïonnette, et, s'élançant sur les retranchements, elles franchirent les parapets avant que l'ennemi pût leur opposer une résistance sérieuse. La colonne de Blümer, dirigée par Sierawski, commandant du 6ᵉ, après avoir engagé une vive fusillade et attiré sur elle le feu de l'infanterie et de l'artillerie ennemies, se rallia promptement, comme elle en avait l'ordre, et franchit à son tour les parapets de la tête de pont. Le bataillon de Boguslawski était entré le premier dans l'intérieur du retranchement, qui fut bientôt envahi de toutes parts; une compagnie du 12ᵉ vint prendre part au combat. La garnison autrichienne, n'ayant pas de retraite, se rallia autour des baraques de son camp et fit la plus vigoureuse résistance. Elle était composée de Belges, et d'émigrés français qui servaient depuis longtemps dans l'armée autrichienne. Elle se défendit bravement. Un combat corps à corps s'engagea et se soutint plus d'une demi-heure. Mais enfin le régiment Latour-Baillet dut céder, et mit bas les armes. Tout ce qui restait debout fut pris; 38 officiers, parmi lesquels le colonel du régiment, et 1800 sous-officiers et soldats furent faits prisonniers; trois pièces d'artillerie furent enlevées. Un détachement autrichien qui voulut se sauver, fut entouré par un peloton du 5ᵉ de chasseurs. Le porte-drapeau du régiment se jeta dans la Vistule; un sous-officier de ce régiment le suivit dans le fleuve et lui enleva son enseigne. Un autre détachement essaya d'échapper sur un gros bateau amarré près de la tête de pont; mais exposé à la fusillade de l'infanterie polonaise, il fut contraint d'aborder et de se rendre. Le combat était fini au point du jour ; les prisonniers furent réunis et dirigés sous escorte à Karczew. Un grand nombre de blessés couvraient le terrain. Dès que la clarté du jour permit aux Autrichiens de distinguer les objets sur la rive droite, ils ouvrirent le feu avec 14 pièces d'artillerie. La position de Gora dominait la tête de pont; les boulets et la mitraille pleuvaient sur les retranchements. L'infanterie polonaise s'abrita dans les fossés; quelques hommes seulement furent atteints; mais cette canonnade, qui dura toute la journée, empêcha en grande partie de relever les blessés. Les officiers de santé polonais se distinguèrent en cette occasion par leur intrépidité, et posèrent quelques appareils, sous le feu même de l'ennemi. Les Autrichiens eurent dans cette affaire 500 hommes hors de combat ; la perte des Polonais, en tués et blessés, fut évaluée à 300. Le chef de bataillon Suchodolski fut blessé. Ces pertes étaient considérables; on compléta les deux premiers bataillons du 6ᵉ avec les soldats du 3ᵉ, et on envoya celui-ci à Sieroçk pour s'y réorganiser.

Le prince Poniatowski se rendit dans la matinée du 3 à Dziécinow; il passa les troupes en revue, et leur donna des louanges méritées. Ayant rencontré, chemin faisant, les prisonniers autrichiens escortés par un détachement du 6ᵉ qui les menait au quartier général, il s'entretint avec les officiers et leur offrit une forte somme d'argent, en les priant d'accepter le don d'un ancien camarade\*. Ces prisonniers furent ensuite évacués sur Praga.

Il ne manquait au pont de la Vistule que quelques bateaux sur la rive gauche, et il était à craindre que les Autrichiens ne voulussent, dans la journée du 3, tenter un passage de vive force sous la protection de leur nombreuse artillerie. Le général Sokolniçki donna ordre au capitaine Soltyk, qui lui avait amené deux obusiers, de choisir une des faces des bastions nouvellement enlevés pour s'y placer à la faveur de l'obscurité, et brûler le pont ; cet officier se préparait à obéir, lorsque l'ennemi leva lui-même ce pont dans la nuit du 3 au 4 mai.

Cette brillante victoire porta le prince à témoigner sa gratitude aux troupes par une proclamation dans la quelle il disait :

« SOLDATS,

« Le jour du 3 mai, cher au cœur des Polonais par un souvenir solennel, n'a pas cessé de nous être propice : à peine deux ans se sont-ils écoulés depuis la consécration de vos aigles, que déjà vous prouvez que vous êtes dignes de cette distinction. Aujourd'hui, à deux heures du matin, l'avant-garde commandée par le général Sokolniçki, a enlevé à la baïonnette, et sans tirer un seul coup de fusil, la tête de pont de Gora, qui avait été sommée de se rendre. 1800 soldats, 38 officiers, au nombre

---

\* Le prince Poniatowski avait été, dans sa jeunesse, au service de l'Autriche.

desquels se trouve un colonel, ont été faits prisonniers. Le général Sokolniçki, qui a conduit l'attaque, s'est couvert de gloire ; le colonel Sierawski et le lieutenant-colonel Blümer, ainsi que tous les officiers qui se sont trouvés à cette affaire, ont fait preuve d'intrepidité. Nous sommes maîtres de toute la rive droite de la Vistule. Soldats, je n'ai pas l'habitude de vous flatter ; mais vous pouvez être assurés que vous avez égalé aujourd'hui les plus grandes armées ; vous avez mérité la reconnaissance de la patrie et la plus glorieuse récompense, la satisfaction du grand Napoléon. »

La prise de la tête de pont d'Ostrowek rendit Poniatowski maître de toute la rive gauche de la Vistule ; ses partis de cavalerie poussèrent jusqu'au Wieprz. Les cercles de Stanislawow, Biala et Siedlce furent occupés par ses troupes. Il établit son quartier général à Wionzowna le 4 avril, et adressa aux habitants du pays une proclamation ainsi conçue.

« Polonais !

« Vos compatriotes se trouvent sur votre territoire ; c'est sous les auspices du grand protecteur de leur existence nationale, qu'ils s'en sont ouvert la route. Vous les recevrez sans doute comme des frères ; et nos cœurs, animés plus que jamais d'une même sympathie, pourront se rapprocher et s'entendre. Longtemps séparés par les désastres de notre commune patrie, sa gloire et l'honneur du nom polonais resserreront les liens qui nous unissent. Ils serait pénible pour nous de vous traiter en ennemis, parce que la destinée vous a été jusqu'ici moins favorable qu'à nous. »

Cette proclamation, quoiqu'elle fût écrite avec tous les ménagements qu'exigeaient les circonstances, produisit un excellent effet sur les Galiciens.

Ils s'empressèrent de fournir à l'armée de Poniatowski, tout ce dont elle avait besoin et s'apprêtèrent dès lors à entrer dans les rangs de leurs libérateurs.

Le même jour, Poniatowski rendit compte au major général de ses succès et demanda les ordres de l'Empereur relativement aux Galiciens : « Leurs « sentiments sont connus, écrivit-il, mais il ne se- « rait guère possible d'en faire usage, sans leur « donner l'assurance positive que la réunion à « leur patrie sera le prix de leurs efforts *. »

* *V.* Pièces justificatives, III.

## CHAPITRE IV.

L'armée polonaise apprend les victoires remportées par Napoléon sous Ratisbonne.—Evénements d'Allemagne et d'Italie.—Le colonel Stofflet apporte au prince l'ordre d'entrer en Galicie.— Lettre de Poniatowski au prince de Neufchâtel; il lui rend compte des opérations de l'armée et de ses projets.—Plan de Ferdinand. Il se décide à faire marcher une de ses divisions sur Thorn et la Grande-Pologne. — Dombrowski arrive à Thorn, et la garnison envoie un détachement en Grande-Pologne. — Combat de Sleszyn (11 mai).—L'archiduc arrive avec la division Mohr devant la tête du pont de Thorn, et l'enlève le 15 mai.—Il somme la place de se rendre.—Réponse de Woyczynski.—Ferdinand canonne Thorn sans produire d'effet.—Il apprend les progrès de Poniatowski en Galicie, et retourne à Varsovie. — Mohr marche sur Radziewo. — Poniatowski passe le Wieprz. —Le prince arrive le 11 mai à Lubartow, et y reçoit une députation de la noblesse galicienne.—Une lettre de Gortschakoff à l'archiduc est interceptée.—Poniatowski envoie Bronikowski auprès de l'Empereur.—Le prince entre à Lublin le 14 mai; il y institue un gouvernement pour la Galicie.—Proclamation à l'armée.—Prise de Sandomir et de sa tête de pont.

La veille de l'attaque du retranchement d'Ostrowek, l'armée polonaise apprit les victoires remportées par Napoléon près de Ratisbonne ; victoires dont le colonel Stofflet, qui avait quitté le quartier général de l'Empereur le 24 avril, vint bientôt confirmer la nouvelle. Ces succès signalés excitèrent l'enthousiasme des soldats polonais, et les stimulèrent à imiter les hauts faits de leurs frères d'armes.

Nous étant uniquement imposé la tâche de décrire, d'une manière détaillée, les opérations des troupes polonaises pendant cette campagne, nous ne ferons que mentionner celles des autres corps de la grande armée, nous bornant à un résumé que nous croyons indispensable pour donner à nos lecteurs une idée générale des événements de la guerre.

Le 8 avril, les Autrichiens avaient commencé les hostilités, simultanément en Bavière, dans le Tyrol et en Italie. Partout ils avaient d'abord obtenu des avantages marqués. L'archiduc Charles, qui commandait l'armée d'Allemagne, s'avança jusques sur l'Isar, poussant devant lui l'armée française aux ordres de Berthier; mais l'arrivée de l'Empereur à Donawerth (le 17 avril), changea la face des affaires. Napoléon reprit bientôt l'offensive; il porta ses masses sur les points décisifs, et, du 19 au 23 avril, défit successivement, sur différents champs de bataille, les corps d'armée que l'archiduc lui opposait. Il enleva Ratisbonne, qui était tombé au pouvoir des Autrichiens; il força l'archiduc Charles de se retirer sur la Bohême et de lui abandonner le chemin de la capitale de l'Autriche, sur laquelle il ne tarda pas à s'avancer.

En Tyrol, toute la population s'était soulevée et avait massacré les troupes éparses qui l'occupaient; le général autrichien Chasteler vint soutenir les efforts des insurgés, qui se rendirent bientôt maîtres de tout le pays. Mais le maréchal Lefèvre arriva en hâte et fit rentrer ces montagnes sous la domination bavaroise.

En Italie, l'archiduc Jean avait battu le prince Eugène à Sassile, et s'était avancé jusqu'à l'Adige; mais Eugène, renforcé par deux divisions, et stimulé par la nouvelle des victoires de Napoléon, reprit l'offensive, le 27 avril, et repoussa l'armée de l'archiduc vers les Alpes.

Quelques soulèvements partiels avaient eu lieu, dans le courant d'avril, en Westphalie; Kat et Dornberg s'étaient mis à leur tête; mais ces troubles furent bientôt apaisés par les troupes du roi Jérôme. A la fin du même mois, le major prussien Schill quitta Berlin, à la tête de 500 hussards. Il se mit en marche (sans l'autorisation de son gouvernement), et s'avança en Saxe, appelant les peuples du nord de l'Allemagne à l'insurrection; ceux-ci ne répondirent que faiblement à son appel. Schill parvint cependant à réunir un corps de 5,000 hommes sous ses ordres, mais il fut contenu par les troupes westphaliennes et hollandaises, qui marchèrent à sa rencontre et ne cessèrent de le harceler.

Stofflet arriva, le 5 mai, à Wionzowna, où se trouvait alors le quartier général de Poniatowski; il était porteur d'un ordre de Napoléon ainsi conçu : « Vu la distance qui sépare l'empereur de l'armée « polonaise, S. M. s'en rapporte au zèle du prince et « à ce qu'il fera pour l'intérêt commun; mais l'ar-« mée de l'empereur marchant sur Vienne, le

« prince doit entrer en Galicie. » Cet ordre avait été prévenu : tout le pays qui s'étend du Bug au Wieprz était déjà occupé par les troupes polonaises, qui, comme nous l'avons vu, avaient remporté de nombreux avantages. Le prince en rendit compte au major général, et lui annonça que l'ennemi avait déjà perdu 6,000 hommes, dont 2,800 prisonniers; que l'armée de l'archiduc avait pris position entre Varsovie et l'embouchure de la Piliça, et poussé des avant-gardes sur Kalisz et Ploçk. Quant à lui, après avoir formé de nouvelles levées, les garnisons des places de Praga, Sieroçk, Modlin et Thorn, il comptait se porter avec son corps d'armée sur le Wieprz, franchir cette rivière et s'avancer jusqu'au San. Le prince ajoutait qu'il croyait que l'archiduc, affaibli par l'occupation de Varsovie, n'entreprendrait rien de décisif; que s'il en était autrement, que si l'armée ennemie cherchait à déboucher par Sandomir, il s'établirait sur le San ou sur le Wieprz, et l'y attendrait pour l'attaquer au passage d'une de ces deux rivières, ou bien il franchirait la Vistule à Modlin et tâcherait de gagner Teschen en Silésie, afin de lier ses mouvements avec ceux de la grande armée. Si, un contraire, les Autrichiens, abandonnant le duché, se portaient en Hongrie ou en Moravie, il s'avancerait par la rive droite de la Vistule, en marchant par la grande route de Léopol à Krakovie, afin de suivre leur mouvement. Poniatowski demandait l'avis du major général relativement à la conduite qu'il devait suivre en cette occasion, et terminait en témoignant ses craintes sur le mauvais vouloir des Russes, qui, s'ils se déclaraient contre la France et attaquaient les Polonais, ne lui laisseraient d'autre parti à prendre que de se retirer sur Dantzig, après avoir jeté des garnisons dans les places du duché*.

Ferdinand voyant que tous les efforts qu'il avait faits pour passer la Vistule étaient infructueux, et se trouvant encore à la tête de 27,000 hommes, voulut étendre ses conquêtes, dans les départements de la rive droite de la Vistule, qui étaient entièrement dégarnis de troupes. Séparés de l'armée de Poniatowski par le fleuve, il calcula que les Polonais, ne s'étant ménagé aucun point fortifié sur la rive gauche, depuis l'embouchure du Wieprz jusqu'à Thorn, ne pourraient ni l'attaquer sur cette rive ni reprendre Varsovie. Jugeant ses forces suffisantes pour occuper cette capitale, observer Poniatowski et envahir la Grande-Pologne, il se décida à marcher sur Thorn avec un corps de 6,000 hommes. Il voulait tenter d'enlever cette place ou au moins de s'emparer de sa tête de pont, et de couper par là la seule communication qu'eût Poniatowski avec les places de l'Oder. Cette opération n'avait pas seulement de l'importance sous le rapport militaire, elle avait encore un but politique, celui de déterminer, par l'éclat du succès, la Prusse

* V. Pièces justificatives, IV.

et le nord de l'Allemagne à embrasser la cause de l'Autriche. Ferdinand connaissait les négociations secrètes de son gouvernement avec le roi Frédéric-Guillaume, qui se trouvait alors à Kœnigsberg, et les préparatifs faits sur plusieurs points du nord de l'Allemagne pour une insurrection dont la levée de boucliers de Schill devait être le signal ; il croyait que ces événements décideraient du sort de la guerre, et semblait convaincu que les opérations de Poniatowski ne pouvaient être d'aucun poids dans la balance. Il laissa donc la Galicie sans défense et l'abandonna aux entreprises des Polonais. Les garnisons des places de Zamosc et de Sandomir, ainsi que celles de Léopol et de Iaroslaw, n'étaient certes pas capables d'arrêter leurs progrès dans cette province ; les magasins et les dépôts étaient à découvert ; de nombreux détachements de recrues qui joignaient leurs corps pouvaient être facilement enlevés ; enfin l'esprit patriotique des Galiciens, qui les portait à se réunir à leurs frères du duché de Varsovie pour combattre l'ennemi commun, présageait une insurrection prochaine dans ces contrées. Mais Ferdinand semblait fermer les yeux sur tous ces dangers, et n'aspirait qu'à étendre ses conquêtes vers l'occident.

Un détachement de cavalerie autrichienne s'était emparé de Piotrkow, le 26 avril, et avait poussé des partis jusqu'à Kalisz ; quelques volontaires prussiens, travestis en soldats autrichiens, étaient venus l'y joindre de Silésie\*. Un autre détachement ennemi avait poussé, le 28, jusqu'à Klodawa, sur la grande route de Posen. Mohr suivit au commencement de mai, la même direction et se porta sur la Bzura. Ce général reçut ensuite l'ordre de s'avancer par la rive gauche de la Vistule sur Thorn, en échelonnant quelques troupes, le long du fleuve et sur la grande route de Posen.

Le général Dombrowski avait quitté l'armée du prince, le lendemain de la prise de la tête de pont d'Ostrowek, et s'était rendu à Thorn. Arrivé dans cette place, il se concerta avec le général Woyczynski sur les opérations ultérieures. La garnison de Thorn devait lui fournir un détachement d'infanterie et d'artillerie, qui, réuni à l'escadron de cavalerie que lui avait donné Poniatowski, servirait de noyaux à ses formations. Mais il n'attendit pas que ses troupes se fussent mises en mouvement; impatient d'accomplir sa mission, il gagna Posen, sans tenir compte des partis autrichiens qui battaient le pays. Il y arriva le 10 de mai; et sans perdre de temps, il s'occupa de la réunion des nouvelles levées et de la formation des nouveaux corps; et fut puissamment secondé dans l'accomplissement de cette tâche par Wybiçki, lieutenant du gouvernement dans le département de Posen. Par suite des mesures concertées entre Dombrowski et Woyczinski, le premier détachement de troupes, sous les ordres du colonel Cedrowski, se mit en

---

\* *V.* Pièces justificatives, V.

marche sur Posen le 10 mai : il était composé de 160 fantassins de ligne, 40 chasseurs à pied et 70 cavaliers. Cedrowski rencontra le 11, près de Szlesin, le major autrichien Gartenburg qui s'avançait à sa rencontre à la tête de quatre escadrons de hussards, et lui barrait le passage. Le colonel polonais n'apercevant d'abord que celui des escadrons qui marchait à l'avant-garde, ordonna au capitaine Suminski de le charger avec ses 70 cavaliers. Les Autrichiens furent culbutés. Mais les trois autres escadrons arrivèrent, au moment même, au secours du premier, et se jetèrent de toutes parts sur la poignée de braves que commandait Suminski. Craignant d'être enveloppé, celui-ci dut se retirer sur l'infanterie, qui, avantageusement postée, reçut l'ennemi par une fusillade bien nourrie, et, ne se laissa pas entamer. En vain les hussards autrichiens renouvelèrent plusieurs fois leur attaque, ils furent toujours repoussés avec perte, et finirent par se retirer sur Wilatowo, laissant sur le champ de bataille 80 morts. Ils eurent aussi bon nombre de blessés parmi lesquels se trouvaient le major Gartenburg et deux de ses officiers. Les Polonais n'eurent que quatre hommes tués et seize blessés ; le brave capitaine Suminski était au nombre des derniers. Après cet engagement, le colonel Cedrowski continua son mouvement sur Posen et rejoignit Dombrowski.

Cependant le général Mohr s'avançait sur Thorn.

Klodawa et Kutnon étaient déjà occupés par les Autrichiens ; Kowel, Gombin et Brzesc en Kujavie, le furent bientôt après. Les avant-postes ennemis se présentèrent devant la tête de pont de Thorn le 14 au soir. L'archiduc, qui était parti le 12 de Varsovie venait de rejoindre la division de Mohr, afin de diriger les opérations en personne.

La ganison de Thorn renforcée par deux bataillons arrivés de Dantzig, était ainsi composée :

```
le 3e bataillon du 10e rég. d'infant., fort de 1,103 hommes.
le 3e     id.    du 11e    id.     id.        949
le 3e     id.    du 12e  (y compris le dépôt) 1,455
une compagnie d'artillerie à pied. . . . . .   114
                                             _____
                                Total. . . 3,621 hommes,
```

Plus un détachement de cavalerie.

Le corps de la place de Thorn était, comme nous l'avons dit plus haut, à l'abri d'un coup de main, et l'archiduc ne pouvait espérer de l'enlever qu'en ouvrant la tranchée. Mais les retranchements de la tête de pont n'étaient pas en état de résister à une attaque de vive force ; aussi le colonel Mielzinski, qui l'occupait avec un bataillon de son régiment et 6 pièces de canon formant environ 1,000 hommes, avait-il reçu l'ordre de l'évacuer et de se retirer sur le corps de la place dès qu'il serait sérieusement attaqué. Il communiquait avec la rive gauche par un pont de bateaux, composé de deux parties : la 1re liait la rive gauche à un îlot défendu par un retranchement armé de plusieurs pièces d'artillerie; la 2ᵉ menait de l'ilot à la place.

Dans la nuit du 14 au 15, l'archiduc Ferdinand dont les Polonais ignoraient encore la présence devant Thorn se prépara à l'assaut. Le 15, à quatre heures du matin, Mielczinski aperçut, dans l'éloignement, de l'infanterie autrichienne qui s'avançait en colonnes et crut que ces troupes se rendaient à Bromberg. Cependant les Autrichiens détachèrent des tirailleurs vers les retranchements, et leurs colonnes s'arrêtèrent à quelque distance. Il s'engagea presque aussitôt une vive fusillade qui dura jusqu'à six heures. L'archiduc reconnut la tête de pont, et, sans plus différer, commanda l'escalade. Son infanterie se porta en colonnes, par bataillons, sur les retranchements. Le mouvement, exécuté avec rapidité, fut soutenu par le feu de l'artillerie, à laquelle les Polonais ne purent répondre que faiblement, vu le petit nombre de pièces dont ils disposaient. La tête de pont fut emportée à la baïonnette, malgré la plus vive résistance, et Mielczinski fut contraint de se retirer sur l'ilot dont nous venons de parler, avec son artillerie, à l'exception de deux pièces qui restèrent dans les sables dont est bordée la Vistule, et qui tombèrent au pouvoir des Autrichiens.

Ceux-ci poursuivirent les Polonais jusques sur le pont qui séparait l'ilot de la rive droite; mais l'artillerie qui se trouvait sur ce point, habilement dirigée par le chef de bataillon Hurtig, les couvrit de mitraille et les obligea de renoncer à leur entreprise. Peu après, un officier parlementaire se présenta avec une lettre du chef d'état-major de l'archiduc, qui sommait le gouverneur de rendre Thorn dans les vingt-quatre heures, faute de quoi, la ville serait incendiée. Woczynski répondit en ces termes : « Lorsque la ville sera « réduite en cendres; lorsqu'une brèche sera prati-« quée ; lorsque le dernier mur de défense sera ren-« versé ; lorsque la garnison de la place sera refou-« lée dans le dernier réduit, j'entrerai en arrange-« ment : en attendant, l'artillerie polonaise qui est « en batterie, répondra à la sommation. »

Les Autrichiens, qui avaient déployé leurs forces sur la rive gauche de la Vistule, ouvrirent aussitôt le feu. Une canonnade violente couvrit la place de projectiles ; l'incendie éclata sur divers points, mais fut bientôt éteint. Un petit magasin de foin fut seul la proie des flammes. L'artillerie polonaise, qui était en position sur l'îlot et sur la rive droite de la Vistule, répondit avec vigueur au feu des Autrichiens, et finit par réduire leurs pièces au silence. Dans la soirée, l'archiduc établit son camp derrière les hauteurs qui dominent la tête de pont, n'occupant les retranchements qu'il venait d'enlever que par un détachement d'infanterie. La partie du pont qui aboutissait à la rive gauche fut brûlée par les Polonais. La garnison de Thorn eut dans cette journée 45 hommes hors de combat et perdit 60 prisonniers ; les Autrichiens comptèrent 500 morts ou blessés. Le colonel Brusch, chef d'état-major de l'archiduc, officier d'un grand mérite, fut tué. Les journées suivantes se passèrent à échanger quelques coups de canon. Le 20 mai les assaillants évacuèrent la tête de pont et se replièrent sur Radzeicwo ; l'archiduc retourna à Varsovie.

Pendant que ces événements se passaient au nord du duché, la cavalerie polonaise pénétrait dans l'intérieur de la Galicie. Deux escadrons du 5e se présentèrent devant Koçk, le 6 avril, et en chassèrent 300 hussards hongrois, après un engagement assez vif, dans lequel le brave chef d'escadron Berko fut tué. Les hussards furent si vivement poursuivis, qu'ils n'eurent pas le temps de détruire le pont du Wieprz. Le 7, trois pièces d'artillerie à cheval arrivèrent à Koçk ; elles furent mises en batterie à l'entrée du pont *, et furent suivies, le 8, par deux compagnies de voltigeurs du 2e d'infanterie. Le 6e de cavalerie passa le pont

* Le capitaine Soltyk, qui commandait ces pièces, reçut à Wionzowna l'ordre du général Pelletier, de se porter sur Koçk. Il demanda à ce général quelle escorte l'accompagnerait : celui-ci lui répondit qu'il n'avait besoin d'aucune escorte ; que s'il rencontrait des Autrichiens, ce serait des fuyards qu'il devait faire sabrer par ses canonniers. Ce fut en effet ce qui arriva : Soltyk fit 125 prisonniers pendant sa marche, sans brûler une amorce. Nous avons cru devoir rapporter ce fait, qui n'a que peu d'importance par lui-même, parce qu'il donne une idée de la manière dont les Polonais faisaient alors la guerre.

le même jour; un de ses escadrons poussa sur Lublin, qu'il occupa le 9; un second escadron se porta sur Biala, et un troisième sur Wlodawa, où devait passer un convoi d'effets d'habillements considérable sous l'escorte d'une colonne d'infanterie. Cet escadron força de marche; il surprit les Autrichiens, enleva le convoi et fit 700 prisonniers. La prise fut évaluée à plus d'un million. Pendant ces divers mouvements, la cavalerie polonaise délivra 3,000 recrues qui allaient joindre leurs dépôts.

Le corps du prince Poniatowski se mit en marche, le 6 mai, dans l'ordre suivant : L'avant-garde, composée des 6e et 12e d'infanterie, du 2e et d'un escadron du 5e de cavalerie, avec quatre pièces d'artillerie à cheval, sous les ordres des généraux Sokolnicki et Rozniecki; elle se porta sur la Wieprz et franchit cette rivière à Bobrowniki; de là elle remonta la Vistule et fut ralliée à Opole par les deux escadrons du 5e qui avaient passé le Wieprz à Kock. Les deux généraux s'avancèrent ensuite jusqu'à l'embouchure du San dans la Vistule.

Le prince, à la tête du gros de son corps d'armée, se porta par Kock sur Lublin. Le quartier général arriva, le 7, à Parizow; le 10, à Kock, et le 11, à Lubartow. Poniatowski s'arrêta trois jours dans cette ville; il y apprit que l'archiduc manœuvrait avec une partie de ses forces sur la Grande-Pologne, ce qui le confirma dans la résolution de s'avancer sur le San et de pénétrer en Galicie *.

Le mouvement rapide de la cavalerie polonaise avait fait tomber entre les mains de Poniatowski une lettre du général russe prince Gortschakoff, qui félicitait Ferdinand sur ses succès, et lui exprimait l'espérance de voir bientôt les Russes joindre leurs efforts à ceux des Autrichiens. La présence d'officiers moscovites dans le camp ennemi avait déjà été signalée au prince; il ne put plus douter de la connivence, si ce n'est des deux cours, du moins des deux états-majors. Il chargea, sans délai, le général Bronikowski de porter à Napoléon la lettre interceptée, l'accompagnant d'une dépêche, dans laquelle il s'exprimait ainsi : « La rapidité
« de la marche de l'avant-garde de la cavalerie
« sous mes ordres, a fait tomber entre mes mains
« la lettre ci-jointe du général russe, prince
« Gortschakoff à l'archiduc Ferdinand. Elle m'a
« paru tellement importante pour faire connaître
« les dispositions de la Russie, ou tout au moins
« des troupes russes et de leurs chefs, que je n'ai
« pas voulu perdre un moment pour la soumettre
« à Votre Majesté. Le général Bronikowski, grand
« propriétaire de la Galicie, qui sert avec nous
« depuis le commencement des hostilités, s'est
« chargé de porter cette dépêche à Votre Majesté.
« Il lui présentera en même temps les vœux que
« m'adressent ses compatriotes de participer aux

* V. Pièces justives, VI.

« bienfaits et à la protection qu'elle daigne ac-
« corder à l'existence nationale de la Pologne.
« Daignez, Sire, recevoir avec bonté, l'hommage
« le plus senti de profond respect et de recon-
« naissance. »

L'Empereur fut indigné de la lettre de Gortschakoff. Il la transmit au ministre des relations extérieures, qui la communiqua à l'ambassadeur russe, avec une note où il se plaignait amèrement de la conduite du général. Celui-ci, interpellé par son gouvernement, répondit que, la guerre entre l'Autriche et la Russie n'étant pas déclarée, il avait cru pouvoir exprimer son opinion particulière, dans une lettre confidentielle. Cette explication ne fut pas jugée suffisante, et Gortschakoff fut révoqué.

Dès son arrivée à Lubartow, le prince fut entouré des notables du pays, qui lui témoignaient la sympathie des habitants. Une députation de plusieurs cercles vint lui présenter le vœu de ses concitoyens pour une réunion au duché. Le prince Constantin Czartoryski prit du service dans l'armée polonaise. Grand nombre d'habitants de toutes les classes suivirent son exemple ; si le manque d'armes ne s'y fût opposé, l'armée se fût accrue de 20,000 hommes.

Les habitants du duché ne restèrent pas en arrière dans cette lutte de dévouement : les levées en masse se réunirent à la hâte, et vinrent garnir la rive droite de la Vistule, qu'elles étaient appelées à défendre. Les volontaires complétèrent promptement les anciens et les nouveaux corps.

Le 14 mai, le prince quitta Lubartow et se rendit à Lublin, où il trouva le même patrotisme et le même enthousiasme. Lublin contenait une population de 12,000 âmes; c'est une des villes les plus considérables du pays. Le prince la choisit pour le siège du gouvernement provisoire des deux Galicies. Stanislas Zamoyski, qui possédait d'immenses propriétés dans ces provinces, fut nommé président du gouvernement, dont faisaient partie MM. Matuszewiç, Mionczynski et Lewinski; M. Rembielinski, préfet de Plock, fut chargé des fonctions d'intendant de l'armée. Lublin présentait alors l'aspect d'une ville de guerre. L'élite de la jeunesse de la province y affluait; elle se présentait à cheval et armée. Le prince en fit une compagnie de guides, dont il donna le commandement au colonel Mionczynski. Il ordonna la formation de trois nouveaux corps. Czartoryski et Zamoyski offrirent de lever à leurs frais chacun un régiment d'infanterie, et le cercle de Lublin s'engagea à en former un troisième.

Le corps d'armée qui avait fait halte à Lublin le 13, continua, le 14, son mouvement sur le San. Le général Kaminski fut détaché sur Zamosc, à la tête d'un escadron du 3ᵉ et de deux escadrons du 6ᵉ régiment de cavalerie.

L'occupation de Lublin fut le sujet d'une nouvelle proclamation, qui était ainsi conçue :

« Soldats,

« Arrivé en cette ville, où votre seule présence est un titre de gloire, j'aime à vous retracer vos actions passées et à vous faire connaître le but auquel vous devez tendre encore. Un gouvernement étranger s'appesantissait sur nous, et partout le nom polonais était presque considéré comme un crime, lorsque le bras victorieux du héros de la France, réveillant dans nos cœurs l'antique valeur sarmate, vous fit désirer de prouver qu'aucune considération ne saurait vous arrêter quand le bonheur de votre patrie est le prix de vos efforts. Le ciel a récompensé des sentiments si purs; celui qui écrasa vos ennemis, vous permit de le convaincre que vous méritiez qu'on vous rendît une patrie. De nombreux bataillons, dont la réunion seule tenait du prodige, concoururent à l'envi à acheter au prix de leur sang le droit de porter encore le nom de leurs ancêtres. Votre existence nationale relevée fut le prix de vos vertus guerrières, et la défense de votre patrie confiée à vos efforts, vient d'achever de faire connaître ce que votre grand libérateur peut attendre de votre courage. Mais déjà, soldats, vous avez justifié de si belles espérances; déjà un ennemi supérieur en forces a éprouvé que le nombre ne suffit point pour remporter la victoire. Vous l'avez prouvé sur la terre de vos frères, et les exploits qui vous en ont ouvert la route, les convaincront sans doute qu'elle fut jadis votre commune patrie. »

Nous avons laissé l'avant-garde polonaise à l'embouchure du San. Le 16 mai, les généraux Sokolniçki et Rozniecki se concertèrent pour enlever Sandomir et sa tête de pont. Cette ville, commandée par le lieutenant général Egermann, avait une garnison de 4,000 hommes, composée en grande partie de recrues. Le corps de la place était couvert par un vieux mur flanqué de tours, mais ce mur tombait en ruines sur plusieurs points, et du côté de la porte de Krakovie, il n'avait, sur un espace considérable, que trois à quatre pieds de hauteur. Les Autrichiens avaient obvié à cet inconvénient par une tranchée intérieure, qui n'était pas encore achevée. Ils avaient aussi fait construire quelques ouvrages avancés du côté de la porte d'Opatow, qui étaient assez forts, sans être cependant complétement achevés ni fermés par la gorge. Sandomir était armée de vingt-sept pièces de canon, dont quinze de siége et douze de campagne. Les Autrichiens travaillaient sur la rive droite de la Vistule à une tête de pont, composée d'un ouvrage bastionné de deux fronts, en construction, et de trois lunettes. Cette tête de pont était armée de quinze pièces.

On voit par cette description, que Sandomir et sa tête de pont pouvaient être enlevées d'un coup de main. Les généraux polonais résolurent de le tenter. Sokolnicki, prennant le rôle le plus périlleux, se chargea d'agir contre la place, et Rosniecki d'attaquer la tête de pont. Dans la nuit du 16 au 17, celui-ci passa le San sur des bateaux, avec les 2° et 5° de cavalerie, un bataillon du 6° d'infanterie, deux compagnies de voltigeurs du 8°, qui arrivaient de Lublin, et deux pièces de canon. Sokolnicki, de son côté, ordonna au colonel Surawski de se mettre à la tête d'un des bataillons de son régiment (6° d'infanterie), et de passer la Vistule, à un mille au-dessous de Sandomir, tandis que lui-même, avec le 12° d'infanterie, escadron du 6° de cavalerie, qui arrivait aussi de Lublin, et deux pièces d'artillerie légère, franchirait le fleuve à Zawichost et rejoindrait Sierawski.

L'attaque devait avoir lieu, simultanément sur les deux rives, dans la nuit du 17 au 18.

Sierawski remplit exactement les instructions de son chef. Il passa la Vistule dans la nuit du 16 au 17, et prit position sur le bord même du fleuve, dans un pli de terrain, couvert par un bois, du côté de Sandomir. Ainsi adossé à la Vistule, sans pont pour effectuer sa retraite, il attendit avec anxiété que l'heure fût venue. Heureusement pour lui, aucune patrouille autrichienne ne fut poussée dans cette direction. Sokolnicki éprouva quelques retards dans sa marche; il fut d'abord obligé de réunir les embarcations nécessaires près de Zawichost, traversa ensuite le fleuve, et se porta vers le point occupé par Sierawski. Les deux colonnes réunies à cinq heures de l'après-midi, se portèrent de suite sur Sandomir. Une patrouille de hussards autrichiens les aperçut alors. Elle se retira en toute hâte et porta l'alarme dans la place. Sokolniçki, voyant son mouvement découvert, voulut imposer à la garnison et lui faire croire qu'il s'avançait à la tête d'un corps considérable, ce qui lui était facile, attendu que le jour baissait et que Egermann ne pouvait reconnaître exactement ses forces. Les deux pièces furent mises en batterie à une portée de canon des ouvrages qui couvraient la porte d'Opatow. Quand le général eut échangé quelques boulets, il fit déployer ses troupes sur les hauteurs, vis-à-vis des redoutes ennemies, et expédia un parlementaire en ville, pour sommer le général Egermann de l'évacuer. Le commandant autrichien refusa.

La nuit commençait à tomber ; Sokolniçki, s'adressant au 12e régiment d'infanterie, lui dit que le 6e s'était couvert de gloire, en emportant la tête de pont de Gora ; que le même honneur était reservé au 12e, qu'il pouvait enlever Sandomir, et renouveler les hauts faits de Grochow. Officiers et soldats lui répondirent par de bruyantes acclamations, et se portèrent en avant. Ils avaient devant eux, un long défilé. Ils le franchirent avec résolution. La tête de colonne, formée des grenadiers du 1er bataillon, sous les ordres du prince Marcelin Lubomirski, déboucha et fut accueillie par un feu violent de l'infanterie qui gardait l'enceinte de la place. Elle continua, néanmoins; elle était suivie par le 12ᵉ tout entier, elle s'élança d'un trait sur la porte d'Opatow; celle-ci était barricadée, les murs étaient fort élevés, crénelés, et flanqués de tours. En un instant, le terrain fut jonché de morts; l'intrépide Lubomirski avait lui-même perdu la vie. Il n'avait alors que 24 ans, était à sa première campagne et fut vivement regretté par toute l'armée.

Quelle que fût l'ardeur des assaillants, ils furent obligés de se mettre en retraite et repassèrent le défilé en toute hâte. Ils eurent en cette occasion au delà de 100 hommes hors de combat.

Cet échec ne découragea pas Sokolnicki; il ordonna au 12ᵉ de se reformer derrière la réserve, qui était composée du bataillon du 6ᵉ d'infanterie et de l'escadron du 6ᵉ de cavalerie, et résolut de chercher un autre point favorable à une entreprise qu'il voulait terminer la nuit même. Il ordonna au colonel Sierawski de se mettre à la tête de l'escadron de cavalerie et d'une compagnie de voltigeurs de son régiment, de se diriger par la droite sur la Vistule, et de reconnaître l'enceinte qui s'étend de ce côté. Il était alors nuit close; mais la garnison lançait continuellement des artifices pour s'éclairer; le colonel polonais put reconnaître le mur d'enceinte. Il le trouva d'abord en bon état; mais, arrivé au faubourg de Krakovie, il apprit que, dans une étendue de 30 à 40 toises, ce mur n'était élevé que de trois à quatre pieds, et que le fossé était comblé par des éboulements. Sierawski, officier plein d'intelligence et de résolution, n'hésita pas à se porter en avant, avec sa compagnie de voltigeurs; il franchit le fossé et escalada le mur, sans que l'ennemi lui opposât aucune résistance. Plus loin se trouvait une tranchée qui n'était pas même palissadée, mais où l'infanterie autrichienne était embusquée : Sierawski ne pouvait, sans imprudence, l'attaquer, ni pénétrer dans l'intérieur de la place, sans être soutenu; il resta donc dans la position qu'il venait d'occuper entre le mur et la tranchée, et dépêcha un officier à Sokolnicki pour lui annoncer qu'il avait trouvé la partie faible de la place, et lui demander de lui envoyer au plus tôt le reste du bataillon.

Il était alors minuit, et l'attaque de la tête de pont par les troupes de Rozniecki venait de commencer. Un feu très vif d'infanterie et d'artillerie se fit entendre sur la rive droite de la Vistule, et cessa au bout d'une demi-heure; Rozniecki était-il vainqueur ou vaincu ? De là dépendait l'issue de l'attaque de Sandomir, et peut-être même le sort des troupes engagées sur la rive gauche. Cette incertitude ne fut pas de longue durée : Egermann demanda à capituler. Les hostilités cessèrent; un détachement du 6e, guidé par Sierawski, occupa la porte d'Opatow, dans l'attaque de laquelle les braves grenadiers du 12e avaient échoué.

Rozniecki, qui, comme nous venons de le dire, devait traverser le San dans la nuit du 16 au 17, avec des troupes destinées à l'attaque de la tête de pont, avait exécuté ce mouvement, et pris position près de Trzesnia. La journée du 17 se passa sans aucun engagement, et les troupes du général polonais se préparèrent à monter à l'assaut la nuit suivante. Rozniecki fit reconnaître la tête de pont par le capitaine Strzeleçki du 6° régiment d'infanterie, qui avait acquis des connaissances militaires étendues à l'école du génie à Vienne. Strzeleçki, dont le dévouement égalait la bravoure, s'avança, travesti en paysan, jusqu'à une portée de fusil des retranchements\*, et les reconnut parfaitement, ainsi que les sentiers qui traversaient les marais dont ils étaient couverts. Rozniecki apprit par lui que les lunettes avancées étaient dans un état respectable de défense, qu'elles étaient munies de palissades et fermées par la gorge, mais que la tête de pont était loin d'être achevée ; il apprit que les fossés étaient peu profonds, et qu'elle n'avait pas de palissades. Ces renseignements le confirmèrent dans la résolution d'emporter la tête de pont la nuit suivante. Le bataillon du 6°, aux ordres de Boguslawski, fut chargé d'attaquer les lunettes n°s 2 et 3, et le capitaine Strzeleçki de lui servir de guide ; le chef d'escadron Wlodimir Potoçki de son côté eut ordre de marcher à la tête des deux compa-

---

\* Une bêche à la main, il feignit de travailler à la terre, et trompa ainsi la vigilance des sentinelles autrichiennes.

gnies de voltigeurs du 8ᵉ, et d'emporter la lunette n° 1. Dès que cette opération serait terminée, les deux colonnes devaient s'avancer sur l'enceinte de la tête de pont et l'enlever. Les 2ᵉ et 5ᵉ régiments de cavalerie, qui formaient la réserve, devaient en même temps s'étendre en demi-cercle autour de ces ouvrages, prêts à soutenir les colonnes d'attaque si elles échouaient, et à empêcher, en cas de réussite, les fuyards de se sauver du côté de la campagne. La nuit étant arrivée, les troupes de Rozniecki se portèrent en avant et se placèrent dans l'ordre que nous venons d'indiquer. A minuit elles s'ébranlèrent, Boguslawski et Potoçki à leur tête. Elles marchèrent en silence et s'approchèrent des lunettes, à une portée de fusil, sans être aperçues. Découvertes alors, elles furent accueillies par un feu d'infanterie bien fourni, soutenu par les neuf pièces d'artillerie qui occupaient ces lunettes. L'infanterie polonaise n'en tint compte. Elle s'élança au pas de course, et les enleva. Les troupes autrichiennes qui les défendaient furent tuées à coups de baïonnettes ou posèrent les armes. Les deux intrépides chefs polonais marchèrent, sans perdre un instant, sur la tête de pont, qui ne fut que faiblement défendue, et dont les parapets furent franchis avec une promptitude extraordinaire. Boguslawski et Potoçki montèrent les premiers à l'assaut *. L'élan des assaillants était tel

---

* Bogulawski avait servi dans les légions, et était un des plus habiles officiers d'infanterie de l'armée. Potoçki n'avait encore que

qu'une partie seulement de la garnison autrichienne put se sauver par le pont de Sandomir ; elle fut poursuivie avec tant de vigueur, que les Polonais étaient au moment d'entrer pêle-mêle avec elle, dans la place lorsqu'un ordre de leurs chefs les arrêta.

Six pièces, qui étaient en batterie sur les remparts, tombèrent au pouvoir des vainqueurs. De la garnison de la tête de pont, qui se montait à 1500 hommes, 500 seulement parvinrent à se retirer ; tout le reste fut fait prisonnier ou mis hors de combat. La perte des Polonais ne fut que de 50 hommes ; mais parmi les morts se trouvait un capitaine du 8e et deux officiers du 6e régiment.

Egermann, chassé de la tête de pont et menacé sur la rive gauche, demanda à capituler, comme nous venons de le dire. Sokolnicki, de son côté, désirait mener au plus vite à fin une expédition hasardeuse. Un arrangement fut donc conclu avant le jour ; la garnison autrichienne eut douze heures pour évacuer la ville. Elle pouvait se retirer avec armes et bagages, et emmener avec elle son artillerie de campagne. Elle défila dans la soirée devant les troupes qui l'avaient battue, et se retira sur la Nida. Elle était en partie composée de Galiciens :

---

20 ans, et était non-seulement un excellent officier d'artillerie, mais annonçait des dispositions qui devaient un jour le porter aux commandements les plus importants. Il était regardé par toute l'armée comme un héros qui se fraierait une voie vers l'immortalité.

ceux-ci n'eurent pas plutôt aperçu l'uniforme national et les drapeaux surmontés des aigles blanches, qu'ils sortirent en foule des rangs autrichiens et se rangèrent dans ceux de leurs compatriotes, demandant à grands cris de servir la cause commune.

Les chefs autrichiens humiliés baissèrent la tête et ne firent aucune réclamation. 800 hommes s'étaient ralliés à la colonne victorieuse; Egermann n'en conserva qu'environ 2,000, à la tête desquels il se porta sur la Nida. Sokolniçki prit possession de Sandomir dans la soirée du 18; il y trouva 15 pièces de siége, qui, d'après la capitulation, restaient au pouvoir des Polonais, et des provisions de guerre et de bouche considérables*.

Dès que les troupes de Rozniecki eurent occupé la tête de pont, elles s'empressèrent d'en détruire les retranchements, et elles y mirent tant d'ardeur que trois jours après tout était rasé; chose étrange et qui ne peut s'expliquer que par la conviction qu'avaient alors les Polonais de la prochaine reprise de Sandomir par les Autrichiens. Poniatowski, qui avait des vues militaires mieux arrêtées, et qui attachait à Sandomir toute l'importance que mérite ce point stratégique, fut très mécontent de cette démolition; mais il n'était plus temps de l'empêcher lorsqu'il en fut informé.

* V. Pièces justificatives, VII.

## CHAPITRE V.

Poniotawski quitte Lublin le 15 mai. — Il marche sur Ulanow. — Pellettier détaché sur Zamosc. — Proclamation de Poniatowski aux Galiciens. — Blocus et prise de Zamosc, le 20 mai. — Poniatowski passe les troupes de Pelletier en revue; il laisse une garnison à Zamosc, pousse sur Léopol une partie de cavalerie aux ordres de Kaminski et réunit son corps d'armée à Sandomir. —Examen de la position de l'armée polonaise après la prise de Sandomir. — Sokolniçki conseille au prince de marcher sur Radom. — Poniatowski prend position près de Sandomir. — Ce qu'il aurait dû faire. — Reconnaissance des travaux de la place de Sandomir. — L'enceinte est renforcée, la tête de pont n'est pas rétablie. — Inconvénients de l'oubli de cette mesure. — Rozniecki prend Jaroslow. — Les troupes employées à cette expédition retournent sur le San. — Kaminski occupe Léopol le 23 mai. — Rozniecki l'y rejoint le 28. — Il fait reconnaître la la souveraineté de Napoléon. — Il organise le gouvernement. — Blocus et siége de Czenstochowa par Grammont. — Les Autrichiens repoussés par Stuart. — Ils se retirent sur Krakovie. — Diverses engagements sur la Vistule. — Poniatowski envoie Pelletier près de Galitzyne à Bialystok. — Position de l'armée russe. — Duplicité de Galitzyne. — Mauvaises dispositions des généraux russes envers Napoléon.

Poniatowski ne passa à Lublin que la journée du 14; le lendemain, il se rendit à Belzyce; le corps d'armée l'avait précédé sur ce point; il se mit à sa tête et se porta sur Janow, où il reçut la nouvelle de l'investissement de Zamosc par la cavalerie de Kaminski. Domanski, commissaire général des terres du majorat de Zamosc, propriété de Zamoyski, qui venait d'être nommé président du gouvernement galicien, lui apporta des détails intéressants sur cette place : il lui apprit que l'enceinte n'était pas dans un état de défense convenable; que les inondations qui constituent sa principale force, n'avaient pas été tendues; enfin que, dans l'état où elle se trouvait, Zamosc pouvait être enlevée par un coup de main.

Poniatowski n'était qu'à une forte marche de la place. Il chargea le général Pelletier de la reconnaître et de l'enlever, si la chose était possible. Il se porta ensuite sur Ulanow, petite ville située sur le San, où il crut devoir attendre le résultat des mouvements des corps qu'il avait dirigés sur Sandomir et Zamosc. D'Ulanow il adressa la proclamation suivante aux Galiciens.

« Polonais, citoyens de la Galicie,

« Lorsque les troupes sous mes ordres sont entrées sur le territoire commun à nos aïeux, j'ai cherché à m'assurer si vous n'aviez pas cessé de voir en nous des frères. La réception que vous nous avez faite a rempli mon attente; l'enthousiasme qu'a excité en vous la seule vue des soldats polonais et votre empressement à nous prouver combien vos cœurs sont portés à comprendre et à partager nos sentiments, nous sont garants du désir que vous avez de vous joindre à nous et de partager des travaux que l'amour de la patrie rend faciles à accomplir. Des proclamations de l'archiduc Ferdinand m'ont appris qu'il s'efforçait d'ébranler la fidélité des Saxons envers notre roi, et tentait, quoique en vain, de former des corps francs polonais : ces procédés me donnent un droit de plus à vous appeler dans nos rangs, où depuis deux ans, tant de vos frères briguent l'honneur de combattre pour la patrie et pour notre cause commune. Je ne vous dirai point de suivre leur exemple, ce serait vous faire tort que de croire que vous pouvez résister au penchant qui vous pousse à le faire; il me suffit de vous rappeler ce que vos frères ont fait pour recouvrer leur existence nationale. N'oubliez point que, guidés par la seule confiance qu'ils mettent dans leur grand libérateur, ils ont couru aux armes et combattu avec persévérance, malgré les désastres qui s'appesantissaient sur leur pays. Songez que les effets sont la suite des actions, et que le mérite doit précéder la récompense. Les âmes froides et égoïstes peuvent seules méconnaître cette vérité; vouons leur indifférence à la honte qui lui est due.

« Les Polonais sont partout les mêmes; éprouvés, mais non abattus, par une longue suite de malheurs, nous sentons d'autant plus l'obligation de mériter, avec les lauriers de la gloire, les couronnes du civisme. »

Poniatowski n'avait pas encore reçu les instructions de l'Empereur sur la manière dont il devait envisager les Galiciens ; il ne pouvait dans cette proclamation, comme dans les précédentes, leur donner des assurances positives sur le sort futur du pays. Il flottait entre le désir de les voir combattre avec les troupes du duché et la crainte d'être obligé de les abandonner à la vengeance du gouvernement autrichien. Il fut parfaitement compris des habitants, qui avaient le plus ardent amour pour la sainte cause de la patrie, et qui firent ce que leur devoir leur prescrivait, sans s'inquiéter des suites de cette audacieuse démarche. De son côté le prince, faisant part à Napoléon de l'enthousiasme général des Galiciens, insista, dans toutes les dépêches qu'il lui adressa, sur la nécessité de leur donner des assurances positives sur l'avenir.

Cependant Pelletier s'était mis en marche de Janow le 17, avec les 1er et 2e bataillons du 2e régiment d'infanterie, deux compagnies de voltigeurs du 3e, une compagnie de voltigeurs du 6e *; formant ensemble environ 2,000 hommes, soutenus par deux pièces de 6 et quatre obusiers de 6 pouces **. Il força de marche et arriva, le 18 au matin, devant Zamosc, où il rallia le détachement du général Kaminski, compose

---

* Cette compagnie faisait partie du 3e bataillon qui était à Sierock.

** Quatre de ces pièces étaient servies par l'artillerie à pied et deux par l'artillerie à cheval.

d'un escadron du 3ᵉ et de deux escadrons du 6ᵉ de cavalerie. Kaminski, arrivé dès le 15 sur les lieux, avait bloqué la place et saisi les écluses d'inondation. Pelletier fit prendre position à ses troupes à un quart de mille des remparts et lança aussitôt ses voltigeurs. Ceux-ci refoulèrent les avant-postes ennemis dans l'intérieur de la place et occupèrent le poste des écluses qui soutenaient la grande inondation sur la route de Szczebrzeszyn.

Les deux généraux montèrent ensuite à cheval accompagnés de Domanski, et reconnurent Zamosc; il leur donna des renseignements précis sur l'état des lieux, la force des retranchements et l'intérieur de la ville.

La forteresse de Zamosc, construite vers la fin du 16ᵉ siècle pour servir de refuge contre les incursions des Tartares et des Kosaks, est située au bord d'un vaste marais, coupé par différents ruisseaux. C'est dans ce marais que le Wieprz prend sa source. L'enceinte de la place se compose de sept fronts bastionnés, revêtus en maçonnerie et d'un tracé irrégulier. La moitié de son développement est couverte par des marais; l'autre moitié, qui s'étend entre la route de Lublin et de Léopol, donne sur une plaine qui va s'élevant depuis le chemin couvert et peut être battue à une grande distance par l'artillerie des remparts.

Les escarpes de la partie de l'enceinte qui n'était pas couverte par les inondations avaient 28 à 30 pieds (de 9 m. 10 c. à 9 m. 75 c.) de hauteur et étaient revêtues en maçonnerie ; le fossé avait 30 pieds (9 m. 75 c.) de largeur et 20 pieds (6 m. 50 c.) de profondeur. La contrescarpe n'était pas revêtue, le chemin couvert n'était qu'indiqué. La partie de la place située du côté des marais et des inondations avait également un revêtement assez élevé, à l'exception du bastion n° 4, dont l'escarpe n'était que de 14 pieds (4 m. 55 c.) de hauteur, et celle du bastion n° 3, qui était de 16 pieds (5 m. 20 c.). Quoique les inondations ne fussent pas tendues, le terrain était assez marécageux pour qu'on ne pût le traverser qu'à pied et par quelques sentiers. Des rapports positifs apprirent à Pelletier que les Autrichiens s'occupaient, depuis plusieurs jours, à réparer les parapets ; qu'ils avaient armé les remparts d'un nombre de bouches à feu suffisant, et construit un redan devant la porte de Szczebrzeszyn. Il fut informé que la garnison, commandée par le colonel Pulski, était forte de 3,000 hommes et composée de deux bataillons de Valaques, des dépôts de différents régiments d'infanterie, d'un détachement d'artillerie et de quelques hussards.

Les notions que le général Pelletier avait acquises, lui firent penser qu'on pouvait tenter un coup de main du côté de Szczebrzeszyn, et que le moindre retard rendrait l'entreprise plus difficile, en permettant à l'ennemi de perfectionner ses défenses. Il fit donc immédiatement les préparatifs de l'assaut.

Afin d'occuper la garnison et de lui imposer en canonnant la place, il ordonna au capitaine Soltyk de se porter en avant dans l'après-midi du 18, avec deux obusiers servis par l'artillerie à cheval, de mettre en batterie à une petite distance de la porte de Szczebrzeszyn, et de jeter des obus dans Zamosc. Soltyk, favorisé par les maisons et les enclos du faubourg, s'approcha, sans être découvert, à environ 300 toises (585 m.) de la place et ouvrit le feu ; mais il était trop près des remparts pour se soutenir longtemps dans cette position. L'artillerie autrichienne lui répondit avec vigueur, et démonta un de ses obusiers. Ne pouvant se maintenir sous un feu si vif, il se retira sur l'écluse de Szczebrzeszyn, et, changeant fréquemment de position, se couvrant des jardins, des maisons des faubourgs, il continua, avec la pièce qui lui restait, à jeter des obus dans Zamosc. Il parvint ainsi à porter à diverses reprises l'incendie dans la place.

La nuit venue, le général Pelletier fit construire un épaulement près de l'écluse de Szczebrzeszyn et relever l'obusier de Soltyk par deux autres obusiers, servis par l'artillerie à pied et commandés par le capitaine Rudnicki.

Les préparatifs de l'assaut remplirent la journée du 19. Domanski, par son zèle et son activité infatigables, contribua à les mener promptement à terme. 50 Kosaks, employés à la correspondance de l'administration centrale de la terre de Zamosc, qui étaient bien montés et équipés militairement, furent armés de lances, et parcoururent les environs, afin de réunir promptement les matériaux nécessaires à la fabrication des fascines et des gabions, ainsi que les échelles nécessaires pour monter à l'assaut. Quelques volontaires, armés de fusils de chasse, joignirent les assiégeants; ils connaissaient parfaitement les localités et les marais qui avoisinent la place; ils servirent de guides aux troupes commandées pour l'escalade.

Les tirailleurs investirent Zamosc et s'établirent dans les maisons les plus rapprochées de la porte de Szczebrzeszyn. Les Autrichiens tentèrent en vain de les déloger, ils furent repoussés à plusieurs reprises. On fusilla longtemps de part et d'autre; les volontaires mirent hors de combat bon nombre de chasseurs valaques *. Pulski, s'attendant à être attaqué, fit quelques préparatifs de défense: il garnit de palissades le rédan qui se trouvait devant la porte de Szczebrzeszyn, et brûla le faubourg de Léopol, afin de démasquer le feu des remparts.

Il était huit heures du soir; les préparatifs de l'assaut étaient achevés et Pelletier venait de re-

---

* Un d'eux dont je regrette de ne pouvoir donner le nom, avait 70 ans. Il avait jadis servi sous la république. Il avait quitté son humble habitation pour avoir, disait-il, le bonheur de tuer quelques Autrichiens. Il réussit à en abattre 18, et retourna le lendemain à ses travaux de campagne.

cevoir un ordre qui lui enjoignait d'attaquer, sans retard. Il forma les colonnes d'attaque.

La première, conduite par le chef de bataillon Hilaire Krasinski, se composait de la compagnie de grenadiers du 2ᵉ bataillon du 2ᵉ régiment, des compagnies de voltigeurs des 1ᵉʳ et 2ᵉ bataillons, de la 1ʳᵉ compagnie du centre du 1ᵉʳ bataillon du même corps et d'une compagnie de voltigeurs du 3ᵉ régiment. Elle fut chargée d'escalader le bastion n°4.

La deuxième, commandée par le chef de bataillon Czyzewski, formée de la 4ᵉ compagnie du centre du 2ᵉ bataillon du 2ᵉ régiment et d'une compagnie de voltigeurs du 3ᵉ, eut mission d'enlever le bastion n° 3.

Les chefs de ces deux colonnes reçurent l'ordre de désigner d'avance les grenadiers qui devaient porter les échelles, et de se faire précéder par quelques sapeurs munis de haches et de fascines. Il leur fut prescrit de s'avancer dans le plus grand silence, de cacher tout ce qui pouvait briller, de ne pas répondre aux coups de fusil, de pousser rapidement au pied des parapets et de monter plus rapidement encore. Ils devaient se former ensuite sur les remparts et ne s'avancer qu'en bon ordre dans l'intérieur de la place. La première colonne était chargée spécialement d'ouvrir la porte de Lublin et la deuxième celle de Szczebrzeszyn.

La troisième colonne marchait sous les ordres du chef de bataillon Suchodolski. Elle était composée des 2ᵉ et 3ᵉ compagnies du centre du 1ᵉʳ bataillon du 2ᵉ régiment et de la compagnie de voltigeurs du 6ᵉ. Elle avait ordre de soutenir les deux premières ; elle devait, au besoin, se répandre en tirailleurs et répondre au feu dirigé sur les colonnes d'attaque, mais dans le cas seulement où le feu des remparts deviendrait général.

La quatrième colonne, commandée par le chef d'escadron Brzechwa, qui se composait de la 4ᵉ compagnie du centre du 1ᵉʳ bataillon du 2ᵉ régiment, d'un escadron de cavalerie du 6ᵉ et de trois pièces de canon, devait exécuter une fausse attaque sur la porte de Léopol.

La cinquième colonne, aux ordres du colonel Stanislas Potocki, qui était formée de la compagnie de grenadiers du 1ᵉʳ bataillon du 2ᵉ régiment, et des 1ʳᵉ, 2ᵉ et 3ᵉ compagnies du centre du 2ᵉ bataillon du même régiment, avec deux bouches à feu, avait pour mission, aussitôt que commencerait l'assaut, de s'approcher de la porte de Lublin, de l'enfoncer à coups de canon, de l'occuper et de rétablir le pont.

Enfin, un escadron du 3ᵉ et un du 6ᵉ de cavalerie, étaient placés en réserve, sur la route de Lublin, pour être employés où besoin serait.

Les colonnes ne devaient s'ébranler qu'à une heure du matin ; les deux obusiers placés derrière l'épaulement de l'écluse de Szczebrzeszyn continuèrent de jeter des obus dans la place. A onze heures ils joignirent la quatrième colonne commandée par le chef d'escadron Brzechwa.

A minuit et demi la quatrième était en position sur la route de Léopol. Les première, deuxième et troisième colonnes d'attaque étaient réunies dans un pli de terrain à environ 700 mètres de la place. Le général Pelletier les fit mettre en marche, et se rendit près de la cinquième, qui était placée sur la route de Lublin.

Une demi-heure se passa sans qu'on entendit autre chose que les *qui vive* multipliés des sentinelles autrichiennes. Enfin, quelques coups de fusil éclatèrent. Le général, avec la cinquième colonne, s'approcha de la place. Il essuya d'abord quelques coups de canon à mitraille ; une vive fusillade s'engagea, et, presque aussitôt un cornet de voltigeurs polonais retentit du haut des remparts.

Les deux colonnes chargées de l'escalade étaient arrivées au pied des murailles et avaient dressé leurs échelles, sans être aperçues. Le capitaine Daine*, qui commandait la compagnie de grenadiers, marchait en tête de la première colonne : après avoir fait poser les échelles, il ordonna à un de ses grenadiers de monter. Celui-ci refusa ; Daine lui passa, sans hésiter, son sabre au travers du corps, et somma deux autres soldats de prendre la place de celui dont il avait puni la pusillanimité, et les suivait lui-même. L'énergie, l'intrépidité du

---

* Cet excellent officier était belge de naissance. Depuis 1793, il avait servi dans l'armée française et avait passé au service de Pologne avec le grade de capitaine.

chef subjugua la compagnie; elle s'élança sur le parapet et l'escalada.

Les Autrichiens surpris abandonnèrent le rempart et se retirèrent dans l'intérieur de la ville.

La 2ᵉ colonne avait de son côté enlevé le bastion n° 3 ; toutes deux se portèrent aux portes qu'elles devaient ouvrir. Chemin faisant, elles détournèrent les pièces et désarmèrent la troupe qui défendait les remparts. Le brave Daine, avec sa compagnie de grenadiers, pénétra dans l'intérieur et déboucha sur la place d'armes où se trouvait alors le colonel Pulski à la tête d'un bataillon de Valaques. Dès qu'il aperçut les Polonais, cet officier s'élança à leur rencontre; il se jeta sur Daine et fut désarmé et blessé. Entraîné par son adversaire au milieu des grenadiers polonais, ceux-ci le firent prisonnier, et s'avancèrent au pas de course sur le bataillon, qui mit bas les armes.

Le général Pelletier, arrivé à la porte de Lublin, fit entrer l'escadron du 3ᵉ régiment de cavalerie qu'il chargea de se répandre dans la ville, par pelotons, et de disperser tous les rassemblements ennemis.

La 3ᵉ colonne s'était d'abord mise en tirailleurs et avait répondu au feu des assiégés par une vive fusillade; elle s'était ensuite rendue maîtresse du redan qui couvrait la porte de Szczebrzeszyn, et avait pénétré dans la place.

La quatrième colonne, de son côté, n'était pas restée inactive. Elle avait d'abord ouvert le feu de ses pièces sur la place, puis elle avait poussé de grands cris, des houras pour diviser l'attention de l'ennemi pendant l'escalade des bastions n°˚ 3 et 4. L'artillerie autrichienne lui répondit par une vive canonnade qui dura une demi-heure et cessa tout à coup. Le chef d'escadron Brzechwa s'était avancé sur la porte de Léopol. L'infanterie était en tête, suivie par les lanciers qui avaient mis pied à terre et marchaient la lance en main. Elle baissa le pont levis et pénétra dans la ville. Les canonniers de l'artillerie à cheval, qui n'étaient qu'au nombre de vingt, laissèrent leur pièce à la garde de l'artillerie à pied; ils montèrent à cheval, entrèrent dans Zamosc, au galop, leur capitaine en tête, et sabrèrent les Autrichiens qu'ils rencontrèrent sur leur passage.

La caisse autrichienne, contenant plus d'un million de florins d'Allemagne, fut enlevée, et les Valaques, qui opposaient encore de la résistance, ne tardèrent pas à mettre bas les armes. A quatre heures du matin, toute défense avait cessé. Pelletier fit battre la générale, les troupes polonaises se réunirent sur la place d'armes ; la garnison autrichienne fut rassemblée et dirigée sur la route de Lublin. Des 3,000 hommes qui la composaient, 2,500 étaient prisonniers ; le reste avait été tué ou blessé. 46 pièces furent trouvées sur les remparts : des munitions de guerre et de bouche, en grande quantité, tombèrent au pouvoir des vainqueurs.

Ce coup de main hardi ne coûta aux assaillants que 30 hommes hors de combat. On ne saurait trop louer la résolution et la bravoure que montrèrent en cette circonstance les troupes polonaises, et la précision avec laquelle les chefs exécutèrent les excellentes dispositions du général Pelletier *.

Poniatowski apprit l'heureuse issue de l'assaut de Zamosc dans la journée du 20 ; le lendemain, il se rendit de sa personne dans la place, passa les troupes en revue et leur donna des louanges méritées. Un bataillon du 2ᵉ d'infanterie et un détachement d'artillerie à pied, formèrent la garnison de Zamosc. Domanski, qui avait servi autrefois dans l'armée polonaise, fut nommé chef de bataillon et commandant de la place, en récompense des services qu'il venait de rendre. Le général Kaminski reçut l'ordre de se porter à la tête des deux escadrons du 6ᵉ et de celui du 3ᵉ de cavalerie sur Léopol ; le reste des troupes se mit en marche dans l'après-midi du 21, et rejoignit le lendemain le corps d'armée du prince, sur le San.

Ainsi, Poniatowski avait exécuté avec rapidité un mouvement hardi, qui devait avoir la plus grande influence sur le succès de la campagne. Les généraux qui servaient sous ses ordres l'avaient parfaitement secondé : Kaminski avait empêché l'inondation des environs de Zamosc ; Rozniecki avait enlevé la tête de pont de Sandomir ; Pelletier

* *V.* Pièces justificatives, VIII[1]

avait très bien conçu et dirigé l'escalade de Zamosc; Sokolnicki avait exécuté avec bonheur une des plus audacieuses entreprises qui puissent être tentées à la guerre, en attaquant Sandomir et en forçant la garnison autrichienne à capituler.

L'armée de Poniatowski occupait une excellente position sur le San. La possession de Sandomir lui permettait de déboucher sur les derrières de l'archiduc, et de menacer ses communications avec Krakovie. L'occupation de Zamosc lui donnait la facilité d'étendre ses conquêtes dans la vieille Galicie; rien ne pouvait désormais l'empêcher de pousser jusqu'au Dniester et aux Karpathes.

Sokolnicki conseillait au prince de déboucher de Sandomir sur Radom avec le gros de ses forces. Il lui représentait que l'armée ennemie disséminée depuis la Grande-Pologne jusqu'à Varsovie, ne pouvait s'opposer à ce mouvement. L'archiduc n'avait, entre la Pélica et la haute Vistule, que quelques faibles garnisons; Poniatowski pouvait facilement les enlever et étendre l'insurrection en avant de Sandomir, dans un pays couvert d'immenses forêts et habité par une population de chasseurs qui pouvait fournir 2 à 3 mille tireurs habiles et tout armés. L'archiduc, coupé, alors, de Krakovie, et, par conséquent, de Vienne, était contraint d'évacuer le duché. S'il revenait en force dans le palatinat de Sandomir et qu'il chassât de cette contrée l'armée polonaise, il ne dompterait pas aisément les insurgés qui trouveraient un refuge dans les montagne de Sainte-Croix. Ces montagnes, d'un accès difficile, couvertes de forêts, ne sont praticables que pour les gens du pays. Des partisans établis dans ces lieux escarpés, pouvaient faire des incursions continuelles dans les contrées voisines et intercepter les grandes routes sans courir risque d'être forcés.

Sokolniçki ajoutait que, si par suite des événements de la guerre, l'armée polonaise ne pouvait se maintenir entre la Piliça et la Vistule, elle aurait toujours une retraite assurée sur Sandomir.

A la vérité, pour exécuter ce mouvement, Poniatowski ne pouvait disposer que de 8 à 9,000 hommes, car il devait laisser des garnisons dans les deux places qu'il venait de conquérir; mais l'enthousiasme qui animait les troupes polonaises à cette époque, et la juste confiance qu'elles avaient dans leur supériorité, étaient un sûr garant que, malgré l'infériorité des forces, elles pouvaient obtenir d'éclatants succès.

Le plan de Sokolniçki était séduisant et présentait des chances favorables; mais les vues du prince étaient alors tournées du côté de la vieille Galicie où il pouvait battre les troupes éparses qu'y commandait Hohenzollern, s'emparer des magasins de l'archiduc, enlever les détachements qui se rendaient dans les dépôts, et en recruter son armée. Il pouvait pousser l'insurrection jusqu'au frontières de Hongrie et de Bukowine, la porter au milieu de populations prêtes à s'armer pour secouer le joug de l'Autriche, et enfin profiter des immenses ressources de cette riche province et de sa capitale. Cette opération pouvait durer quinze jours et réclamait l'emploi d'une grande partie des forces de Poniatowski; celles qui resteraient disponibles, ne suffisaient pas pour prendre en même temps l'offensive au nord de Sandomir. Enfin, si le prince adoptait le plan de Sokolnicki, il était à craindre que Hohenzollern ne se hâtât d'évacuer ses magasins au delà du Dniester, qu'il ne réunît ses forces, et, appelant à lui une partie des troupes qui se trouvaient dans les provinces voisines, ne se présentât avec un corps considérable devant Sandomir, pendant que l'armée polonaise serait engagée sur la rive gauche de la Vistule. Il était à craindre qu'il ne lui coupât la retraite et ne la prît entre deux feux. Ces considérations décidèrent le prince à ne pas donner suite au plan de Sokolnicki et à s'en tenir à celui qu'il avait conçu. Il poussa des détachements dans la vieille Galicie et se tint en réserve près de Sandomir, pour les soutenir au besoin, et défendre cette place contre l'archiduc, ou même l'attaquer en franchissant la Vistule. L'exécution de ce plan exigeait, avant tout, que le prince eût sur le fleuve un point fortifié qui servît de pivot à ses opérations, et lui permît d'agir sur les deux rives. Il pouvait choisir entre Sandomir et Zawichost. Sandomir avait deux inconvénients : celui d'exiger pour sa défense une garnison de 6,000 hommes, ce qui réduisait de moitié les forces disponibles, et celui d'être située au-dessus de l'embouchure du San dans la Vistule, ce qui, dans le cas où une armée autrichienne aurait marché sur Poniatowski, par la rive droite, le forçait à se retirer sous le canon de la tête de pont, et à se priver de l'excellente ligne du San ou à repasser cette rivière pour disputer son cours et se trouver par là coupé de Sandomir.

Le prince pouvait adopter Zawichost, en détruisant Sandomir ; mais il fallait y construire une double tête de pont et la construire promptement. Cette nouvelle place, il est vrai, aurait eu l'avantage de ne demander que 3,000 hommes pour sa défense, vu qu'on pouvait restreindre son développement. Elle était, d'ailleurs, couverte par le San sur la rive droite de la Vistule, et si Poniatowski était menacé de ce côté, il pouvait prendre position sur cette rivière et en défendre le passage sans perdre ses communications avec Zawichost et restait à même de manœuvrer sur les deux rives de la Vistule. Mais la construction des retranchements exigeait des travaux considérables, et, se fût-on d'abord borné à ne construire que la tête de pont de la rive gauche, il n'était pas sûr qu'on eût le temps de l'achever avant d'être attaqué par les Autrichiens.

Quels que fussent donc les avantages de la position de Zawichost sur celle de Sandomir, Poniatowski dut se décider pour celle-ci, attendu que son enceinte pouvait être promptement mise en état de défense, et la tête de pont rétablie avant que l'archiduc eût le temps d'accourir et de l'attaquer *. Mais, tout en sentant l'inconvénient qu'avait eu la destruction de la tête de pont, il ne voulut pas la reconstruire, imprévoyance qui amena de fâcheux résultats. Fortifier l'enceinte de Sandomir, sans rétablir la tête de pont, était une mesure incomplète, une mesure qui privait cette place de son importance. Poniatowski ne pouvant plus, dès lors, se maintenir à cheval sur la Vistule, ni prendre à volonté l'offensive, sur l'une des deux rives du fleuve en garder la défensive sur l'autre.

Le 22, le général Pelletier et le colonel Mallet firent la reconnaissance de Sandomir ; ils firent entreprendre les travaux les plus urgents pour mettre la place en état de défense, ils ordonnèrent d'élever un nouveau retranchement devant la porte d'Opatow, firent palissader tous les ouvrages avancés, perfectionner l'enceinte et compléter l'armement avec six pièces tirées de Zamosc. Le corps d'armée du prince vint prendre position à la hauteur de cette place, la droite à la Vistule, et communiquant avec Sandomir par un pont de bateaux ; mais, faute de retranchements,

* La tête de pont de Sandomir, telle que l'occupaient les Autrichiens, composée de deux fronts, de trois lunettes, d'un profil de 10 à 12 pieds (3m. 25c. à 3m. 90c.) ne demandait que 2,500 ouvriers et quinze jours de travail.

ce pont resta à découvert sur la rive droite. Le quartier général fut établi à Trzesnia.

Après la prise de la tête de pont de Sandomir, le prince avait détaché le général Rozniecki sur Iaroslaw, à la tête de quatre compagnies du 8ᵉ régiment d'infanterie, des 2ᵉ et 5ᵉ de cavalerie et de quatre pièces de canon. Rozniecki se présenta devant cette ville ouverte, le 25 mai. La garnison, forte de 1,000 hommes, avait pris position près du couvent de Ste-Marie, sur la route de Przeworsk. Sommée de se rendre, elle voulut courir les chances d'un combat; mais quelques coups de canon suffirent pour mettre en pleine déroute les recrues qui la composaient. 1 colonel, 20 officiers et 900 sous-officiers et soldats furent faits prisonniers. Iaroslaw renfermait de grands approvisionnements en vivres, en fourrages, et contenait d'immenses magasins d'habillement. La prise de cette ville avait aussi de l'importance sous le rapport militaire, car elle se trouvait à l'intersection des grandes routes de Léopol à Krakovie et de Sandomir à Sambor.

Le 26, Rozniecki reçut l'ordre de renvoyer au plus tôt, sur le San, les troupes qui avaient eu part à la prise de Iaroslaw et de ne laisser dans cette ville qu'une compagnie d'infanterie pour garder les magasins et les évacuer sur Lublin et Zamosc. Lui-même se mit en route pour Léopol, à la tête des compagnies d'élite des 2ᵉ et 5ᵉ de cavalerie.

La capitale de la vieille Galicie avait été évacuée

le 22 mai, par le prince de Hohenzollern, qui, avec 2,000 hommes de nouvelle levée, se replia sur Stanislawów, à l'approche des coureurs de Kaminski; celui-ci occupa la ville, le 23, sans éprouver aucune résistance. Rozniecki fit son entrée à Léopol le 28; la population l'accueillit avec joie. Les propriétaires des cercles environnants, heureux d'être délivrés de la domination étrangère, et pleins de zèle pour la cause nationale, accoururent près de lui. Parmi eux se faisaient remarquer Ignace Potocki, maréchal du grand-duché de Litvanie, le prince Mathieu Iablonowski, François Mlocki, castellan de Wolhynie, Stanislas Tarnowski, Ignace Cetner, Jean Uruski, Ignace Krosnowski, Joseph Dzierzkowski, Bonaventure Fredro, Théodore Potocki, palatin de Belz, et son fils Adam Potocki[*], qui leva un régiment de cavalerie à ses frais. Adam Potocki était fort populaire; son caractère et ses talents lui conciliaient l'estime générale. La jeunesse la plus distinguée de ces contrées s'engagea à l'envi dans son corps. La ville de Léopol voulut aussi lever des troupes; les plus riches propriétaires de la province versèrent dans les caisses publiques de fortes sommes pour faire face aux frais d'organisation. Tout le pays était en mouvement, et l'insurrection s'étendait déjà jusqu'au Dniester et au Zbrucz

---

[*] Il avait servi dès l'âge de 16 ans comme aide de camp de Kosciuszko et avait reçu une distinction honorifique du chef de l'insurrection pour sa belle conduite, à la bataille de Szczekociny, en 1794.

(frontière de la Podolie). Partout où paraissaient les détachements de la cavalerie polonaise, la population courait aux armes.

Rozniecki adressa de Léopol une proclamation aux Galiciens, dans laquelle il annonçait qu'il occupait le pays au nom de l'empereur des Français, et que les armes d'Autriche devaient être partout remplacées par les aigles françaises\*. Afin d'éviter les désordres que pouvait amener un changement de gouvernement, on maintint les autorités autrichiennes; mais on leur adjoignit un certain nombre de citoyens notables du pays, et on exigea qu'elles prêtassent serment de fidélité à l'empereur Napoléon. Le colonel Bleszynski, aide de camp du roi de Saxe, fut nommé commandant de la place de Léopol, dont la garnison fut formée de quelques troupes de nouvelle levée et d'un détachement de cavalerie polonaise. L'escadron du 3e de lanciers qui avait accompagné le général Kaminski, reçut ordre de se porter sur le Dniester. Il était commandé par le chef d'escadron Strzyski, officier d'une rare capacité, que l'on chargea d'organiser l'insurrection au midi de Léopol. Rozniecki, ainsi que le général Kamienski, retournèrent sur le San, avec tous les autres esca-

---

\* Cette mesure avait été ordonnée afin de rassurer le gournement russe sur la future incorporation de la Galicie au duché de Varsovie, qu'il craignait par dessus tout. On savait alors que Galytzine allait entrer en Galicie et l'on craignait un conflit des troupes russes avec les troupes polonaises, si les premières voyaient l'aigle de Pologne remplacer celle de l'Autriche.

drons de cavalerie qui les avaient accompagnés.

Le prince Poniatowski annonça au major général les succès qu'il venait de remporter, et lui transmit la proclamation qu'il avait adressée aux Galiciens; il lui annonça en même temps qu'il ne croyait pas tarder à être attaqué, et que les démonstrations de l'archiduc, pour forcer le passage de la basse Vistule, n'avaient d'autre but que de lui donner le change.

Dans le courant de mai, les Autrichiens avaient tenté, à plusieurs reprises, de franchir la Vistule; les forces réunies sous les ordres du général Zaionczek les en avaient constamment empêchés. Ce général disposait de 9,000 hommes de levées en masse, dont 2,000 excellents tireurs armés de fusils de chasse et 800 cavaliers, appuyés par plusieurs bataillons de ligne, qui formaient les garnisons des places. Des engagements plus ou moins vifs eurent lieu. Le général Piotrowski repoussa l'ennemi à Wychocz et à Wyszogrod; Hauke battit les Autrichiens à Dobrzyn, à Nieszawa, à Tokary et à Wloclawek; un combat plus important encore fut livré le 15 mai dans l'île de Tokarowka, près de Plock.

La Vistule, qui, sur ce point, est fort large, y forme plusieurs îles, entre autres celle de Tokarowka qui est la plus étendue. Entre celle-ci et la rive droite se trouvait un îlot couvert de broussailles, connu sous le nom d'île de Plock. Les Autrichiens, qui cherchaient à passer la Vistule, surprirent ce poste le 13 mai et enlevèrent un détachement de 320 hommes qui l'occupait. Ils s'établirent eux-mêmes dans cette île et y placèrent 500 hommes avec deux pièces de canon. Ploçk se trouvait dès lors compromise. L'îlot n'était séparé de Tokarowka que par un bras de la Vistule peu profond, sur lequel était une passerelle à l'usage des piétons; il était à craindre que l'ennemi ne s'en emparât, et, franchissant le dernier bras du fleuve, ne débouchât sur la rive droite. Ploçk n'était alors défendu que par une compagnie d'un régiment d'infanterie de nouvelle formation et par la garde nationale, ce qui ne faisait en tout que 400 hommes.

Le préfet du département, Rembielinski, engagea le capitaine du 2° de cavalerie, Lagowski, qui se guérissait de ses blessures à Ploçk, à se mettre à la tête de la garde nationale et à tenter de reprendre Takarowka. Lagowski n'osa l'entreprendre avec une troupe si peu aguerrie. Il se rendit à l'hôpital militaire où se trouvaient quelques centaines de blessés; il leur fit part de l'état des choses. 75 convalescents demandèrent à le suivre; des volontaires se joignirent à eux et portèrent son détachement à 200 hommes, avec lesquels il prit position dans l'îlot. Les broussailles qui le couvraient, mettaient son infanterie à couvert et empêchaient l'ennemi de s'apercevoir de ses dispositions d'attaque. Il embarqua le lieutenant Rokiçki avec 25 hommes sur un bateau employé à la navigation de la Vistule; il fit coucher le détachement, le couvrit de paille et le poussa au large. Le bateau paraissait chargé de marchandises destinées à Varsovie; il dériva sur la rive gauche sans exciter d'ombrage; mais aussitôt qu'il eut touché, la troupe se jeta à terre et s'élança sur l'île en poussant de grands cris. Lagowski, avec une centaine d'hommes, se présentait de front, et le reste de son monde soutenait l'attaque par une vive fusillade. Les Autrichiens lâchèrent le pied, et se jetèrent en désordre dans les barques, qui, encombrées de soldats, surchargées par le poids de l'artillerie, coulèrent à fond. Ceux qui n'avaient pas trouvé de refuge sur ces dangereuses embarcations, furent tués; quelques hommes seulement furent épargnés par les vainqueurs et faits prisonniers.

Lagowski laissa un détachement dans l'île et rentra à Ploçk à la tête de ses braves. La population les reçut à bras ouverts et leur prépara un banquet solennel; mais la plupart de ces intrépides soldats ne purent y prendre part; leurs blessures s'étaient rouvertes, ils furent forcés de rentrer à l'hôpital.

A la même époque, un corps autrichien aux ordres du colonel Grammont, fort de 1,500 hommes d'infanterie, de 200 chevaux, et de 7 pièces de canon, se présenta le 2 mai devant le fort de Czenstochowa. Le 3, il établit son camp près du village de Kamien et attaqua l'église St-Jacques, située entre la vieille ville et le fort. Cette église occupée par un poste d'infanterie, fut défendue avec opiniâtreté et l'ennemi repoussé avec perte.

Le 4, dans l'après-midi, il renouvela son attaque. Il prit l'église à dos, jeta ses tirailleurs dans les maisons de la nouvelle ville, qui, de ce point, s'étend vers le fort. Le détachement qui l'avait si bravement défendu la veille, fut obligé de l'évacuer, et se retira sur le fort, en tiraillant avec l'infanterie autrichienne, qui s'avança jusqu'à 200 toises (390 mètres) des remparts. C'était là ce que voulait le commandant de la place. Il avait fait charger plusieurs pièces de douze à mitraille; il ouvrit inopinément le feu ; les Autrichiens furent rompus, obligés de se retirer en désordre avec perte de 40 hommes tués et 100 blessés. Malgré cet échec, la place fut sommée le 5 mai. Refusé avec dédain, Grammont résolut de changer son plan d'attaque et de procéder en forme; il leva son camp dans la nuit du 7 au 8, et le porta près du village de Stradom. Le 11, il brûla une partie de la vieille ville. La nuit suivante, il attaqua le couvent de Sainte-Barbe et l'emporta. Maître de ce point, qui n'était éloigné du fort que de 200 toises (390 m.), il établit, dans la nuit du 15 au 16, sa première parallèle à une portée de fusil derrière le couvent; il poussa une approche sur ce point et le fit occuper en force par son infanterie. Le colonel Stuart se voyant sérieusement menacé, sentit la nécessité de reprendre Ste-Barbe. Le couvent, les murs du cimetière et du jardin avaient été crénelés. Il effectua à la pointe du jour, une sortie et porta en avant trois compagnies du 5° d'infanterie, qu'il fit soutenir par une vive canonnade. Peut-être le couvent eût été enlevé d'emblée, si l'infanterie polonaise avait marché droit aux Autrichiens; mais elle se répandit en tirailleurs et engagea une fusillade qui ne pouvait amener aucun résultat. Plusieurs fois elle renouvella son attaque, et toujours elle fut repoussée. Il était une heure après midi, Stuart ne se rebuta pas; il rallia sa troupe, et la porta en colonne sur le cimetière, dont la porte fut enfoncée. Les Polonais se reformèrent dans l'intérieur, et, chargeant à la baïonnette, parvinrent enfin à l'occuper ainsi que le jardin. Les Autrichiens, réfugiés dans l'église, s'y maintinrent jusqu'au soir et l'abandonnèrent alors pour se retirer dans leur parallèle. Ils eurent dans cette journée 250 hommes hors de combat et 14 prisonniers.

Ce coup vigoureux convainquit enfin Grammont qu'il faisait d'inutiles efforts; qu'une place défendue par une garnison si ferme, et si bien commandée ne pouvait être forcée. Il leva le siége, et se retira, dans la nuit du 16 au 17, par Kozieglowy et Slawkow, sur Krakovie; il avait perdu, dans le cours de ses opérations, près de 500 hommes. Il laissa devant la place une arrière-garde, composée de 200 fantassins et 60 cavaliers, avec deux pièces d'artillerie, qui se mit en retraite dès qu'elle eut rallié les détachements qui étaient épars autour de la place*.

* V. Pièces justificatives, IX.

Malgré ses progrès en Galicie, Poniatowski n'était pas sans inquiétude. L'armée russe tardait à entrer en campagne, et laissait voir peu de dispositions à l'appuyer. Il envoya le général Pelletier au prince Galytzine qui la commandait.

Galytzine parut bien disposé et annonça l'intention de se porter sur Varsovie avec toutes ses forces et d'en chasser les Autrichiens. Le général lui représenta énergiquement la nécessité de venir au secours du corps de Poniatowski qui occupait l'importante position de Sandomir, avec des forces bien inférieures à celles de l'ennemi, et qui ne tarderait pas à être attaqué. Galytzine céda à ses instances et promit de faire marcher une de ses divisions sur le San. Il désigna, à cet effet, celle de Souvaroff, qui, occupant les environs de Wlodawa, était la plus rapprochée de Sandomir. Il chargea même Pelletier d'une lettre pour ce général, auquel il ordonnait de se porter sur le San. Pelletier se rendit promptement auprès de Souvaroff, afin de hâter son mouvement. Mais, un aide-de-camp de Galytzine l'avait devancé avec un contre-ordre. Souvaroff, qui était d'un caractère loyal, ne s'en cacha pas; il dit à Pelletier qu'il ne voulait pas qu'on lui fît jouer un rôle qui ne lui convenait point; il ajouta que la plupart des généraux qui commandaient les divisions de l'armée russe regardaient la guerre de la Russie contre l'Autriche comme éminemment impolitique, et que lui-même partageait cette opinion. Pelletier fut obligé de retourner au quartier général du prince sans avoir pu déterminer les Russes à appuyer immédiatement l'armée polonaise; mais il apportait du moins à Poniatowski des notions certaines sur la mauvaise volonté des généraux alliés et sur la duplicité de leur chef.

## CHAPITRE VI.

Retour de Ferdinand à Varsovie. — Mohr se replie sur la Bzura. — Schauroth se porte sur Sandomir. — Combat du 27 mai devant cette place. — Dombrowski arrive à Posen. — Nouvelles levées. — Dombrowski prend l'offensive le 22 mai. — Il s'avance sur la Bzura. — Mohr se retire sur Lowicz en dévastant le pays. Dombrowski est rejoint à Kutno par un détachement que lui envoie Woyczynski. — Dombrowski occupe Lowicz. — Forces de sa division. — Hauke reçoit des renforts de Thorn. — Il passe la Vistule le 25 mai. — L'archiduc se décide à évacuer le duché et à réunir ses forces entre la Piliça et la haute Vistule. — Il va prendre le commandement de ses troupes devant Sandomir. — Mondet commande dans le duché. — Varsovie est évacuée par les Autrichiens, le 2 juin qui se retirent sur la Piliça. — Engagements à Zuranie, à d'Obory. — Zaionczek entre à Varsovie le 2 juin, et publie une proclamation aux habitants. — Kosinski y entre le 3. — Le Conseil des ministres retourne dans la capitale le 8. — Poniatowski reçoit, à Trzesnia, une lettre du prince de Neuchâtel du 18 mai. — Opérations des armées belligérantes en Italie et en Allemagne. — Communication officielle entre Galytzine et le prince. — Poniatowski accélère les nouvelles formations galiciennes. — Ferdinand arrive devant Sandomir. — Combats des 5 et 6 juin. — Mouvement de l'archiduc sur Polaniec. — Il y passe la Vistule et se porte sur la Wisloka. — Egermann l'y joint. — Geringer couvre ce mouvement sur la rive gauche. — Poniatowski n'est pas en mesure de profiter de ses avantages. — Il détache Rozniecki sur la Wisloka; qui reconnaît l'ennemi et se retire sur le corps d'armée qui prend position à Wrzawy, Poniatowski lève le pont de Sandomir. Zaionczek s'avance sur la Piliça et rallie Hauke. — Engagement de Warka. — Zaionczek passe la Piliça et occupe Iedlinsko. — Dombrowski manœuvre sur Piotrkow, au lieu de suivre Mondet. — Celui-ci réunit ses forces à Pszytyk, attaque, le 11,

Zaionczek à Iankowice, et lui fait subir un échec. — Zaionczek se replie par Kozenice sur Gora, vis-à-vis Pulawy.—Critique de ce mouvement. — En même temps Dombrowski remonte la Piliça, et occupe Piotrkow, et son avant-garde Suléiow, qui, après un engagement assez vif, se porta sur Kouski. — Motifs de la conduite de Dombrowski.—Politique d'Alexandre et disposition des Russes. — Position de l'armée russe. — Galytzine publie un manifeste et entre dans le duché le 2 juin.—Lenteur de la marche des Russes, plaintes de Poniatowski.— La division Souvaroff arrive sur le San. — Combat de Wrzawy. — Le prince fait repasser le San à ses troupes le 14, et lève le pont de Czekay.

Ferdinand apprit, au retour de son expédition de Thorn, la perte de Sandomir; il en sentit toute l'importance et résolut de reprendre cette place. Son armée était alors échelonnée depuis Radzieiewo jusqu'à Varsovie. Il aurait dû ne se mettre en marche qu'après avoir réuni ses forces; mais, suivant le système qui avait jusqu'alors dirigé ses opérations, il détacha Schauroth, vers le midi, à la tête d'une division forte de 8,000 hommes, et ordonna à Mohr de se replier sur la Bzura. Ses colonnes ainsi disséminées, il ne pouvait espérer de frapper un coup décisif. Quoi qu'il en soit, Schauroth se porta sur Sandomir, et se présenta le 26 mai devant les avant-postes de Sokolnicki.

D'un autre côté, dès que Poniatowski eut vent de la marche du général autrichien, il fit entrer dans Sandomir le 3$^e$ régiment d'infanterie et un escadron du 1$^{er}$ de cavalerie. La garnison se trouva ainsi composée : des 3$^e$, 6$^e$ et 12$^e$ d'infanterie, d'un escadron du 6$^e$ et d'un escadron du 1$^{er}$ de cavalerie et de trois compagnies d'artillerie.

Les troupes autrichiennes débouchèrent le 27 au matin et poussèrent les avant-postes polonais jusqu'à l'entrée des faubourgs. Sokolnicki ne pouvait permettre qu'elles prissent une position aussi rapprochée de la place ; il sortit, dans l'après-midi, à la tête du 3ᵉ régiment d'infanterie et de l'escadron du 1ᵉʳ de cavalerie, appuyé par une batterie d'artillerie : les troupes de Schauroth furent rejetées à un demi-mille de la place, après avoir eu quelques centaines d'hommes hors de combat et 200 prisonniers. Sokolnicki disposa ses troupes de manière à couvrir ses travaux et à observer l'ennemi de près.

De son côté, le général Dombrowski, qui, comme nous l'avons vu plus haut, se trouvait depuis le 10 mai à Posen, mit la plus grande activité à réunir les nouvelles levées des trois départements qui lui étaient confiés. En peu de jours, il assembla sous les drapeaux 4,000 volontaires, qui appartenaient, la plupart, aux gardes nationales des villes de la Grande-Pologne et étaient exercés au maniement des armes et aux évolutions militaires. Il fut secondé dans cette opération par le zèle infatigable des patriotes les plus notables du pays et celui des généraux qui servaient sous ses ordres. Les cadres de plusieurs corps nouveaux, formés, Dombrowski avait encore 1951 hommes disponibles, dont 1140 fantassins, 782 cavaliers et 29 artilleurs servant deux pièces,

Ses avant-postes occupaient Sleszyn, Kolo et Uniéow. Le fort de Czenstochowa, qui faisait partie de son commandement, appuyait sa droite, tandis que sa gauche s'étendait jusqu'à Bromberg, sur la Netze. Le 22 mai, il prit l'offensive sur toute la ligne et culbuta les avant-postes ennemis. De Czenstochowa, le colonel Stuart poussa des partis sur Kozieglowy et Piliça, et y surprit des détachements autrichiens. Le général Michel Dombrowski s'empara de Lenczyça. Le général Dombrowski, en personne, s'avança sur Klodawa, et le général Kosinski sur Kruszwiça. L'ennemi se retira de toutes parts, laissant au pouvoir des Polonais bon nombre de prisonniers.

Le général Mohr, que nous avons laissé, le 20 mai, à Radzieiewo, se porta, le 22, sur Klodawa, et y rallia différents détachements opposés à Dombrowski. Le même jour, conformément aux ordres de l'archiduc, il commença sa retraite sur la Bzura. Pour la première fois depuis le commencement de la guerre, les Autrichiens se retirèrent en dévastant le pays. Cette conduite acheva d'exaspérer les habitants; ils coururent aux armes, enlevèrent des hommes isolés et même des détachements entiers.

Le général Dombrowski, que plusieurs corps de nouvelle formation venaient de rallier, continua son mouvement offensif. Kosinski s'avança de Kruszwica sur deux colonnes, la première par Radzieiewo sur Klodawa, la deuxième par Piotrkow (sur le lac de Goplo) sur Kutno, tandis qu'au centre Dombrowski suivait, avec le gros de sa division, la grande route de Varsovie, et que sur la droite, le général Michel Dombrowski marchait sur Kutno, qui était le point de réunion de toutes les forces de Dombrowski. Celui-ci y établit son quartier général, le 27 mai, et le même jour, Kosinski, qui commandait son avant-garde, occupa Zyczlin.

Mohr s'était replié promptement et avait atteint, le 27, Lowicz, sur la Bzura; il y séjourna jusqu'au 30 mai, puis se retira sur Rokitno, où il reçut quelques renforts qui lui arrivaient de Varsovie. Dombrowski fit halte à Kutno; il y passa trois jours à compléter l'organisation de son corps, et fut joint dans cette ville par un renfort que lui envoyait de Thorn le général Woyczynski : ce renfort était composé des troisièmes bataillons des 10ᵉ et 11ᵉ régiments d'infanterie et de six pièces d'artillerie. Le gouverneur de Thorn avait aussi détaché sur Plock le troisième bataillon du 12ᵉ régiment, que rallia le général Hauké, qui occupait cette ville avec un bataillon de chasseurs, levé dans le département de Plock. Hauké se trouvant ainsi à la tête de deux bataillons, passa la Vistule le 25 mai, et s'avança sur Sochaczew, afin de lier ses opérations à celles du général Kosinski, qui s'était porté sur Lowicz et avait occupé cette ville le 31 mai. Dombrowski l'y suivit, et y arriva le 1ᵉʳ juin. Le même jour, Kosinski occupa Bolimow, et le major Uminski, à la tête de deux escadrons de cavalerie entra à Blonie. Le général Dombrowski se trouvait alors à la tête d'une division composée

| | |
|---|---|
| Du 3ᵉ bat. du 10ᵉ d'infant. . . . . . . . . . | |
| 3ᵉ bat. du 11ᵉ id. . . . . . . . . . | En évaluant chaque |
| De 2 bat. du 1ᵉʳ id. formé à Posen . | bat. à 700 hommes, |
| 2 bat. du 2ᵉ id. id. . | ces forces s'élevaient à |
| D'un bat. de chasseurs, de Posen. . . . . | 5,600 hommes. |
| id. bat. id. de Kalitz. . . . . | |
| En total 8 bataillons d'infanterie. | |
| Du 1ᵉʳ régim. de caval., de nouv. form. . | Ensemble |
| 2ᵉ id. id. id. . . | 1600 hommes. |
| De 8 pièces servies par l'artillerie à pied environ. . . . . . . . . . . . | 200 hom. |
| Train et ambulance. . . . . . . . . . . . | 100 |
| Total. . . . . . . | 7,500 hom. |

Les Autrichiens tentèrent, dans la nuit du 27 au 28, de franchir la Vistule, près de Modlin : ils employèrent à cette expédition 3,000 hommes ; mais ils furent repoussés avec perte par le troisième bataillon du 3ᵉ régiment, aux ordres du major Krukowiecki, qui de Modlin avait été détaché sur ce point. Enhardi par ce succès, le général Zaionczek ordonna au colonel Neumann de se mettre à la tête de quelques nouvelles levées et de chasser l'ennemi de l'île d'Obory, située à deux milles au-dessus de Varsovie. Neumann attaqua, le 31 mai, à deux heures du matin, et culbuta les Autrichiens, leur mit 200 hommes hors de combat, leur fit 88 prisonniers, et prit possession de ce point important.

L'archiduc, qui avait son quartier général à Mokotow, près de la capitale, reçut successivement la nouvelle de la levée du siége de Czenstochowa, des progrès du général Dombrowski, de l'échec de Schauroth devant Sandomir, et de l'occupation de l'île d'Obory. Menacé de toutes parts, il se décida à évacuer Varsovie, et à abandonner le duché. Voulant réunir ses forces entre la Piliça et la haute Vistule, afin d'agir de cette position centrale contre les divisions de l'armée polonaise, qui, disséminées depuis Lowicz jusqu'à Sandomir, décrivaient un demi-cercle autour de son armée. En ralliant les détachements d'Egermann et de Grammont, qui étaient postés près de Krakovie, en complétant ses régiments avec les recrues qui se trouvaient dans les dépôts de la Nouvelle Galicie, il pouvait réunir encore 30,000 hommes et continuer la guerre avec succès ; mais pour obtenir ce résultat, il fallait concentrer ses forces et non les disséminer comme il le fit. Quoi qu'il en soit, il quitta les environs de Varsovie, le 30, pour se rendre de sa personne devant Sandomir, où le général Geringer l'avait précédé avec une division de 6,000 hommes, et devait rallier Schauroth devant cette place. Mondet, à la tête de 13,000 hommes, resta dans le duché pour s'opposer aux progrès de Zaionczek et de Dombrowski. L'armée de l'archiduc se trouva de la sorte partagée en deux corps, dont l'un devait opérer sur Sandomir et l'autre se replier sur la frontière de Galicie.

Conformément à ses instructions, Mondet évacua Varsovie dans la nuit du 1er au 2 juin, et se porta sur la Piliça en deux colonnes ; la première, qui était la plus considérable, se dirigea sur Nowemiasto, et la deuxième sur Bialobrzegi.

Dès que Zaionczek apprit l'évacuation de Varsovie, il ordonna au colonel Neumann, qui, comme nous venons de le dire, occupait l'île d'Obory, de passer la Vistule et de déboucher sur Wilanow. Celui-ci exécuta ce mouvement, le 2 juin, dans l'après-midi, et eut aux environs de Varsovie plusieurs escarmouches avec les Autrichiens. Zaionczek le suivit bientôt lui-même et fit son entrée dans la capitale, où il trouva des approvisionnements considérables et 1000 blessés, qui avaient été laissés dans l'hôpital militaire d'Uyazdow. Ses coureurs ramassèrent quelques centaines de traîneurs dans la ville et les environs. La population de la capitale du duché s'abandonna à la joie la plus vive à la vue des troupes nationales. Soldats et citoyens s'embrassaient et se félicitaient d'un si heureux résultat. La ville fut spontanément illuminée. L'enthousiasme était au comble. Le 3, Zaionczek adressa une proclamation aux Varsoviens, dans laquelle il s'exprimait ainsi : « La main de Dieu nous a vengés ; un agresseur ingrat, oubliant les bienfaits de nos valeureux aïeux, non content de la double dépouille qu'il a déjà enlevée à la Pologne, voulait encore nous ravir cette partie de notre territoire que le grand Napoléon nous a restituée. L'heure de la vengeance a sonné... Il fuit devant nos troupes et a évacué la capitale pendant la nuit. »

Les places de la rive droite de la Vistule n'étant plus menacées, Zaionczek n'y laissa qu'un régiment d'infanterie de nouvelle formation, quelques dépôts d'infanterie, avec des détachements d'artillerie * et réunit toutes ses forces disponibles à Varsovie. Elles consistaient :

| | |
|---|---|
| Dans les 3ᵉ bat. des 1ᵉʳ, 2ᵉ, 3ᵉ et 8ᵉ régim. <br> 2 comp. du 3ᵉ bat. du 6ᵉ id. ** <br> 1 bat. de chasseurs de Luwza. | 5 bat. 2 compagnies, chaque bat. à 700 hommes. |
| Total approximatif de l'infanterie. | 3,740 hommes. |
| 1 régim. de caval. de nouv. form. | 800 hommes. |
| 2 comp. d'art. tirées des places et servant 12 pièces. | 280 hommes. |
| Train et ambulance. | 80 |
| Total. | 4,900 hommes. |

Dombrowski apprit l'évacuation de Varsovie

---

\* Le général Piotrowski, qui commandait à Modlin, disposait à cette époque d'une garnison si peu nombreuse, qu'il craignait une révolte des prisonniers de guerre autrichiens, chaque fois qu'il en arrivait un fort détachement dans la place. Il imagina de de leur faire bander les yeux, au moment où ils entraient dans Modlin, jusqu'à l'instant où ils étaient enfermés sous verroux dans les casemates.

\*\* Quatre autres compagnies du même bataillon s'étaient mises en marche de Sierock pour rejoindre le corps d'armée du prince sur le San.

dans la journée du 2 juin, et, le 3, il porta sur cette capitale, le général Kosinski, qui en fut nommé gouverneur. Ce général ne remplit ces fonctions que pendant quelques jours, et fut remplacé par le colonel Koseçki, chef d'état-major de Zaionczek. Le conseil des ministres rentra à Varsovie, le 8 juin, et reprit les rênes du gouvernement.

Pendant que ces événements se passaient au nord, le prince Poniatowski rappelait les différents détachements qu'il avait portés dans la Vieille Galicie et s'apprêtait à défendre vigoureusement Sandomir. Le 31 mai il reçut du major général une lettre datée du 18 du même mois, qui lui fut apportée par le capitaine Malczewski, et qui était ainsi conçue : « S. M. est satisfaite des opérations de l'armée et du bon esprit qui anime le duché. Elle présume que vous êtes rentré dans Varsovie, abandonnée par l'archiduc Ferdinand. Vous êtes le maître de vous approcher d'Olmutz ou de vous jeter en Silésie. Le principal but de vos opérations doit être de tenir en échec un corps égal au vôtre, et de vous rapprocher de l'empereur. S. M. fera vraisemblablement passer demain le Danube à son armée, pour tomber sur les débris de l'armée ennemie qui se sont sauvés par la rive gauche du Danube. Il est à présumer que quand vous aurez reçu cette lettre, nous serons plus près de vous. Excitez l'insurrection de la Galicie, cela formera des bataillons utiles; recrutez, augmentez votre armée par tous les moyens possibles, cela est de la dernière importance. Quant à l'armée russe, l'empereur a reçu des lettres de St-Pétersbourg du 28 avril, et ce même jour l'ordre a été donné à l'armée russe d'entrer en Galicie. Nous faisons cause commune avec les Russes, ainsi n'ayez aucune crainte de ce côté. »

Après les victoires de Ratisbonne, Napoléon avait marché sur Vienne et était entré, le 10 mai, dans cette capitale. Les ponts du Danube étaient détruits, il fut obligé d'employer quelques jours à disposer des moyens de passage. A la date de la lettre du major général, ses préparatifs étaient faits ; il allait se porter sur la rive droite du fleuve avec 100,000 hommes, et pouvait compter sur un succès assuré contre l'armée de l'archiduc, qui était découragée par les défaites qu'elle venait d'essuyer. En Italie, Eugène avait poussé l'armée autrichienne sur les Alpes. Le 16 mai, il était à la Pontebba, et le 18, à Tarvis, suivant son adversaire qui se retirait sur Gratz. Dans le Tyrol, le maréchal Lefebvre avait battu les insurgés ; le 19, la pacification de ce pays était complète.

En conséquence de la lettre de l'Empereur, le prince Poniatowski adressa à ses troupes, de Trzesnia, la proclamation suivante :

« Soldats,

« A peine vos premiers succès en Galicie et la manière dont vous y avez été reçus, sont-ils parvenus à la connaissance de l'Empereur, que déjà, au milieu de ses victoires, il me témoigne qu'il est content de vous et de l'esprit qui vous anime tous. La prise de Sandomir, celle de Zamosc, la conquête de la Galicie presque entière, nous assurent de nouveaux titres à sa bienveillance, et la prise de Léopol achèvera de lui prouver que vous n'avez point oublié que vous fûtes organisés à l'ombre de ses lauriers. Cette ville vient de nous ouvrir ses portes ; vos camarades y ont été accueillis avec le sentiment qui fait que chacun de nos pas, sur cette terre hospitalière de nos frères, est une récompense ou un encouragement pour voler à de nouveaux succès. Déjà ceux que vous avez obtenus ont donné à vos frères la facilité de prendre place dans vos rangs et de se joindre à vous pour mériter la protection qui vous a rendu l'existence, et vous a placés à côté de ces invincibles cohortes qui étonnent l'univers. Déjà des preuves incontestables me donnent la certitude que vos frères galiciens sont dignes de notre commune patrie.

« Dans peu de temps, leurs nombreux bataillons, en augmentant nos forces, en partageant nos fatigues et notre gloire, contribueront à amener les destinées que leur préparent votre courage et la protection du héros victorieux. »

Le gouvernement galicien, présidé par Zamoyski, s'occupait avec activité de la formation des nouvelles troupes, qui s'opérait aux frais des habitants de cette province. Il ordonna l'organisation des milices dans les villes, et demanda à chaque village un cavalier armé, ce qui devait produire 4 à 5,000 chevaux. Un nouveau régiment d'infanterie s'assemblait à Lublin ; un autre se réunissait à Pulawy sous le commandement du prince Constantin Czartoryski. Un troisième, composé en grande partie des gardes-chasses du majorat de Zamosc, s'organisait dans la place de ce nom. Zamoyski annonçait le dessein de se mettre à la tête de ce corps et de quitter la présidence pour prendre part aux opérations de l'armée polonaise ; mais Poniatowski n'y voulut pas consentir et le pria de continuer à remplir ses fonctions administratives*. Comme nous venons de le dire, Adam Potocki formait un régiment de cavalerie à Léopol ; quatre autres régiments de la même arme furent levés dans la Podolie autrichienne. Des citoyens notables de la Podolie russe MM. Ryszczewski, Tarnowski, Rozwadowski et Trzecieski se mirent à leur tête, contribuèrent aux frais de leur formation et les recrutèrent, non-seulement avec des volontaires galiciens, mais avec des patriotes de la Podolie et de la Wolhynie, qui passèrent la frontière russe, armés et montés, au nombre de plus de 1000, voulant servir la commune patrie**.

Poniatowski reçut à la même époque une dépêche

* *V.* pièces justificatives, X.
** L'émigration parmi la jeunesse Podolienne était si grande à cette époque, que les bureaux même du gouverneur civil de Kamieniec furent désertés par les employés du gouvernement, et que la marche de l'administration en fut interrompue.

de Galytzine qui lui fut apportée par l'officier d'ordonnance de l'Empereur, Lépine, et par laquelle le général russe annonçait qu'il allait incessamment entrer dans le duché. Le prince connaissait ses intentions secrètes, il était persuadé qu'au lieu de favoriser l'insurrection galicienne, il chercherait à l'entraver; il ordonna au gouvernement central qui siégeait à Lublin d'administrer le pays au nom de Napoléon, afin de couvrir de l'égide de ce souverain les nouvelles formations galiciennes. Cette mesure fut, plus tard, approuvée par l'Empereur, et confirmée par des ordres qu'il envoya de Vienne à ce sujet.

Ferdinand arriva devant Sandomir le 4 au soir, et passa la revue de ses troupes, qui s'élevaient à 13,000 hommes. Voulant se convaincre de la force de l'ennemi et reconnaître sa position, Poniatowski ordonna au général Sokolnicki de sortir de la place et de se porter au-devant des Autrichiens. Ce général, qui venait d'être renforcé par quelques escadrons de cavalerie, disposait alors de plus de 5,000 hommes; il se mit en mouvement le 5, à trois heures du matin. Les 2° et 5° régiments de cavalerie ouvraient la marche et avaient l'ordre de s'avancer jusqu'à Lipniki, afin d'attirer l'ennemi hors de sa position. Le général suivit leur mouvement et se porta sur Roszki avec les 3° et 12° régiments d'infanterie, un escadron des 1ᵉʳ et 6° de cavalerie et douze pièces d'artillerie; il s'y arrêta, reconnut la position de l'archiduc, et se replia ensuite lentement sur Sandomir. Les Autrichiens se mirent sur ses traces, et, profitant de la supériorité de leurs forces, principalement en artillerie et cavalerie, essayèrent à plusieurs reprises de déborder ses ailes, pendant qu'ils le chargeaient de front; mais les troupes de Sokolniçki ne se laissèrent pas entamer et rentrèrent sans pertes dans la place. Un escadron du 5ᵉ de cavalerie et un peloton du 1ᵉʳ de la même arme, exécutèrent une charge brillante contre l'infanterie autrichienne, et parvinrent même à enfoncer un bataillon du régiment de Davidowicz, qui était regardé comme le meilleur de l'armée de l'archiduc. Cette rencontre coûta aux Autrichiens 500 hommes tués, blessés, ou prisonniers.

La matinée du 6 se passa tranquillement; mais, dans la soirée, les ouvrages avancés et les faubourgs furent vivement attaqués. L'archiduc dirigeait ses troupes et les stimulait par sa présence; elles furent néanmoins repoussées sur tous les points avec une perte considérable. Les Polonais leur firent 50 prisonniers; ils n'eurent de leur côté que 3 morts et 8 blessés; mais ils eurent à déplorer la perte du brave chef de bataillon du 3ᵉ d'infanterie, Gayzenbach, qui fut tué.

L'archiduc, convaincu de l'inutilité de ses efforts pour enlever Sandomir de vive force, forma le projet de passer la Vistule et de manœuvrer sur le San, afin de forcer Poniatowski de quitter la position qu'il avait prise, et de repasser la rivière, ce qui permettrait à l'armée autrichienne d'investir Sandomir sur les deux rives du fleuve. Il commença son mouvement le 8 juin. Le général Schauroth se porta, à la tête d'environ 9,000 hommes, sur Polaniec, où il franchit la Vistule, puis il s'avança sur la Wisloka, en étendant sa droite jusqu'à Dembica. Le général Egermann, qui venait de rallier le détachement de Grammont et occupait la ligne du Dunayec, marcha avec 4,000 hommes sur cette place. Le général Geringer, avec 3,000 autres, prit position entre Bogorya et Szydlow, sur la rive gauche de la Vistule, afin de couvrir le mouvement de l'archiduc. La Wisloka, derrière laquelle était établie l'armée de Poniatowski, guéable dans presque toute son étendue, n'était pas capable d'arrêter les Autrichiens; le prince ne jugea donc pas convenable de leur en disputer le passage. Il comptait sur l'arrivée prochaine des Russes, et espérait se maintenir à l'aide de leur appui. Il resta avec le gros de ses forces dans sa position de Trzesnia, où il venait d'être rallié par un bataillon du 2ᵉ d'infanterie et par trois compagnies du 8ᵉ, qui avaient été relevés par les nouvelles levées galiciennes à Lublin et Zamosc, et il se contenta de porter une avant-garde au-devant de l'ennemi. Cette avant-garde, aux ordres du général Rozniecki, était composée des 2ᵉ et 5ᵉ régiments de cavalerie, de quatre compagnies d'infanterie du 8ᵉ, et de quatre pièces d'artillerie. Elle s'avança par Baranow sur Tuszyn, où elle rencontra, le 9 juin, la cavalerie de Schauroth, qui la chargea à plusieurs reprises et la força de se mettre en retraite. C'est dans une de ces charges que le chef d'escadron Kurnatowski fut fait prisonnier. Le prince, informé par Rozniecki des progrès des Autrichiens, et apprenant qu'ils s'avançaient en force, crut devoir abandonner sa position et en prendre une autre plus concentrée en avant du San, à Wrzawy. Cette position était couverte par des digues, des haies et des fossés, qui pouvaient être facilement défendus, et l'armée polonaise y serait à même de braver la cavalerie ennemie. Mais, en exécutant ce mouvement rétrograde, Poniatowski fut forcé de lever le pont de Sandomir; il en fit descendre les bateaux à l'embouchure du San, et se trouva ainsi sans communications avec la place. Si, comme nous l'avons dit plus haut, la tête de pont eût été rétablie, il se fût mis sous la protection de ces retranchements, et restant à cheval sur le fleuve, il eût pu manœuvrer sur les deux rives, attaquer successivement les deux fractions de l'armée autrichienne séparées par la Vistule, et tenter de les battre l'une après l'autre. Dans l'état actuel, la chose était impossible ; la position centrale n'étant pas fortifiée, il ne put que chercher à se maintenir en avant du San.

Pendant que ces événements se passaient au midi, Zaionczek poursuivait vigoureusement les troupes de Mondet, qui se retiraient sur la Piliça. Hauké le joignit, le 7, à Warka, où il l'avait devancé et formä son avant-garde. Renforcée de 1400 hommes, Zaionczek franchit la Piliça et s'avança sur la Radomka, à travers des forêts immenses qui couvraient l'intervalle des deux rivières et s'étendaient jusqu'à un demi-mille de Iedlinsko. S'il n'eût pas débouché, qu'il se fût arrêté à la lisière des bois, il n'avait rien à craindre de Mondet qui passait, en ce moment même, la Piliça à Bialobrzegi et à Nowiemasto; mais il s'avança imprudemment dans les plaines de Iedlinsko et prit position, le 9, occupant les digues qui se dirigent de cette ville sur Radom, en menaçant cette ville, qui n'était occupée que par 2,000 Autrichiens. Le 10 il porta son avant-garde jusqu'à Iankowice, sur la route de Przytyk; Mondet avait réuni 11,000 hommes, sur ce point et se trouvait à même d'attaquer avec succès les Polonais qui n'en comptaient que 6,300. Dombrowski, qui se trouvait à Lowicz où il était observé par un corps volant, avait reçu de Poniatowski l'ordre de combiner ses mouvements avec Zaionczek; il s'avança, le 10, sur Skierniewice, et le 11 sur Rawa, chassant devant lui les Autrichiens; son avant-garde, aux ordres du major Uminski, avait occupé Nowemiasto, le même jour, et y avait enlevé 500 blessés. Le pont de la Piliça était coupé, Uminski ne put pousser plus avant. Zaionczek se trouva abandonné à lui-même. Mondet put attaquer ce général et l'écraser par la supériorité de ses forces.

Le 11 juin, dès la pointe du jour, la brigade Hauké fut attaquée par l'avant-garde de Mondet, conduite par Gartembourg. Un de ses bataillons, sous les ordres du major Swiderski, fut chassé du village de Iankowice. Hauké, vivement pressé, se retira en désordre sur Iedlinsko. A la nouvelle de cet échec, Zaionczek accourut avec sa division, ne laissant qu'un bataillon du 3ᵉ d'infanterie et deux pièces de canon, aux ordres du major Krukowiecki, pour garder les digues. L'infanterie polonaise s'avançait en colonne, l'artillerie en tête; le régiment de cavalerie de nouvelle levée tenait la gauche de l'ordre de bataille. Hauké, ralliant ses troupes derrière celles qui arrivaient à son aide, se plaça en réserve. Gartemburg fut repoussé à son tour et Iankowice occupé de nouveau par les Polonais. Cette position était commandée par des collines derrière lesquelles étaient déployées toutes les forces de Mondet. Zaionczek avançait toujours; il se trouva, inopinément, en présence de ces masses qui reprirent l'offensive avec vigueur. La cavalerie polonaise fut ramenée, poussée au loin. En vain le major Rostworowski s'efforça de la rallier, il ne put y réussir. Mondet tourna la gauche que cet échec venait de découvrir; sa cavalerie prit à dos l'infanterie polonaise déjà attaquée de front. Le général Zaionczek néanmoins ne perdit pas courage; il parcourut les rangs, harangua et anima les soldats de sa parole et de son exemple. Les Autrichiens eurent beau redoubler de valeur et d'audace, ils ne purent l'enfoncer. Son infanterie formée en carré, se retira lentement et en bon ordre sur Jedlinsko. Le 3ᵉ bataillon du 12ᵉ se distingua particulièrement dans cette occasion ; il accueillit la cavalerie ennemie par un feu de file à bout portant, et lui fit essuyer de grandes pertes. Elle conservait encore deux pièces polonaises qu'elle avait prises. Les chasseurs de Lomza soutenus par quelques pelotons du 3ᵉ bataillon du 8ᵉ, se jetèrent sur elle et la forcèrent de lâcher prise. Zaionczek rentra, à la nuit tombante, dans sa position de Iedlinsko.

Le major Krukowiecki, attaqué sur les digues de Iedlinsko, n'avait pas fait moins bonne contenance. Le général Mohr à la tête de fortes colonnes autrichiennes, avait fait de vains efforts pour forcer le passage de la Radomka. Accueilli par la mitraille, chaque fois qu'il s'était présenté, il n'avait pu enlever le pont et avait été contraint de s'éloigner en désordre. La journée, néanmoins, avait été cruelle ; 600 Polonais couvraient le champ de bataille, et 400 étaient prisonniers ; la perte des Autrichiens fut beaucoup moindre, elle ne dépassa pas 500 hommes. Le général Zaionczek se replia dans la nuit sur Kozienice qu'il atteignit le 12. Le 13, il marcha sur Gniewoszow, et le 14, il prit position à Gora, vis-à-vis Pulawy; sans pont, adossé à la Vistule, il courait risque d'être enlevé; mais, Pulawy était occupé par les Russes, il crut pouvoir compter sur leur appui. Il n'en fit pas moins une faute grave ; au lieu de longer la Vistule, il aurait dû se replier vers la Piliça ; il aurait trouvé sûreté dans les forêts de Iedlonka, et aurait en même temps couvert Varsovie.

Si les Autrichiens l'avaient suivi sur Pulawy, ils auraient pu l'acculer à la Vistule et détruire d'autant plus sûrement sa division, que de Iedlinsko ils n'avaient que deux marches à faire, par Radom et Zwolen, pour l'attaquer au passage du fleuve. Heureusement Mondet, qui avait réuni ses forces à Radom, reçut l'ordre de se porter de suite sur Sandomir, pour l'investir du côté du nord.

Pendant que Zaionczek se retirait sur Pulawy, Dombrowski marcha sur Lubochnia, qu'il occupa le 12; il séjourna deux jours dans cette ville, chassa les Autrichiens d'Uïazd et de Wolborz. Il s'avança ensuite sur Piotrkow, où il entra le 16. Son avant-garde, composée d'un escadron du 1er régiment de nouvelles levées et d'une compagnie de chasseurs, se présenta le même jour devant Suleiow. Ce poste était occupé par de la cavalerie : l'escadron du 1er régiment la chargea à travers la ville, il la poussa en désordre sur un couvent qui se trouvait à une portée de canon, et reçut le feu des chasseurs valaques qui lui mirent 20 hommes hors de combat. Mais les chasseurs polonais accoururent à son aide : il reprit la charge; infanterie, cavalerie se jetèrent sur les Autrichiens et les menèrent battant jusqu'à Konskié.

L'échec éprouvé par Zaionczek donna lieu à une critique sévère : on l'attribua à une rivalité fâcheuse, à une rivalité qui allait au point de ne pas reculer devant un désastre. Mais un tel sentiment est trop peu digne du chef des légions d'Italie, pour valoir qu'on l'admette; le calcul des distances pendant que Zaionczek était aux prises en démontre l'injustice. Dombrowski eût dû peut-être marcher sur Radom dans la journée du 13; mais d'abord il n'eût pas prévenu un revers qui avait déjà eu lieu, ensuite il devait craindre de s'aventurer dans un pays de plaines, où il pouvait être accablé. Il devait d'ailleurs penser que Zaionczek trouverait un refuge assuré dans les bois qui s'étendent vers la Piliça.

Le prince Poniatowski que nous avons laissé en position à Wrzawy, comptait sur l'arrivée prochaine des Russes, et ne cessait de presser Galytzine de le soutenir.

Malgré la répugnance que les Russes ressentaient pour l'alliance française, Alexandre persistait dans ses engagements envers Napoléon. Il n'avait aucune sympathie pour la cause de l'empereur François, et voyait sans peine réduire la puissance autrichienne; mais il craignait l'agrandissement du duché de Varsovie, qui pouvait s'accroître des conquêtes de Poniatowski; il craignait que ce ne fût un acheminement au rétablissement d'une Pologne indépendante. La levée de boucliers des Galiciens, qui trouvaient tant de sympathie dans les provinces du midi de la Pologne, lui était odieuse. Il résolut de faire marcher ses troupes pour coopérer en apparence avec Poniatowski, mais en réalité pour comprimer l'élan des Galiciens, et entraver leur armement.

Pour atteindre plus sûrement ce but, il proposa même de doubler la force de l'armée de Galytzine; mais Napoléon pénétra ses secrètes intentions, et refusa une offre qui pouvait devenir fâcheuse.

Galytzine se disposa à entrer en Galicie. Il adressa, le 1er juin, aux habitants du pays, une proclamation où l'on remarquait cette phrase : « La « guerre de l'Autriche avec la France ne peut être « indifférente à la Russie, intimement liée par « des traités avec l'empereur des Français. La « Russie s'est efforcée d'empêcher cette guerre; « mais, puisque ses représentations et ses conseils « n'ont produit aucun effet, elle rompt toute re-« lation avec l'Autriche. » L'armée russe occupait les positions suivantes : La division de Souvaroff, cantonnait à Wlodawa, et s'étendait vers Dubno; la division Lambert (ci-devant Gortschakoff) occupait Wlodawa et Brzesc; la division Lewis, cantonnait de Bialystok à Brzesc; et enfin, celle de Doctoroff occupait Bialystok et Grodno. Cette armée pouvait être évaluée à un effectif de 35,000 hommes.

Le 2 juin, les troupes russes se mirent en mouvement, et franchirent la frontière sur quatre points. Souvaroff entra en Galicie, par Uscilug, et se porta par Krasnystaw, sur Ulanow; le 11 juin, un de ses détachements occupait Zaklikow. La division Lambert, après avoir franchi le Bug à Terespol, marcha sur Koçk qu'elle occupa le 10, et se porta ensuite sur Lublin. La division Lewis passa le

Bug à Drohiczyn, traversa Siedlce, Garwolin et s'avança sur Bobrowniki, où elle franchit le Wieprz, sur un pont que les Polonais lui avaient préparé; elle poussa sur Pulawy. Enfin, la division Doctorow se réunit à Bialystok, traversa le Bug à Brzesc et se porta sur Lublin. Galytzine suivait cette division.

En rendant compte à l'Empereur de la marche de l'armée russe, le prince s'exprime ainsi * : « La lettre ci-jointe, que je me suis trouvé dans le cas d'écrire au prince Galytzine, fera connaître à V. M. I. les dispositions personnelles de ce général, ainsi que les délais que, sous tous les rapports, on cherche à mettre à une coopération active, tantôt en raccourcissant les marches, en doublant les séjours, tantôt en donnant aux colonnes une direction entièrement opposée à celle qu'il était naturel de leur faire prendre. Les représentations contenues dans cette lettre ont paru faire quelque impression sur l'esprit du prince, et il vient de m'informer, à la suite de la connaissance que je lui ai donnée de notre position, qu'une de ses divisions se porte sur Pulawy et qu'une autre se joindra incessamment à mon corps. »

Rassuré par les promesses de Galytzine, le prince se flattant encore de la coopération immédiate d'une partie de l'armée russe s'apprêta à combattre l'archiduc. Celui-ci s'était avancé le long

* V. Pièces justificatives, XI.

de la Vistule, par Baranow, avec la division Schauroth, qui comptait 6,000 hommes d'infanterie et 2,500 chevaux, tandis qu'il dirigeait Egermann directement sur Léopol. Le 11, Roznieçki avait rejoint, à Wrzawy, l'armée polonaise qui était ainsi disposée : Le 1er régiment d'infanterie, appuyé de deux pièces d'artillerie à cheval, était placé dans l'encoignure du San et de la Vistule, le long des digues construites contre les inondations du fleuve ; cette position était couverte par l'ancien lit du San, qui était tout à fait à sec, mais qui formait une espèce de fossé difficile à franchir pour la cavalerie. Un détachement de ce régiment occupait le village de Wrzawy, auquel s'appuyait sa gauche ; enfin quatre compagnies du 1er régiment étaient placées dans un bois qui couvre un gué du San, situé à un demi-mille au-dessus. Le 2e régiment d'infanterie était rangé en colonnes par bataillons, derrière la gauche du 1er, avec quatre pièces d'artillerie en tête. Les 2e et 5e régiments de cavalerie, avec deux pièces, qui faisaient partie de l'avant-garde de Roznieçki, étaient en réserve en avant du pont. Le 8e régiment d'infanterie, quatre compagnies du 6e, deux escadrons du 3e de cavalerie et le 1er régiment de cette arme, occupaient, avec six pièces de canon, la position de Pniow, village situé sur la rive droite du San et assis sur une éminence qui domine les environs. Les forces totales du prince se montaient à six bataillons et quatre compagnies d'infanterie, onze escadrons de cavalerie et quatorze pièces\*, ou à environ 7,300 hommes, qui, partagés en deux corps et séparés par le San, communiquaient par un pont de bateaux qui avait été jeté à Czekay. Cette disposition paraît étrange, mais la division Souvaroff occupait, dès le 11 au soir, sur la rive gauche de la position des Polonais Radomysl et Dombrowa; Poniatowski espérait être incessamment à même de prendre l'offensive. Sans cela il eût sans doute attendu les Autrichiens derrière le San, et n'eût pas exposé les deux tiers de ses forces à être acculées à la rivière, dans le cas où sa position eût été forcée. Tout semblait annoncer que les Russes l'appuieraient enfin. Un détachement de 150 Kosaks s'était montré le 11 dans le camp polonais et s'était porté sur la route de Baranow. Des communications fréquentes eurent lieu entre Poniatowski et Souvaroff.

Le 12, dans l'après-midi, l'avant-garde de l'archiduc occupa la position de Gorzyce, village situé sur une éminence et qui n'est éloigné que d'une portée de canon de celui de Wrzawy. Les tirailleurs autrichiens se portèrent en avant et le combat s'engagea ; six pièces d'artillerie furent mises en batterie sur les plateaux de ce village et ouvrirent le feu, les deux pièces qui soutenaient le 1er régiment d'infanterie polonaise ripostèrent. A deux

---

\* Les autres régiments du corps d'armée de Poniatowski formaient la garnison de Sandomir, et un escadron du 3e de cavalerie était détaché en Podolie avec Strzyzewski.

heures, le corps d'armée de l'archiduc vint prendre position à la hauteur de Gorzyce, et se déploya à droite et à gauche de ce village ; des colonnes d'infanterie autrichienne s'avancèrent, précédées de nombreux tirailleurs, pour attaquer les digues et le village de Wrzawy, occupé par le 1$^{er}$ régiment d'infanterie polonaise. Le régiment tint ferme et força les assaillants à la retraite. Ceux-ci ne se découragèrent pas, ils revinrent à la charge ; malgré le feu de mitraille des deux pièces ; une compagnie de grenadiers hongrois réussit même à franchir la digue à gauche du village. Le colonel Malachowski, qui commandait le 1$^{er}$ régiment, fit avancer la réserve de grenadiers : celle-ci joignit l'ennemi à la baïonnette et le força de repasser la digue ; mais, emportée par l'ardeur qui animait alors les troupes polonaises, elle poussa trop loin et fut chargée par un escadron de chevau-legers qui était embusqué derrière les maisons du village de Gorzyce. 20 hommes furent sabrés avec leur capitaine, Siemionkowski, et 50 faits prisonniers ; le reste parvint à regagner Wrzawy.

Il était quatre heures de l'après-midi. Les Autrichiens déployèrent quelques escadrons, appuyés d'une batterie, sur la gauche de ce village, et menacèrent de déborder la ligne. Le prince, était venu dès le commencement du combat se placer en tête du 2$^e$ régiment[*]; un bataillon de ce corps se

[*] Pendant le combat Poniatowski envoya l'officier d'ordon-

porta par ses ordres à leur rencontre, et, soutenu par le feu de quatre pièces d'artillerie, les empêcha d'exécuter leur mouvement. Si Poniatowski avait eu quelque cavalerie disponible, il aurait pu alors les faire charger avec succès; mais la brigade qui se trouvait en avant du pont, venait d'être dirigée sur le gué qui couvrait les quatre compagnies du 1er régiment d'infanterie, vers lequel il était à craindre que la cavalerie autrichienne ne se dirigeât, et, après avoir franchi le San, ne vînt prendre les troupes polonaises à dos.

Sur les six heures du soir l'archiduc, voyant l'inutilité de ses efforts pour forcer la position de Poniatowski, fit doubler le nombre de pièces qui se trouvaient en batterie à Gorzyce. La cannonade devint plus vive, l'engagement dura jusqu'à neuf heures et demie. Les Autrichiens eurent dans cette journée quelques centaines d'hommes hors de combat et perdirent 100 prisonniers; la perte des Polonais fut de 30 hommes tués, 50 blessés et 50 prisonniers. Les deux partis se maintinrent le lendemain dans leurs positions respectives. Poniatowski envoya, la nuit suivante, le général Pelletier auprès de Souvaroff, pour le presser de passer le San. La brigade Siwers reçut l'ordre ostensible de le franchir. Un pont fut jeté sur la rivière, près de Radomysl; mais quand il fallut marcher, Siewers sut trouver des prétextes pour ajourner encore une opération

---

nance Siodolkowicz à Souvaroff pour le prier de venir à son secours : celui-ci promit, et ne bougea pas.

qui lui déplaisait. On était au lundi ; il allégua d'abord que c'était un jour malheureux, un jour où les Russes s'abstiennent de combattre. Le lendemain, il se trouva avoir perdu sa croix de St-Georges, et tint cette perte à mauvais présage. Poniatowski, qui, jusque-là, avait flotté entre la crainte et l'espérance que lui donnaient ces dangereux alliés, et dont les dispositions, dominées par ces deux sentiments contraires, avaient été tour à tour audacieuses et timides, comprit enfin tout ce qu'il avait à craindre, et se mit en retraite. Dans la nuit du 13 au 14, il fit repasser le San à ses troupes et leva le pont. L'archiduc jeta le long de la rivière un bataillon de chasseurs, qui tiraillèrent, pendant la journée du 14, avec l'infanterie polonaise. Une brigade de cavalerie autrichienne se porta sur Ulanow, et somma un détachement russe qui occupait cette ville, de la laisser passer. Le détachement n'osa le permettre, et répondit par un refus.

Pendant que ces événements se passaient sur le San, Egermann gagna Rzeszow, puis Iaraslow, chassant devant lui les détachement de nouvelles levées galiciennes qui se trouvaient sur son passage. Le 18, il arriva devant Léopol, qu'il occupa le 19, et nomma Wurmser gouverneur de cette ville ; chemin faisant, il avait partout abattu les aigles françaises, rétabli les autorités autrichiennes et arrêté les patriotes polonais qui avaient été adjoints, par Rozniecki, aux administrateurs autrichiens ; il les menaça de la vengeance de l'empereur d'Autriche et en emmena plusieurs enchaînés. L'armée russe ne fit aucun mouvement pour empêcher les progrès de l'ennemi. Elle voyait avec plaisir les cercles de Galicie rentrer sous la domination autrichienne.

# CHAPITRE VII.

Ferdinand réunit près de Sandomir la brigade Geringer et la division Mondet ; préparatifs pour l'assaut. — Forces de la garnison de Sandomir, ses moyens de défense. — Ferdinand fait sommer la garnison de se rendre. — Il fait attaquer la place dans la nuit du 15 au 16. — L'assaut est repoussé avec perte. — Capitulation de Sandomir. — La garnison polonaise évacue la place et se porte à Mniszow sur la Piliça. — Poniatowski se rend le 15 à Lublin.—Conférence avec Galytzine. — Plan d'opérations concerté entre les deux chefs. — Les Russes doivent agir sur la rive droite, les Polonais sur la rive gauche. — Inaction de Fisher. — Retraite de Zaionczek, par Pulawy, sur le San, où il rejoint le prince. — Poniatowski apprend l'issue de l'assaut et la capitulation de Sandomir. — Lettre de ce dernier à Sokolnicki. — Rapport de Poniatowski au major général, du 21 mai. — Poniatowski réorganise son corps d'armée. — Il est divisé en une division de cavalerie et une d'infanterie.—Galytzine vient relever Poniatowski sur le San. — Poniatowski veut faire marcher le 1er régiment de cavalerie sur Léopol afin d'appuyer les nouvelles formations.—Les Russes s'y opposent.— Lenteurs de Galytzine. — Il passe enfin le San. — Egermann évacue Léopol et se retire sur Stanislawow. — Les Russes occupent Czeszow, Léopol et Sendziszow. — Ils rétablissent partout les autorités autrichiennes. — Persécutions des patriotes polonais.—Galytzine ne veut pas reconnaître le nom de Pologne. — L'archiduc Ferdinand réunit ses forces autour de Sandomir et commence, le 22 juin, son mouvement sur la haute Piliça. — Il est achevé le 30. — Poniatowski se met en mouvement le 22, et arrive le 24 à Pulawy. — Il jette un pont sur la Vistule et porte sa cavalerie en avant. —Rapport de Poniatowski au major général, du 27 juin. — Événements qui se passent en mai et juin en Allemagne, en Hongrie et en Italie. — Les communications de la grande armée sont menacées. — Séjour de Poniatowski à Pulawy. — Temple de la Sybille.— Ordre du jour de Poniatowski à l'armée. — Nouveaux régiments franco-galiciens.—Poniatowski se met en mouvement sur Radom et se réunit à Sokolniçki et Dombrowski.—Son armée est forte de 23,000 hommes. — Il établit son quartier général à Radom, et y institue un nouveau gouvernement. — Patriotisme des habitants. — Ils forment des partisans. — Ordre du jour de Poniatowski.

Ferdinand avait rejeté le corps d'armée de Poniatowski derrière le San; il se hâta de profiter de cet avantage pour investir Sandomir et tenter une attaque de vive force. Mondet, accourant à marches forcées, s'était présenté, le 15, devant la place et avait rallié Geringer. Sandomir était serré au nord et au midi. L'archiduc se rendit sur la rive gauche et fit tout disposer pour l'assaut. L'élite de ses troupes était chargée de ce coup de main.

Sokolniçki, de son côté, s'était préparé à une vigoureuse défense. Les brèches qui se trouvaient dans le mur d'enceinte, lors de la prise de Sandomir, avaient été réparées; les ouvrages avancés, construits par les Autrichiens, perfectionnés, munis de palissades, et un nouveau retranchement avait été élevé. La place était armée de trente-neuf pièces, dont vingt et une de siége, et la garnison formée des 3ᵉ, 6ᵉ et 12ᵉ régiments d'infanterie, du 6ᵉ de cavalerie et de trois compagnies d'artillerie. On peut évaluer sa force à 5,000 hommes présents sous les armes.

Le 15, à dix heures du soir, le général Geringer se présenta au nom de l'archiduc, demandant que la place ouvrît immédiatement ses portes et que la garnison mît bas les armes. Sokolniçki ne put contenir son indignation ; il se tourna vers les chefs de corps qui se trouvaient à son quartier général, et leur demanda ce qu'ils pensaient de semblables conditions. Elles sont inouïes, répondit le colonel Sierawski, commandant le 6ᵉ d'infanterie ; quand même la garnison consentirait à les subir, mon régiment les repousserait et saurait se faire jour à la baïonnette. Il sortit aussitôt, et alla rejoindre les siens pour les préparer au combat. Les autres chefs de corps manifestèrent les mêmes intentions. Sokolniçki répondit à Geringer de manière à lui ôter tout espoir d'arrangement, et le fit reconduire aux avant-postes.

A peine le refus de Sokolniçki fut-il connu de l'archiduc, que ce prince fit ouvrir le feu. Il était dix heures trois quarts ; six obusiers et six pièces de douze, en batterie sur l'emplacement même de la tête de pont de la rive droite, se démasquèrent ; trois autres batteries étaient disposées sur les hauteurs de la rive gauche ; elles tirèrent aussitôt et couvrirent Sandomir de projectiles. Les tirailleurs, de leur côté, se logèrent dans les maisons des faubourgs et commencèrent une vive fusillade contre les remparts. Ce feu dura jusqu'à minuit ; l'obscurité était profonde. L'artillerie de la place, faute de pouvoir pointer, ne répondit que faiblement. 10 à 11,000 hommes tirés des meilleurs régiments de l'armée de l'archiduc, étaient répartis en neuf colonnes d'attaque; à leur tête étaient des officiers du génie qui connaissaient parfaitement les localités et servaient de guides. Ces colonnes étaient munies de fascines, de gabions et d'échelles, en un mot, de tout ce qui est nécessaire pour l'escalade.

Peu à peu le feu de la place était devenu plus vif. La première colonne, qui se dirigeait contre la batterie n° 12, fut repoussée. Cette batterie, vaillamment défendue par le brave capitaine du 3e régiment, Zawadzki, était importante ; car elle commandait toute la rive droite de la Vistule, au-dessus de Sandomir. Le colonel Bontems, directeur du matériel de l'artillerie polonaise, contribua puissamment à la sauver. La deuxième colonne tourna le village de Strachayce, qui était défendu par trois compagnies du 6e régiment d'infanterie, aux ordres du lieutenant-colonel Blumer. Celui-ci, pris à dos, et au moment d'être coupé, se replia en bon ordre sur les batteries n° 2 et 3, commandées par le capitaine Rybinski, et qui bientôt assaillies elles-mêmes, restèrent cependant au pouvoir des Polonais. Le colonel Sierawski défendit avec opiniâtreté le retranchement nouvellement construit. Les troisième et quatrième colonnes attaquèrent l'église Saint-Paul, et notamment la batterie n° 4 ; mais tous leurs efforts échouèrent contre la ténacité du chef de bataillon Bialkowski, qui, à la tête de 130 hommes du 12ᵉ d'infanterie, défendit ce poste avec une vigueur, dont l'ennemi ne put triompher. Cerné de toutes parts, il fut dégagé par le colonel Weissenhoff, qui, à la tête de deux compagnies de grenadiers, chargea les Autrichiens et les dissipa.

La cinquième colonne, qui s'avançait du côté de Loiowice, fut repoussée par le capitaine Plonczynski du 12ᵉ régiment, qui, soutenu par l'artillerie, lui fit essuyer des pertes considérables. Les canonniers furent presque tous mis hors de combat; les officiers du 12ᵉ régiment prirent leur place, et manœuvrèrent les pièces : ces officiers furent blessés pour la plupart; le colonel Weisseinhoff eut le visage brûlé par la poudre.

Les cinquième, sixième et septième colonnes s'avancèrent sur les batteries n° 6 et 7, et les attaquèrent à trois reprises. Les canonniers furent presque tous tués. La garnison de la batterie n° 6, commandée par le capitaine Pogorzelski du 12ᵉ régiment d'infanterie, évacua alors cette batterie, après avoir renversé les pièces. Le lieutenant-colonel du 12ᵉ, Morawski, forcé d'abandonner la batterie n° 7 qu'il commandait, voulut la reprendre; mais, tourné par une des colonnes ennemies qui s'avançait du côté du village de Chwalki, il fut assailli par une force décuple, et fait prisonnier avec son détachement.

Les Autrichiens dirigèrent alors leurs principaux efforts contre la batterie n° 11, où se trouvait Sokolnicki en personne. Ils s'établirent dans une auberge, et s'y maintinrent, malgré le feu redoublé de l'artillerie qui cherchait à les en déloger. Le général Sokolnicki néanmoins ne se rebuta pas; il ordonna une sortie; le capitaine Czeykoski, du 3ᵉ d'infanterie, fondit sur les assaillants avec sa compagnie, leur mit bon nombre d'hommes hors de combat et fit 80 prisonniers. Le capitaine Ierzmanowski, aide de camp du général Bieganski, sortit en même temps de la place, à la tête d'un détachement d'infanterie; il repoussa l'ennemi et ramena aussi des prisonniers. Les tirailleurs autrichiens tenaient cependant encore dans l'église d'un couvent où ils s'étaient établis; le capitaine Jordan, aide de camp de Sokolnicki, entreprit de les en chasser. Il les attaqua, à la tête d'une compagnie de grenadiers du 3ᵉ et de 100 voltigeurs de ce régiment; il les força et leur fit 200 prisonniers. Ce fut sur ce point que le combat fut le plus acharné; le terrain qui se trouvait devant les batteries nᵒˢ 10 et 11 fut jonché de morts.

Les deux dernières colonnes autrichiennes, la huitième et la neuvième, dont l'une s'avançait de Zawichost et l'autre remontait la Vistule, se portèrent sur la batterie nᵒ 9, et furent au moment de la surprendre. Leurs chefs parlant polonais, firent passer leurs troupes pour des voltigeurs des 3ᵉ et 6ᵉ d'infanterie polonaise. A la faveur de ce stratagème, ils arrivèrent à une portée de fusil de la batterie, et l'abordèrent si brusquement, qu'ils n'essuyèrent que deux décharges à mitraille. Ils voulurent alors gravir le parapet, mais furent repoussés à coups de baïonnette par la garnison formée de détachements des 3ᵉ et 6ᵉ d'infanterie. Cependant deux escadrons du 6ᵉ de cavalerie, qui étaient en position au delà de l'enceinte, se trouvaient coupés ; le colonel Dziéwanowski les sauva. Cet intrépide officier sut se faire jour ; il passa sur le corps des Autrichiens et rentra dans la place. Un des escadrons, commandé par le lieutenant-colonel Brzechwa, mit pied à terre ; renouvelant ce qu'il avait fait à l'assaut de Zamosc, il se mêla à l'infanterie, et concourut à repousser les assaillants à coups de lance.

Ainsi, neuf bataillons autrichiens, faisant partie des régiments de Dawidowich, Weissenfelds, Strauch et Schekler, combattant sous les yeux de l'archiduc \*, échouèrent contre la valeur polonaise. Au jour, le combat avait cessé et les assaillants s'étaient retirés, laissant sur le terrain 689 morts, dont 6 officiers supérieurs, 20 officiers subalternes, et 986 blessés ; 315 prisonniers, dont 6 officiers, étaient aussi tombés dans les mains des assiégés. La perte de ceux-ci en tués, blessés et prisonniers fut d'environ 1,000 hommes.

La journée du 16 se passa à enterrer les morts et à relever les blessés. Le 17 fut employé aux ap-

---

\* Les soldats autrichiens avaient reçu avant l'assaut, d'abondantes distributions d'eau-de-vie.

prêts d'un nouvel assaut. Sokolnicki ne comptait plus que 4,000 hommes sous les armes ; presque dépourvu de munitions, séparé du corps d'armée de Poniatowski par la Vistule, bloqué sur les deux rives, il ne pouvait s'attendre à être secouru. Dans cette position critique, il devait pourvoir au salut de son intrépide garnison. Il négocia et conclut une capitulation qui fut ratifiée le 18, à neuf heures du matin.

La garnison avait douze heures pour évacuer la place. Elle devait se retirer avec armes et bagages et emmener l'artillerie, à l'exception des quinze pièces qui se trouvaient sur les remparts, lors de la prise de Sandomir. Les bateaux du pont, les magasins, le matériel, devaient être remis aux Autrichiens, et les troupes polonaises se rendre par Zawichost, Solec et Kozienice, à Mniszew, au delà de la Piliça, sous l'escorte d'un escadron de hussards. Les prisonniers de guerre, faits de part et d'autre pendant l'assaut, devaient être échangés par masses. Les soldats que les Autrichiens réputaient avoir été forcés de prendre du service étaient assimilés aux prisonniers. Les convalescents polonais transportables devaient être menés à la suite de la garnison sur des chariots fournis par les assiégeants ; ceux qui ne l'étaient pas, devaient être traités dans les hôpitaux de Sandomir et être libres après leur guérison de rejoindre leurs corps. Enfin, l'armistice devait se prolonger quarante-huit heures après le passage de la Piliça. Un article additionnel stipulait que, vu l'obscurité de la nuit, la dernière colonne polonaise pouvait retarder son départ jusqu'au 19 au matin. Quant aux prisonniers de guerre que les Autrichiens supposaient avoir été enrôlés de force dans les rangs polonais, ils acceptaient la parole d'honneur du général Sokolnicki et s'interdisaient toute recherche à cet égard*. Ils prirent immédiatement possession de la porte de Krakovie et du château, et occupèrent la ville le 19, dans la matinée.

Les lenteurs de l'armée russe, les tergiversations des généraux, la mauvaise volonté de Souvaroff et de Sievers, annonçaient assez ce que l'armée polonaise devait attendre de ces alliés. Poniatowski, néanmoins, voulut faire une nouvelle tentative. Le 15, dans la matinée, il se rendit à Lublin, afin de s'entendre avec Galytzine, de pénétrer ses véritables intentions et de l'engager à faire quelques efforts pour sauver Sandomir. Il représenta à ce général le danger dans lequel se trouvait la place, et l'engagea à porter ses forces sur la rive gauche de la Vistule, afin d'agir contre Mondet. Galytzine allégua des ordres qu'il avait reçus d'Alexandre, et refusa formellement de passer le fleuve. Poniatowski insista vainement ; tout ce qu'il put obtenir fut que les Russes agiraient sur la rive droite et les Polonais sur la rive gauche. Le prince regagna son quartier général ; il entendit chemin faisant la canonnade de Sandomir, et pressa

* V. pièces justificatives, XII.

sa marche. Au jour il arriva à Pniow, au moment où l'action finissait.

Le général Fisher, qui commandait en l'absence du prince, aurait dû, dès le commencement de l'attaque, tenter quelque mouvement, sinon pour franchir la Vistule, du moins pour opérer une diversion ; il aurait dû passer le San au gué qui se trouve au-dessus du Wrzawy, et menacer les Autrichiens sur la rive droite de la Vistule ; mais ce général, peu entreprenant, resta dans une inaction totale ; le prince, indécis sur le sort de la place, avec laquelle il n'avait aucune communication, crut sans doute qu'il était trop tard et n'essaya pas de la secourir.

Nous avons laissé le général Zaionczek acculé à la Vistule et craignant d'être attaqué d'un moment à l'autre du côté de Zwolen, par le corps de Mondet. Le général Lewis étant peu éloigné, il gagna ses quartiers, et eut avec lui une entrevue dont il rendit compte au prince le 17. « De Gora, dit-
« il, je me rendis de ma personne à Pulawy
« pour m'aboucher avec le général russe Lewis,
« qui s'y trouvait avec sa division ; je l'enga-
« geai à me porter secours, en détachant 2 à
« 3,000 hommes de cavalerie sur la rive gauche
« de la Vistule ; je motivai ma demande sur le
« danger que courait ma division, n'ayant pas
« de pont sur le fleuve pour se retirer en cas d'é-
« chec. Je lui dis que les Autrichiens étaient en
« force à Zwolen. Mais le général russe me refusa

« sa coopération, en alléguant qu'un si faible dé-
« tachement ne saurait être suffisant si les Autri-
« chiens étaient en force ; et que s'ils étaient peu
« nombreux, mes troupes suffiraient pour les
« combattre. Je déclarai alors au général Lewis,
« que je passerais moi-même sur la rive droite de
« la Vistule, pour joindre votre corps d'armée, ce
« que j'exécutai sans délai dans la journée du 15,
« sur des embarcations préparées par la princesse
« Czartoryska * qui mit un grand zèle pour ac-
« tiver le passage. Tous ses domestiques furent
« employés à ramer. »

Le général Zaionczek, après avoir fait reposer ses troupes à Pulawy, se remit au marche le 17, et rejoignit le 19, le prince sur le San.

Cependant, Poniatowski était comme enchaîné dans sa position de Pniow. Les Russes n'agissaient pas; il avait devant lui la division Schauroth et se trouvait séparé de Sandomir par la Vistule. Il était dans une grande perplexité sur le sort de la place, n'ayant aucun rapport officiel sur sa situation. Enfin le 19 il apprit les détails de l'assaut et les conditions de la capitulation qu'avait conclue Sokolnicki.

Quelque pénible que fût la perte de Sandomir, il dut se trouver heureux qu'elle n'eût pas entraîné celle de la garnison. Néanmoins, il crut devoir témoi-

---

* Epouse du prince Czartoryski, Starosteff, général des terres de Podolie, propriétaire de Pulawy.

gner au général le mécontentement que cette transaction lui causait. Le 20, il lui adressa la lettre suivante : « J'ai reçu votre rapport, avec la capitulation
« que vous avez conclue, huit heures après qu'elle
« m'a été communiquée par le colonel Neipperg*.
« Autant j'ai de plaisir à louer la brave défense
« que vous et votre garnison avez faite, autant
« je trouve votre résolution précipitée. Les raisons
« que vous avez mises en avant, dans votre rap-
« port, sont des motifs plausibles; mais les avis
« que je vous avais donnés, la bravoure même de
« la garnison, tout devait vous engager à tenir
« plus longtemps. Continuez votre marche, comme
« vous êtes convenu; plus tard, je vous enverrai
« des ordres plus circonstanciés. »

Poniatowski avait montré au défenseur de Sandomir, une sévérité que commandait sa qualité de général en chef; mais plus juste dans son rapport au major général, il rendit justice à la conduite honorable de la garnison, et justifia la capitulation de Sokolnicki. « La troupe, dit-il, n'avait plus ni cartouches d'infanterie, ni charges pour les pièces de 3 et de 6, et se trouvait exposée à un nouvel assaut. » Poniatowski se plaint à juste titre de l'inaction de l'armée russe, dont deux divisions, à portée de secourir Sandomir, n'ont voulu faire aucun mouvement, malgré ses pressantes sollicitations. Il ajoute que dans ces circonstances, il croit n'avoir rien de mieux à faire

* Chef d'état-major de l'armée de l'archiduc.

que d'agir sur la rive gauche de la Vistule, se mettant par là à même de couvrir le duché contre les entreprises de Ferdinand, ou de suivre l'archiduc s'il se repliait sur Krakovie. Le prince termine sa lettre par l'observation suivante : « Si « je suis seul à soutenir les efforts de l'ennemi, « je ne serai du moins pas trompé dans mes res- « sources, je saurai toujours sur quoi compter, et « pourrai poursuivre le cours de mes opérations, « sans être arrêté par les lenteurs et la mauvaise « volonté des Russes *. »

L'arrivée de Zaionczek avait porté le corps d'armée à 12,000 hommes; Poniatowski s'occupa de lui donner une nouvelle organisation. Les troisièmes bataillons rejoignirent leurs régiments respectifs. L'infanterie forma une division sous les ordres du général Zaionczek, et la cavalerie en composa une seconde sous le commandement du général Rozniecki. Le 21 mai, l'armée de Galytzine vint enfin relever Poniatowski sur le San, et s'étendit vers Léopol. Le prince voulait faire marcher le 1$^{er}$ régiment de cavalerie sur cette ville, afin d'appuyer les nouvelles formations de troupes galiciennes en Podolie ; les Russes s'y opposèrent formellement, et une seule compagnie de ce régiment put rejoindre le chef d'escadron Strzyzewski, qui opérait de ce côté.

Après avoir employé plusieurs jours à marcher sur le San et à s'y établir, Galytzine s'était dé-

* V. Pièces justificatives, XIII.

cidé à porter ses troupes en avant. Le général Muller occupa, le 22 juin, Léopol qu'Egermann évacua pour se retirer sur Stanislawow, derrière le Dniester. Une division russe prit possession de Rzeszow le 23. Le même jour, Galytzine établit son quartier général dans cette ville et y séjourna jusqu'au 30 ; son avant-garde était à Sendziszow, et le gros de ses troupes se trouvait échelonné sur la grande route de Krakovie à Léopol. Partout les autorités autrichiennes reprirent la direction des affaires, partout les aigles françaises furent remplacées par les armes d'Autriche. Russes et Autrichiens s'entendaient à merveille : les patriotes polonais qui avaient si noblement embrassé la cause nationale, continuèrent d'être en butte aux persécutions. Poniatowski n'obtint qu'à grand'peine le maintien des autorités qui avaient pris l'administration dans les cercles de la nouvelle Galicie, sur la rive droite de la Vistule, et à Zamosc qui faisait partie de l'ancienne. Lorsque dans ses communications avec Galytzine, le prince prenait le titre de commandant en chef de l'armée polonaise, le général russe ne manquait pas de protester contre cette dénomination, disant que la Pologne n'était plus, qu'il n'y avait pas de troupes polonaises, mais des troupes du duché de Varsovie.

Cependant Ferdinand avait occupé Sandomir dans la matinée du 19, et s'était empressé de rétablir le pont de la Vistule. Il fit ensuite évacuer ses blessés et le matériel de la place sur Krakovie, et s'occupa sans délai de détruire les fortifications qui venaient de coûter tant de sang à son armée. Cette opération étant achevée, il se mit en marche, le 22 juin, et se porta par Kielce, Malagoszcz, sur Przedborz. Son avant-garde, aux ordres de Mohr, occupa Piotrkow, le 30. Il voulait ainsi se rapprocher de l'Allemagne et de l'armée de l'archiduc Charles, qui se trouvait dans le Marchfeld. Il ne laissa sur la rive droite de la Vistule que de faibles détachements qui avaient ordre de se replier devant Galytzine et de n'opposer aucune résistance.

De son côté, Poniatowski quitta Pniow le même jour. Il arriva le 24 à Pulawy, y jeta un pont le 26 et fit passer immédiatement sa cavalerie qui occupa Radom et Opatow. En annonçant ces divers événements et les motifs de sa conduite au prince de Neufchâtel, dans une dépêche en date du 27 juin, il rend compte du retard qu'a mis Galytzine à passer le San, ainsi que de la connaissance qu'avait l'archiduc du refus que faisait ce prince de passer la Vistule; il attribue à ces deux motifs, la facilité qu'ont eue les Autrichiens de se retirer tranquillement sur la rive gauche du fleuve, et de menacer le duché. C'est cette circonstance qui l'a décidé à marcher sur Pulawy, d'où il peut observer, dit-il, les mouvements ultérieurs de l'ennemi, se porter sur la rive gauche du fleuve et lier ses opérations avec celles des généraux Dombrowski et Sokolnicki. Il finit en annonçant qu'il ne négligera aucune occasion d'obtenir de nouveaux succès ; qu'il ne perdra pas de vue l'archiduc et remplira les intentions de sa majesté l'Empereur, en occupant un corps de troupes autrichiennes plus fort que celui dont il dispose. Il ne dissimule pas que l'arrivée des Russes a rallenti les nouvelles formations galiciennes ; mais il espère que le zèle à toute épreuve des habitants saura vaincre cette nouvelle entrave, et que son armée ne sera pas frustrée des moyens qu'offre le pays*.

Conformément à la capitulation, Sokolnicki s'était porté à Mniszew. Sa brigade passait à la hauteur de Pulawy au moment où le prince y arrivait. Le général alla de sa personne prendre les ordres de son chef, qui lui enjoignit de presser sa marche et de rejoindre le général Dombrowski, à qui il avait donné l'ordre de se porter sur la basse Piliça et de couvrir Varsovie. Dombrowski après avoir séjourné jusqu'au 19, à Piotrkow et avoir porté l'alarme jusqu'aux portes de Krakovie, se mit en marche par Inowlodz sur Nowe-Miasto, où son avant-garde eut, le 24, un engagement contre un parti autrichien. Il se porta ensuite par Mogielniça sur Czersk, et se trouva en communication avec le général Sokolnicki qui débouchait de son côté de Mniszew.

Le prince avait ainsi 12,000 hommes à Pulawy, et 11,000 sur la rive gauche de la Piliça. Il

* *V.* Pièces justificatives, XIX.

pouvait en deux marches les réunir sur Radom.

Ferdinand avait complétement échoué dans son expédition ; il se trouvait, désormais, sous l'influence des manœuvres de son adversaire. Il était réduit à se tenir sur la défensive et à couvrir les derrières de l'armée de l'archiduc Charles, qui se préparait à livrer une bataille décisive sur le Danube.

Pour mieux apprécier la position de ce prince, nous allons rapporter d'une manière succincte, les événements qui eurent lieu sur tous les points du théâtre de la guerre, après l'occupation de Vienne par Napoléon.

On était au 21 mai ; la grande armée commençait à passer le Danube, lorsqu'une crue subite vint grossir le fleuve et accroître encore sa rapidité. L'archiduc Charles, qui était accouru de Bohême, mit la circonstance à profit ; il réunit des bateaux, les chargea de pierres et les abandonnant au courant, il rompit le pont qui unissait l'île de Lobau à la rive droite. La moitié de l'armée française, qui était vivement engagée en avant d'Aspern, se trouva tout à coup cruellement compromise. Elle était séparée de Vienne, de ses réserves ; elle se replia en défendant le terrain pied à pied. Attaquée de nouveau le 22, elle déploya la même constance et la même énergie. Les Autrichiens ne purent la rompre, mais lui firent essuyer de grandes pertes ; elle se retira lentement, avec ordre, et le 23, à la pointe du jour, elle gagna l'île de Lobau.

Le prince Charles satisfait de l'avoir contrainte de rétrograder, ne poussa pas son succès plus loin, et s'établit à un mille du champ de bataille.

L'archiduc Jean, de son côté, était en pleine retraite; le 26 mai, il arriva à Komorn, suivi par le prince Eugène qui le joignit à Raab, le 14 juin. Battu dans cette journée mémorable, Jean se replia sur Presbourg, où il passa le Danube. La forteresse de Raab capitula le 23.

Napoléon s'apprêtait à prendre sa revanche. On était aux premiers jours de juillet; Marmont avait amené de Dalmatie deux belles divisions; Bernadotte s'était avancé de Lintz à Vienne; le vice-roi avait rallié la grande armée avec ses troupes victorieuses. L'Empereur, à la tête de ses forces réunies, se disposait à franchir le Danube. Le prince Charles résolu de le combattre au passage, prescrivit à l'archiduc Ferdinand de se rapprocher de Krakovie, afin de couvrir les derrières de l'armée autrichienne qui pouvait être menacée par Poniatowski, pendant qu'elle livrerait bataille.

L'échec essuyé à Essling par l'armée française, avait ranimé les espérances des ennemis de Napoléon, dans le nord de l'Allemagne. Schill s'était emparé de Stralsund, et attendait dans cette ville que la mer lui apportât des secours, que les Anglais lui fournissent des armes et des munitions. Ses espérances furent déçues; quand la flotte britannique parut, le général Gratien avait pénétré dans Stralsund, et avait, après un combat assez vif, fait mettre bas les armes aux troupes de ce partisan, qui perdit la vie dans cette rencontre.

Cependant, les Autrichiens avaient réuni en Bohême une armée de 60,000 hommes, dont 20,000 étaient prêts à entrer en campagne; ils débouchèrent de cette province sur plusieurs colonnes, pour insurger le nord et le centre de l'Allemagne.

Le général autrichien Amande s'empara de Dresde; le duc de Brunswick, qui avait pénétré une seconde fois en Luzace à la tête de sa légion, le joignit le 12 juin dans cette capitale. Ces deux chefs réunis se portèrent sur Leipzig, et forcèrent le roi de Saxe à quitter cette ville pour se retirer à Francfort-sur-le-Mein. Le duc se porta ensuite sur ses États héréditaires et s'empara, le 29, de Halberstadt.

De son côté, le général Radieovich déboucha, le 14 juin, par Egra, appela la population aux armes, et menaça le royaume de Wurtemberg. Le Tyrol, qui avait été pacifié par Lefebvre, s'insurgea de nouveau. Les Bavarois furent obligés d'évacuer Inspruck, le 25 mai. L'insurrection ne fit dès lors que s'étendre; elle poussa des partis, d'un côté dans la vallée du Danube, de l'autre dans celle du Pô.

Le midi de l'Italie était dans la plus grande effervescence; Napoléon, par un décret daté de Vienne, le 17 mai, avait réuni les États romains à l'empire français. Cette mesure avait exaspéré les esprits. Dès que les habitants des États de l'Église eurent appris l'issue de la bataille d'Essling, ils coururent aux armes, attaquèrent les garnisons françaises et les forcèrent de se replier sur Rome, où ils les bloquèrent. Le saint-père, quoique placé au milieu des troupes impériales, ne craignit pas de lancer une bulle d'excommunication contre leur souverain. Une escadre anglaise, qui parut devant Naples, le 25 juin, s'empara de l'île d'Ischia. Stuart tenta aussi quelques débarquements sur la côte de Calabre et sur celle de la Romagne, mais fut repoussé. La fermeté de Joachim déjoua tous les projets de l'ennemi. Le pape fut arrêté et envoyé prisonnier à Savone. Ce coup de vigueur termina la levée de boucliers de la Romagne.

On voit par cet exposé, que vers la fin de juin les communications de la grande armée étaient menacées de toutes parts, et que des insurrections formidables avaient éclaté sur ses derrières. Mais Napoléon comptait sur une victoire prochaine, qui, remportée sur le point décisif de la lutte, devait, en décidant du sort de la guerre, rompre les trames de ses ennemis et mettre fin à leurs succès partiels.

Revenons à ce qui se passait en Pologne. Le prince Poniatowski avait établi son quartier général à Pulawy, dans le château même de la princesse Czartoryska. Les troupes bivouaquaient dans le parc. Ces lieux charmants, qui ont inspiré les vers harmonieux de Delille, étaient pour la première fois troublés par un appareil de guerre.

Les bivouacs étaient établis sur les pelouses de verdure et au milieu des parterres de fleurs. La joie et une amitié cordiale régnaient partout ; le patriotisme allégeait tous les sacrifices. Les matinées étaient consacrées à des revues et les soirées à des fêtes brillantes, embellies par les charmes des dames qui entouraient la princesse Czartoryska *.

Il se trouvait à Pulawy un édifice nommé le Temple de la Sybille, où la princesse avait réuni, pendant de longues années, les souvenirs de l'ancienne Pologne ; on y remarquait les armes des héros qui avaient illustré la nation, et les trophées des victoires remportées par les Polonais à différentes époques. Les jeunes guerriers de Poniatowski visitèrent ce sanctuaire de la gloire nationale avec un intérêt religieux, et y puisèrent une nouvelle énergie.

Poniatowski partageait son temps entre les plaisirs et les travaux que commandait sa haute position. Il reçut à Pulawy un nouveau témoignage de la satisfaction de l'empereur des Français. Il en fit part à ses soldats par un ordre du jour en date du 2 juillet **. Il leur annonça aussi qu'il avait reçu l'ordre d'occuper le pays, de faire rendre la justice au nom de S. M. l'Empereur et Roi, d'exiger que les autorités prêtassent à ce prince le

---

* La princesse Czartoryska ne s'en tint pas à cette réception amicale, elle voulut encore être utile à l'armée polonaise, en organisant à Pulawy un hôpital militaire, où les blessés et les malades reçurent les soins les plus efficaces.

* *V.* Pièces justificatives, XV.

serment de fidélité. L'armée galicienne devait passer à la solde de France, et porter la cocarde tricolore. Des armes et des subsides étaient en route pour compléter son organisation. Ces troupes, ainsi que les régiments de nouvelles levées formés dans le duché, prirent désormais le titre de troupes franco-galiciennes, mais restèrent sous les ordres immédiats de Poniatowski. Nous croyons devoir ajouter ici un état des nouveaux corps, avec une notice sur leur formation primitive.

### INFANTERIE.

| | | | |
|---|---|---|---|
| 1er régiment | Formation galicienne. | | Aux frais du cercle de Lublin, de Siedlce et de Biala. |
| 2e | id. | Formation du duché de la rive droite de la Vistule, par Zaionczek. | Aux frais des départements de Lomza et du Plock. |
| 3e | id. | Formation du duché sur la rive gauche de la Vistule, par Dombrowski. | Aux frais des départements de la Grande-Pologne. |
| 4e | id. | id. | id. |
| 5e | id. | Formation galicienne. | Aux frais du prince Constantin Czartoryski. |
| 6e | id. | id. | Aux frais du président Zamoyski. |

### CAVALERIE.

| | | | |
|---|---|---|---|
| 1er régiment de lanciers. | Formation du duché sur la rive droite de la Vistule par Zaionczek. | | Aux frais des départements de Lomza et de Plock. |
| 2e | id. | Formation galicienne en Podolie. | Aux frais de Rozwadowski et des habitants du pays. |

| | | |
|---|---|---|
| 3e régiment de lanciers. | Formation du duché sur la rive gauche de la Vistule, par Dombrowski. | Aux frais des départements de la Grande-Pologne. |
| 4e id. | Formation Galicienne à Léopol. | Aux frais d'Adam Potocki et des habitants du pays. |
| 5e id. | Formation galicienne en Podolie. | Aux frais de Ryszczewski et des citoyens de la Podolie autrichienne et russe. |
| 6e id. | id. id. | Trzeciecki, id. |
| 7e id. | id. id. | Tarnowski, id. |
| 1er régiment de hussards. | Formation galicienne. | Aux frais du cercle de Lublin, Zamosc, Biala et Stanislawow. |
| 2e id. | Formation du duché par Dombrowski. | Aux frais des départements de la Grande-Pologne. |
| 1er régiment de cuirassiers. | Formation galicienne à Konskié. | Aux frais de Stanislas Malachowski, formé plus tard. |

La formation de ces régiments d'infanterie et de cavalerie ne chargea point le trésor public. Tous furent équipés aux frais des habitants.

Le roi de Saxe, grand-duc de Varsovie, transmit aussi au prince une proclamation datée de Francfort-sur-le-Mein, le 24 juin. Il s'y exprime ainsi : « Nous nous faisons un devoir d'employer les premiers moments du rétablissement de notre gouvernement, à vous exprimer les sentiments qu'excitent en nous le patriotisme et l'attachement à notre personne que la nation a déployés d'une manière si éclatante dans ce moment de détresse.

« L'ennemi était entré dans le pays avec une nombreuse armée; à peine paraissait-il possible de lui résister; mais il apprit bientôt à connaître quelle est la valeur de nos troupes, conduites par un chef aussi brave, aussi habile que notre ministre de la guerre, le prince Poniatowski.

« De son côté, la nation a fait voir que l'esprit valeureux et le patriotisme des anciens Polonais s'étaient conservés chez elle. L'agression d'un ennemi nombreux, bien loin de l'intimider, n'a fait que la porter à des offres volontaires, au sacrifice même des fortunes individuelles; elle a tout donné pour la défense de la patrie. Les départements se sont surpassés dans cette généreuse émulation; c'était à qui augmenterait l'armée de ligne, à qui fournirait les subsistances nécessaires, à qui amènerait une plus forte levée pour s'opposer à l'ennemi.

« Notre conseil d'État a fait preuve de fidélité et de zèle; ses sages mesures et le soin qu'il a pris de se conserver en activité, au moyen de ses différents déplacements, et l'aide des autres autorités constitutionnelles, ont assuré la marche du gouvernement, autant que les circonstances ont pu le permettre.

« Nation polonaise! la tranquillité vous est rendue, et avec elle le gouvernement constitutionnel. Notre soin le plus cher sera de tâcher de guérir les plaies occasionnées par la guerre. »

Ainsi s'exprimait ce bon roi, ce fidèle ami de Napoléon, qui, expulsé de ses États, mais plein de confiance dans la fortune de son puissant allié, s'oubliait lui-même pour ne penser qu'au bonheur des Polonais. Après un séjour de huit jours à Pulawy, Poniatowski se mit en devoir de suivre l'armée de Ferdinand, et résolut de réunir ses forces à Radom. Sa cavalerie, aux ordres du général Rozniecki, s'avança dans l'intérieur du pays et occupa Opatow, Kielce et Konskié; elle fit dans cette marche quelques centaines de prisonniers et s'empara de 500 fusils et de 500 sabres, abandonnés par les Autrichiens. Le général Sokolnicki passa la Piliça, et prit position, le 2 juillet, à Zwolen. Le général Dombrowski, débouchant par Nowe-Miasto, occupa Radom le 4. Le corps du prince, qui avait quitté Pulawy le 2, rallia Sokolnicki à Zwolen, le 3, et le général Dombrowski, le 4; le prince établit son quartier général le même jour à Radom. Dès son arrivée, il institua dans cette ville un nouveau gouvernement pour le département de Radom, dont la présidence fut déférée à Stanislas Soltyk *, que désignait le vœu général des habitants. La population de la rive gauche de la Vistule était animée d'un enthousiasme plus vif encore que celle de la rive droite; de toutes parts on courut aux armes, des partisans se formèrent spontanément, des détachements autrichiens furent coupés et faits prisonniers par les insurgés.

Le prince Poniatowski passa ses troupes en revue à Radom, et, frappé de la belle tenue du corps du

* Père de l'auteur de cet ouvrage.

général Dombrowski, il lui témoigna sa satisfaction dans un ordre du jour ainsi conçu : « Je me plais à reconnaître que les troupes sous les ordres du général Dombrowski, formées, en si peu de temps, ont non-seulement une belle tenue, mais qu'elles ont déjà prouvé en plusieurs rencontres leur esprit belliqueux et se sont montrées dignes d'égaler les autres troupes polonaises. Cet heureux résultat est dû au zèle infatigable du général Dombrowski et des officiers de son corps d'armée. »

# CHAPITRE VIII.

Position des armées belligérantes au 4 juillet. — L'archiduc se rend en Bohême. — Mondet le remplace dans son commandement en Galicie. — Retraite de l'armée autrichienne sur la haute Vistule. — Poniatowski suit leurs mouvements. — Engagement de Pinczow. — Combat de Zarnowiec. — Rencontre de Xionz et Miechow. — Combat devant Krakovie. — Convention pour la reddition de cette ville. — Mouvement de l'armée russe. — Ils viennent en hâte occuper la ville. — Les Polonais y entrent de force, l'occupent conjointement avec les Russes. — Rapport de Poniatowski à l'empereur. — Armistice de Znaym à la suite de la bataille de Wagram. — Position des armées adverses. — Expédition de Strzyzewski en Podolie. — Marche sur Zaleszczyki. — Combat de Zaleszczyki. — Retraite de Strzyzewski sur Tarnopol. — Combat de Zagrobella. — Retraite de Biking sur Chorostkow; son arrière-garde est enlevée. — Kessler à Brzezany. — Biking vient le rejoindre. — Il est poursuivi et attaqué à Winiawka. — Capitulation. — Marche de Strzyzewski sur Mariampol. — Canonnade à travers le Dniester. — Les deux parties reçoivent la nouvelle de la conclusion de l'armistice de Znaym. — Strzyzewski marche sur Tarnopol et renvoie les régiments podoliens dans leurs cantonnements. — Séjour de Poniatowski à Krakovie. — L'armée du duché et celle franco-galicienne sont portées au grand complet. — Napoléon complète son armement. — Événements qui se passent sur différents points du théâtre de la guerre. — Négociation pour la paix. — Envoi d'Ignace Potocki et de Thadé Matuszewiç au quartier général de l'Empereur. — Traité de Schœnbrunn, le 14 octobre. — Accroissement du duché de Varsovie. — Commission nommée par la délimitation. — Observations sur cette campagne.

Au 4 juillet, la position des trois armées qui agissaient en Galicie était la suivante : celle de l'archiduc Ferdinand, forte de 24,000 hommes, était placée à cheval sur la Piliça, appuyait sa droite à la Nida, et couvrait Krakovie. Poniatowski avait réuni 23,000 hommes aux environs de Radom, et porté son avant-garde à Kielce; l'armée russe aux ordres de Galytzine, suivait lentement la grande route de Léopol à Vienne, son avant-garde était à Dembiça, son arrière-garde à Rzeszow et son quartier général à Sendziszow. Sa force, non compris le détachement fait sur Léopol, s'élevait à 30,000 hommes.

Ferdinand venait de recevoir l'ordre d'aller prendre le commandement des troupes autrichiennes réunies en Bohême; Mondet, chargé de la direction de celles qui se trouvaient en Pologne, continua à se rapprocher de l'armée de l'archiduc Charles, en se repliant sur la haute Vistule. Ce mouvement rétrograde fut exécuté sur trois colonnes : la première suivait la grande route de Krakovie; la seconde marchait sur Oswiecim, par la rive droite de la Piliça; la troisième s'avançait par la rive gauche, sur le même point, où elles devaient franchir toutes deux la Vistule. De son côté, Poniatowski partit de Radom et se porta, le 5 juillet, sur Krakovie. Il avait d'abord à traverser les montagnes de Ste-Croix, par une route difficile et étroite. Arrivé le 8 à Kielce, il y établit son quartier général; le même jour, il remit ses troupes en marche sur trois colonnes. Celle de droite, commandée par Kosinski, se dirigea sur Konieçpol, et détacha, chemin faisant, un escadron du 2ᵉ de cavalerie qui surprit à Przedborz, un poste d'infanterie autrichienne, et lui fit 54 prisonniers. La colonne du centre, dirigée par Poniatowski en personne, marcha sur Chenciny. Celle de gauche, conduite par Rozniecki, se porta sur Pinczow, et s'en empara le 9, après un engagement assez vif avec la cavalerie ennemie.

Le 10, l'armée polonaise continua son mouvement sur Krakovie dans le même ordre ; la colonne de droite s'avança sur Zarnowiec, qui était occupé par un détachement du général Mohr. Le lieutenant-colonel Szembek, qui commandait l'avant-garde de Kosinski, dut reconnaître la position de Zarnowiec. Emporté par son ardeur guerrière, il alla plus loin, il en chassa les Autrichiens, et l'occupa vers midi ; mais le soir, attaqué à son tour par une colonne forte de 3,000 hommes d'infanterie, 500 cavaliers et 4 pièces, sous les ordres de Mohr, il ne put se maintenir et fut ramené. Cependant Kosinski se présenta devant la ville, le 11, à 8 heures du matin, détacha un bataillon d'infanterie sur sa droite, et fit tourner la position, tandis qu'il l'attaquait de front. Cette manœuvre réussit ; après une résistance assez vive, Mohr abandonna Zarnowiec et se retira sur Xionz, après avoir eu 100 hommes hors de combat et 200 prisonniers : Kosinski trouva dans la ville des approvisionnements considérables en vivres et en fourrages. Le 3ᵉ bataillon du 10ᵉ régiment d'infanterie, qui allait pour la première fois au feu, se distingua dans cette journée.

Après avoir accordé deux heures de repos à ses troupes, Kosinski se mit à la poursuite de Mohr : il le joignit, le battit encore dans la soirée et le chassa de Xionz, après lui avoir mis 100 hommes hors de combat et lui avoir fait 50 prisonniers. Ce résultat était dû à l'artillerie légère, et à la cavalerie qui s'étaient distinguées par leur bravoure dans le combat. Les Autrichiens, de leur côté, firent preuve de constance; dans les journées suivantes, ils défendirent le terrain pied à pied, et forcèrent les Polonais à se déployer à diverses reprises. Le prince établit son quartier général à Wodzislaw, le 12; le 13, il chassa l'ennemi de Miechow; le 14, le général Rozniecki arriva en vue de Krakovie. Les Autrichiens eurent, dans ces différents engagements, 500 hommes hors de combat et les Polonais leur firent 1,000 prisonniers

Mondet occupait Krakovie; il avait dans les faubourgs de forts détachements d'infanterie; sa cavalerie gardait les différentes avenues. Rozniecki descendit, vers midi, dans la vallée; sa cavalerie fournit plusieurs charges et fit plier celle des Autrichiens. Un parlementaire, envoyé par Mohr, se présenta sur ces entrefaites, et demanda une suspension d'armes. Une correspondance s'engagea entre les deux généraux, et à six heures du soir une capitulation fut signée *. Elle portait, en sub-

* V. Pièces justificatives, XVI.

stance, qu'il y aurait une armistice de 12 heures ; que pendant ce temps, l'armée autrichienne évacuerait Krakovie et la remettrait aux troupes polonaises avec Podgorze ; que l'avant-garde de Poniatowski ne pourrait dépasser cette dernière ville, que six heures après l'expiration de l'armistice, que cependant les troupes autrichiennes pourraient prendre position pour l'empêcher de déboucher. Le pont de la Vistule, les magasins devaient être remis intacts aux Polonais ; les malades et les blessés autrichiens rester prisonniers de guerre, et les employés administratifs devaient être traités avec égards.

Poniatowski reçut à Miechow, la nouvelle de la conclusion de cet arrangement. Quoiqu'il fût huit heures du soir, il monta de suite à cheval et rejoignit rapidement son avant-garde. Il arriva vers dix heures à Promnik-le-Rouge, village situé à un demi-mille de Krakovie; il y établit son quartier général. Chemin faisant, il avait rencontré le général Rozniecki qui se rendait à Miechow, afin de lui demander la ratification de la convention qu'il venait de conclure. Ce général félicita le prince de sa prochaine entrée à Krakovie, et l'assura que tout était convenu. Malheureusement il ne s'était pas fait remettre une des portes. Cet oubli amena une suite d'incidents, dont le prince rendit compte à l'Empereur. Je produis son récit :

« J'avais eu l'honneur de parler à Votre Majesté, dans ma dernière dépêche, de l'attaque que j'avais ordonnée sur Pinczow, ainsi que des dispositions faites pour tourner la position de l'ennemi sur la Nida : l'une et l'autre opération a eu le plus heureux succès ; la ville mentionnée ayant été emportée le 9, après une forte résistance, par le général Rozniecki, tandis qu'un corps de troupes se portait sur Chenciny, et un autre, aux ordres du général Kosinski, débouchait par Koniecpol. Non-seulement, par cette manœuvre, la position de la Nida se trouva prise à revers, mais le corps de l'archiduc Ferdinand se trouvant par là également menacé sur un de ses flancs, y repassa en hâte la Vistule, aussitôt que la nouvelle lui en fut parvenue.

« Le mouvement rétrograde de l'ennemi fut alors entièrement décidé. Il essaya vainement de se maintenir près de Wodzislaw, Xionz, Zarnowice et Miechow : chacun de ces points fut forcé dans les journées des 10, 11, 12 et 13. L'ennemi fut également délogé des postes intermédiaires que lui offrait à chaque pas le pays très coupé des environs de Krakovie ; et, après une suite d'affaires dans lesquelles le succès fut constamment de notre côté, il se trouva totalement rejeté sous les murs de cette ville.

« Quoique les obstacles multipliés qu'offre la nature du terrain n'eussent pas encore permis la réunion d'une grande partie de nos troupes, je donnai l'ordre d'attaquer la position occupée par le corps du feld-maréchal Mondet. Il fut exécuté par le général Rozniecki avec autant de bravoure que d'intelligence; les premiers postes qui couvraient cette position avaient été forcés avec la plus grande impétuosité. Le général Mohr proposa, au nom du feld-maréchal, une convention pour l'évacuation de la ville.

« Je n'étais guère porté à y donner la main; cependant, ayant considéré que la résistance de l'armée ennemie dans la ville pourrait se prolonger au delà de trente-six heures; que pour l'attaquer avec succès il fallait attendre l'arrivée, au moins, d'une partie de nos troupes qui étaient encore en marche; que ce délai donnerait aux Russes, qui jusqu'alors étaient restés dans l'inaction sur le Dunaiec, le temps d'arriver et de se concerter avec les Autrichiens, pour prendre possession de Krakovie, je pensai que ces raisons devaient prévaloir sur toute autre considération, quand il s'agissait d'un point militaire aussi important, et j'autorisai en conséquence le général Rozniecki à conclure la capitulation que j'ai l'honneur de soumettre à Votre Majesté. Elle nous assure, outre la possession de Krakovie, celle de Podgorze sur la rive droite.

« J'entrerai à Krakovie demain, 15 juillet, et, jour pour jour, trois mois après l'entrée de l'ennemi sur le territoire du duché de Varsovie. Les troupes polonaises, auxquelles Votre Majesté en a confié la défense, jouiront du bonheur d'avoir rempli son attente, en plantant ses aigles victorieuses dans cette capitale de l'ancienne Pologne, qu'elle a daigné rendre à leurs vœux.

« Les Autrichiens ont perdu dans les affaires sus-mentionnées, outre les tués et blessés, environ 1,000 prisonniers ; les troupes polonaises qui y ont pris part, ont donné des preuves d'une valeur distinguée. La cavalerie a effectué dans la matinée d'aujourd'hui sept charges très brillantes ; l'affaire de Zarnowiec fait infiniment d'honneur au sang-froid et aux bonnes dispositions du général Kosinski.

« J'allais faire partir le courrier chargé de porter à Votre Majesté Impériale le rapport que j'ai l'honneur de lui adresser, lorsque quelques incidents extraordinaires m'ont engagé à retarder son départ de quelques heures, pour être à même de lui en rendre compte. Dès 10 heures du soir (le 14) un grand nombre d'habitants de Krakovie, sortis de la ville pour témoigner aux troupes polonaises la joie que causait leur arrivée, avaient assuré à plusieurs officiers, qu'un piquet de Kosaks et un autre de dragons russes se trouvaient dans la ville. A minuit, un parlementaire autrichien se présenta : il était porteur d'une lettre, par laquelle le feld-maréchal Mondet témoignait au général Rozniecki, commandant mon avant-garde, que l'officier chargé de conclure avec lui l'arrangement pour l'évacuation de Krakovie, avait outrepassé ses instructions et ses pouvoirs, en stipulant pour les troupes polonaises la possession de Podgorze, séparé de la ville par la Vistule ; il en appelait à la loyauté du général pour redresser à cet égard, la convention dont il m'a envoyé l'original. Étonné de ce que, malgré que le feld-maréchal Mondet, se trouvât à Krakovie, et le général Rozniecki à une portée de fusil, une communication de cette nature n'arrivât que six heures après la signature, j'étais presque résolu à rompre l'armistice; mais ayant réfléchi que tout cela pouvait n'être qu'une ruse pour gagner du temps et donner aux Russes celui d'arriver; et la possession de Podgorze, dominé entièrement par la ville, étant absolument indifférente, j'ai cru, vu le peu d'heures qu'il restait encore jusqu'à l'expiration de l'armistice, devoir prendre un autre parti : j'ordonnai en conséquence à M. le directeur du génie, Mallet, de se rendre auprès du feld-maréchal Mondet, pour lui dire que je consentais au changement qu'il désirait. On fit faire à cet officier, sous divers prétextes, beaucoup de chemin, à travers plusieurs faubourgs situés de l'autre côté de la ville, et ce ne fut qu'après quatre heures du matin qu'il parvint à voir le feld-maréchal Mondet. Malgré la proximité du camp, il ne put être de retour qu'à cinq heures du matin; il m'apprit alors qu'il se trouvait dans la ville plusieurs régiments russes.

« Cette circonstance ne me permettant plus de douter d'une nouvelle perfidie, j'ordonnai aux troupes de se mettre sur-le-champ en marche; et à six heures précises, le chef d'escadron comte Wlodimir Potocki, à la tête d'un peloton, se présenta à la porte de Krakovie. Il y trouva le général Sievers, qui lui dit : « J'ai ordre de vous défendre l'entrée de la ville. » Le chef d'escadron comte Potocki lui répondit : « J'ai ordre d'y entrer au nom de S. M. l'Empereur des Français; et j'espère que vous ne me forcerez point à faire croiser les lances pour m'en ouvrir le passage. » Le général Sievers ne jugea point devoir en venir là, et l'avant-garde polonaise entra dans la ville. Le général Rozniecki, qui la commandait, ayant appris que le général Sievers était à Krakovie, se rendit auprès de lui : il était muni de l'original de la convention, qu'il présenta au général russe, en lui disant que cet arrangement avait été conclu la veille à six heures du soir, et qu'il entrait à l'expiration de l'armistice pour prendre possession de la ville au nom de V. M. I. En passant devant les troupes russes, il fut étonné d'apercevoir pêle-mêle un assez grand nombre de soldats autrichiens entièrement armés, qui prirent la fuite à son approche; il les fit poursuivre, ramassant ainsi une trentaine de prisonniers, et prit lui-même deux officiers jusque dans les rangs des troupes russes.

« Les choses étaient dans cet état lorsque j'entrai dans la ville avec mon état-major [*]. Je vis sur la place 12 pièces d'artillerie russes, qui paraissaient dirigées contre l'hôtel de ville. Arrivé à l'entrée de la rue qui conduit au pont, je la trouvai barrée par un escadron de hussards russes en bataille, le

---

[*] Poniatowski fut reçu à la porte de Krakovie par la municipalité de la ville et harangué par Krzyzanowski qui en faisait partie.

dos tourné à l'ennemi ; il refusa de me laisser passer, et je me vis obligé de m'ouvrir un passage en fonçant avec mon cheval sur la troupe, de manière à culbuter ceux qui s'y opposeraient. Ce ne fut qu'ainsi que je pus faire passer deux pièces d'artillerie que je faisais marcher vers les bords du fleuve. L'infanterie qui se portait au pont éprouva les mêmes difficultés ; et le régiment de dragons qui lui barrait le chemin ne la laissa librement passer que lorsque le lieutenant-colonel Blümer, qui commandait le premier bataillon qui se présenta, eut fait croiser les baïonnettes et mettre la troupe au pas de charge.

« Cette disposition des Russes me faisant voir la nécessité de conserver une prépondérance de forces : je fis entrer dans la ville la brigade d'infanterie du général Sokolniçki ; mais elle n'éprouva plus les mêmes obstacles, et pendant qu'on la disposait à toutes les portes de manière à m'assurer entièrement de Krakovie, j'invitai les magistrats de la ville, qui s'étaient rendus auprès de moi, à prêter à V. M. I., au nom de laquelle je leur dis que je prenais possession de la ville, le serment d'hommage et de fidélité. Ils s'empressèrent de remplir ma demande avec cet anthousiasme que V. M. I. excite dans le cœur de tout Polonais ; le procès-verbal de l'acte fut inséré dans le registre des délibérations, et les aigles françaises remplacèrent les armes de l'Autriche. Ce ne fut qu'alors que je rencontrai dans la ville le général Sievers : je lui témoignai tout l'étonnement que me causait un procédé aussi étrange que celui de venir en hâte s'emparer d'une ville conquise par des troupes alliées, et dont la possession était assurée à V. M. I. par une convention ; il tâcha de s'excuser en disant qu'il ignorait entièrement cet arrangement à son arrivée à Krakovie, et que, s'il lui avait été connu, il aurait pris sur lui de ne point faire entrer ses troupes dans la ville, malgré les ordres qu'il avait reçus du prince Souvaroff; mais que cette mesure étant effectuée, il n'y pouvait rien changer sans de nouveaux ordres.

« Je ne connaissais encore aucune des circonstances qui avaient précédé et accompagné l'arrivée des troupes russes ; les citoyens les plus distingués du pays s'étant rendus auprès de moi, me firent part de tout ce qui s'était passé. Il résulte de leur récit :

« 1° Que pendant que les généraux autrichiens traitaient avec le général Rozniecki, ils avaient envoyé en hâte chercher un détachement russe pour le faire entrer dans la ville avant nos troupes ; que le 14 au soir étaient venus les deux piquets mentionnés de kosaks et de dragons, et qu'ils étaient arrivés conduits par le colonel autrichien Latour, qui leur avait assigné lui-même les postes qu'ils devaient occuper.

« 2° Que les troupes russes, éloignées de plusieurs milles de Krakovie, ont fait une marche forcée pour y entrer avant les troupes polonaises, et que la demande de l'armistice, en offrant l'évacuation de la ville, n'a été mise en avant par le général autrichien que pour s'assurer que les Russes auraient le temps d'arriver.

« 3° Que les troupes russes qui se sont trouvées dans la ville en même temps que les Autrichiens, leur ont permis de se retirer sans les avoir inquiétés, et ont laissé échapper notamment quatre de leurs généraux.

« Toutes ces circonstances ont été répétées en ma présence au général Sievers par plusieurs citoyens distingués qui en avaient été témoins, entre autres par le comte Grabowski, ancien lieutenant-général au service de Pologne, qui s'était donné la peine d'observer lui-même ces mouvements. Le général Sievers n'a trouvé aucun argument pour prouver qu'on avait tort à cet égard.

« Voilà, Sire, le récit exact de ce qui a eu lieu relativement à l'évacuation et à la prise de possession de Krakovie. Les pièces ci-jointes, composant la correspondance qui a été suivie à cet égard, convaincront V. M. J. combien les généraux autrichiens et russes ont mis de mauvaise foi dans leur procédé envers nous.

« D'après les renseignements qui me sont parvenus sur la marche de l'ennemi, il prend la route de Silésie. Les troupes sous mes ordres se trouvent réunies près de Krakovie. J'ignore encore le parti que prendront les Russes, mais les événements d'aujourd'hui m'ont suffisamment prouvé combien il pourrait devenir dangereux de se mettre entre eux et l'ennemi. Ma position devient d'autant plus pénible, qu'il m'est impossible de me mettre dès à présent à sa poursuite. » Ce rapport fut expédié de Krakovie le 15 juillet.

Poniatowski établit son quartier général dans un des hôtels qui bordent la grande place de la ville; le général Souvaroff plaça le sien dans un autre, tout à côté. Il était à craindre, vu l'exaspération des troupes polonaises, que l'inimitié entre les deux nations n'amenât un conflit immédiat; mais les deux généraux vivaient en bonne intelligence. Ils parvinrent à maîtriser le mécontentement et la haine des deux armées. Un gouvernement provisoire, pour le département de Krakovie, fut installé par Poniatowski. Le prince Henri Lubomirski en fut nommé président, le général Sokolniçki fut nommé commandant de Krakovie; le général Hebdowski gouverneur militaire de la Galicie. Mondet se retira sur la Silésie autrichienne et campa près de Biala. Galytzine, dont l'armée s'avançait lentement, à la suite de Souvaroff, établit son quartier général à Bochnia.

Le 16, le prince reçut communication de l'armistice conclu à Znaim. D'après les stipulations de cette armistice, les armées belligérantes devaient rester dans les positions qu'elles occupaient au moment où il avait été arrêté *. Si Poniatowski n'eût pas été entravé par la ruse et les connivences secrètes des Autrichiens et des Russes, il se fût

* *V.* Pièces justificatives, XVII.

déjà trouvé sur la route de Vienne, et se fût tout au moins emparé de Wieliczka et de ses riches salines, tandis que dans l'état des choses présentes, il devait s'estimer heureux d'avoir déjoué les trames des ennemis de la cause polonaise * et d'occuper Krakovie.

Pendant que les Polonais chassaient les Autrichiens devant eux, il s'était passé de grands événements sur le Danube. Napoléon franchit le fleuve dans la nuit du 4 au 5 juillet, à la tête d'une armée formidable, sans éprouver de résistance. L'archiduc Charles, averti de la concentration des troupes françaises dans l'île de Lobau, s'était mis en mesure et avait ordonné à l'archiduc Jean de le rejoindre. Dans les journées du 5 et du 6 eut lieu la grande bataille qui porte le nom de Wagram, nom qui est celui d'un village auquel s'appuyait le centre des Autrichiens; après une lutte de deux jours, la victoire resta à la grande armée. Les deux partis comptèrent chacun environ 24,000 hommes hors de combat; mais les Français firent 20,000 prisonniers. Vivement poursuivi par Napoléon, l'archiduc Charles se retira sur la Bohême. Arrivé à Znaim, il demanda une suspension d'armes, et les hostilités cessèrent.

Il nous reste à rendre compte des opérations de Strzyzewski en Podolie. Cet officier, parti le 29

* L'occupation d'une plus grande étendue de pays avait non-seulement une grande importance, sous le rapport militaire, mais elle en avait une plus grande encore sous le rapport politique; car c'est sur cette occupation qu'on devait se baser pour le traité de paix.

mai de Léopol avec un escadron du 3° régiment de cavalerie, se dirigea sur la Bukowine et occupa successivement Zborow, Buczacz, Iazlowieç et Tluste. Il établit dans toutes ces villes des commandants de place, auxquels il laissa des piquets de cavalerie. Le pays, libre d'Autrichiens et animé par sa présence, put s'abandonner aux sentiments qui l'emportaient. Tout s'arma de faux, de piques et de fusils de chasse; tout accourut au devant de la colonne libératrice. Dans le cercle de Brzezany, Aloïs Cikowski, qui avait autrefois servi dans les hussards autrichiens, réunit un escadron de cavalerie qu'il équipa à ses frais; Joseph Nowiçki se mit à la tête des gardes-chasse de la terre de Brzezany, propriété des princes Lubomirski, dont il était économe général, et en forma une compagnie de chasseurs à pied.

Strzyzewski se présenta le 8 juin devant Zaleszczyki, chef-lieu du cercle de ce nom. Un bataillon d'infanterie autrichienne s'y était retranché; il ne put y pénétrer. Zaleszczyki, situé à la rive gauche du Dniester, est la dernière ville galicienne sur cette partie de la frontière; un pont de bateaux la liait à la rive droite du fleuve et facilitait les communications avec Czernowitz, capitale de la Bukowine, où le général Biking réunissait un corps considérable. Strzyzewski sentait toute l'importance d'une telle place, mais dénué d'infanterie, il ne pouvait s'en rendre maître; il prit position à Zwiniacz, village placé à quelque distance, et attendit que l'insurrection lui envoyât des secours. Ses espérances ne furent pas déçues : il reçut successivement divers détachements de chasseurs à pied. Dwernicki et Trzeciecki, cédant à l'ardeur guerrière qui les animait, passèrent le Zbrucz, le 10 juin, et lui amenèrent de la Podolie russe 400 volontaires bien montés et bien armés. Enfin, le major Rodkewicz arriva avec les levées en masse des cercles voisins. Strzyzewski se trouva ainsi à la tête de 250 hommes de cavalerie de ligne, de 400 volontaires à cheval et de 300 chasseurs à pied, soutenus par 4,000 hommes de levées en masse. Il crut ces forces suffisantes et marcha le 18 juin, sur Zaleszczyki. Il donna au chef d'escadron Lanckoronski 30 cavaliers du 3ᵉ régiment, 70 cavaliers podoliens et 100 chasseurs à pied ; il le chargea de passer le Dniester et de menacer Zaleszczyki sur la rive droite, tandis que lui-même attaquerait cette ville par la rive gauche. Les levées en masse formèrent la première ligne ; les chasseurs à pied et les volontaires à cheval podoliens la seconde ; la cavalerie de ligne tenait les ailes. Reçu par quelques décharges à mitraille, il vit bientôt le désordre gagner sa première ligne ; ses levées en masse perdirent contenance et s'éparpillèrent dans toutes les directions.

Il ne se laissa pas abattre par cet échec ; loin de là, il se maintint avec ce qui lui restait de troupes et se prépara à attaquer la ville dès que Lanckoronski engagé sur l'autre rive, prendrait les Autrichiens à dos. Il ignorait que Biking se trouvait à Zaleszczyki, dès la veille, avec un corps de 3,000 hommes et quatre pièces de canon, que ce général avait amenés de Czernowitz, ce qui portait la garnison à 4,000 hommes. Lanckoronski avait traversé le Dniester à la nage, à quatre heures du matin. Au point où il passa le fleuve, était un bois qui s'étendait vers la ville et se terminait par un taillis clair semé. Il le traversa, se porta à six heures sur le village de Swinice avec sa cavalerie, et embusqua ses chasseurs dans le taillis. Biking, alarmé par ce mouvement, détacha une forte colonne contre lui. Lançkoronski obligé de se mettre en retraite, se replia en bon ordre, gagna le taillis, où ses chasseurs reçurent l'ennemi à bout portant, et lui mirent bon nombre d'hommes hors de combat. Le terrain ne permettait pas à Biking de reconnaître les forces qu'il avait en tête, il les crut considérables, et se déploya. Hors d'état de se maintenir contre les troupes qu'il avait devant lui, Lanckoronski repassa le Dniester à la nage, au point où il l'avait franchi, et rejoignit Strzyzewski, à onze heures. Celui-ci était vivement engagé. Aux premiers coups de fusil qu'il avait entendus, il avait marché sur les retranchements et les attaquait avec vigueur ; mais Biking, ne craignant plus pour la rive droite, se concentra sur la gauche et présenta une masse de forces qui ne laissait aucune chance de succès. Strzyzewski regagna donc sa position de Dzwiniacz, et s'y maintint jusqu'au soir. Il ne put néanmoins rallier qu'une partie des levées en masse, le reste s'était dispersé et ne reparut plus. Ce ne fut pas tout ; le chef polonais y apprit, dans la nuit suivante, la retraite de Poniatowski et l'approche d'Egermann. Il crut devoir, de son côté, se replier sur Tarnopol. Il commença dans la matinée, son mouvement rétrograde et fut suivi par Biking, à la tête de 4,000 hommes, qu'appuyaient 4 pièces de canon. Il traversa Tluste, Czortkow, Budzanow, en longeant le Sered, arriva le 23 à Janow, où il fut joint le 24, par Rozwadowski, qui lui amena 200 volontaires à cheval. Il continua sa retraite le lendemain, gagna Trembowla, Mikulince et Tarnopol, qu'il occupa le 27. Biking, passa à Janow sur la rive droite du Sered et tenta de le devancer dans cette ville; mais Strzyzewski arriva à temps pour détruire les ponts qui liaient les deux rives, bordé sur ce point de marais impraticables. Au nord de Tarnopol est un lac de deux milles de longueur qui s'étend jusque près du village de Biala. Ainsi couvert, Strzyzewski se maintint dans sa position et eut le temps d'y rallier différents détachements. 300 chasseurs à pied, 50 volontaires à cheval, et enfin, 100 chevaux du 1$^{er}$ régiment de cavalerie, que lui avait envoyés le prince Poniatowski, au moment de son départ de Pniow, se réunirent à sa colonne. Se trouvant ainsi à la tête de 1,500 hommes, sans compter les levées en masse, il se crut assez fort pour reprendre l'offensive. Il laissa un détachement aux ordres de Rozwadowski à Tarnopol, et se mit en marche, le 1er juillet, par Biala. Il tourna le lac, et vint prendre, dans la soirée, position sur la rive opposée du Sered, en face de Zagrobela.

La nuit suivante, un sous-officier du 1er de cavalerie nommé Yaszczalt, faillit enlever le général Biking à son quartier général. Ce brave soldat tourna le camp ennemi, à la tête de 20 cavaliers. Il s'avança à la faveur de l'obscurité, jusqu'au milieu du village, mit pied à terre, pénétra jusqu'au général et l'enleva avec un de ses colonels. Mais, comme il les emmenait, un factionnaire donna l'alarme. L'aventureux sous-officier fut obligé de lâcher prise et s'échappa en toute hâte avec son détachement. Malgré la disproportion des forces, Strzyzeswki attaqua Biking, le 2 juillet à 4 heures du matin, son corps était partagé en trois colonnes; la première, aux ordres de Rozwadowski, s'avança de Tarnopol; la deuxième, sous les ordres de Strzyzewski, se mit en mouvement de Kutkowce; la troisième marcha d'abord sur Janowka, et se rabattit ensuite à gauche; toutes trois se dirigèrent sur Zagrobela; le corps de Biking surpris, eut à peine le temps de prendre les armes lorsqu'il fut attaqué. La cavalerie polonaise fit des prodiges de valeur, celle de ligne et de nouvelles levées rivalisèrent de zèle. Elles chargèrent la cavalerie autrichienne, la rompirent et se jetèrent sur l'infanterie qu'elles enfoncèrent également. Les chasseurs soutinrent ces attaques par un feu bien dirigé.

Biking chassé de Zagrobela et poursuivi avec vigueur, se replia à 9 heures sur Mékulence. Strzyzewski le fit suivre par un détachement de cavalerie, et rentra, avec le gros de ses forces, à Tarnopol qui venait d'être occupé par un escadron de cavalerie russe, et dont il voulait constater la prise de possesion par les Polonais. Les Russes cherchèrent à l'éconduire, comme ils avaient cherché à éconduire la colonne qui se présenta devant Krakovie ; mais il ne se laissa pas imposer, et pénétra dans la ville. Il fut rejoint à Tarnopol par Tarnowski, qui lui amena 200 chevaux de nouvelles levées, et par Ryszczewski avec 150 cavaliers et 300 chasseurs à pied. Le 4 juillet, il se mit à la poursuite de Biking : il l'atteignit près de Trembowla et le força de se retirer sur Chorostkow. Il ne cessa de le harceler, et lui enleva différents détachements.

A la même époque, un corps de 3,000 Autrichiens, aux ordre du général Kesler, qui faisait partie de la division de Merfeld, avait franchi le Dniester à Halicz et s'était emparé de Brzezany, chef-lieu de cercle. Strzyzewski ne pouvant détacher contre ce général des forces considérables, dut se contenter de le faire observer par l'escadron dernièrement formé par Cikowski et par un détachement de chasseurs de nouvelle création. Harcelé par ces corps Kesler n'osa pousser plus avant, et ne songea plus qu'à se maintenir à Brzezany ; de son côté Biking, quoique éloigné de trois marches de ce chef, voulut le rejoindre ; il laissa à Chorostow une forte arrière-garde, et franchit le Sered à Budzanow. Strzyzewski s'apercevant qu'il n'avait plus devant lui qu'un bataillon autrichien, l'attaqua aussitôt et l'enleva tout entier. Ce coup de main consommé, il se mit à la poursuite de la colonne de Biking, il la joignit et la poussa en désordre sur Winiawka. La troupe était exténuée de fatigue ; Biking se saisit d'un convoi de sel, et formant les charrettes en carré, s'établit derrière cette espèce de retranchement. Les soldats manquèrent d'eau, et voulurent en chercher au village de Winiawka. Les chasseurs polonais en défendaient les accès ; la chaleur était extrême, hommes et chevaux furent bientôt livrés au tourment de la soif.

Strzyzewski renforcé par 700 chasseurs que lui amena de Bursztyn, Skarbek, les pressa plus vivement, et le brave Dwernicki à la tête de 50 cavaliers, leur enleva un détachement qui cherchait à les rallier. Un officier d'ordonnance expédié au général Merfeld, pour lui demander du secours, fut ramené par une patrouille. Les Autrichiens perdirent courage ; les non-combattants, qui, depuis la veille, ne recevaient plus aucune distribution d'eau, étaient en proie à la plus grande détresse. Une foule de ces malheureux avaient succombé à la soif. Une vivandière s'évanouit et mourut bientôt après, mais n'expira qu'après avoir vomi un torrent d'imprécations contre le général ; les soldats s'attroupèrent autour d'elle, et ne purent résister à cet affreux spectacle ; ils s'emportèrent en murmures, le mécontentement se propagea et menaça de tourner en révolte. Biking céda, une capitulation fut conclue qui stipulait que : les troupes autrichiennes ne garderaient que 200 fusils et 200 gibernes d'infanterie ; que le reste des armes, les canons, les chevaux seraient remis aux Polonais ; que reconduit sous escorte à Czernowitz, il ne pourrait servir jusqu'à la paix ; que quatre heures après la conclusion de cette capitulation, le corps se mettrait en mouvement pour sa destination après la remise de ses armes et de son artillerie *.

Dans un rapport adressé par Poniatowski à l'Empereur **, en date du 23 juillet, cette affaire est attribuée au colonel Ryszczewski, et à son régiment. Ce rapport, écrit sur de premières données, est inexact, et la justice exige que les faits soient rétablis dans toute leur vérité. Le colonel Ryszczewski, ainsi que Tzeciecki, Tarnowski et Rozwadowski, qui comme lui, formaient à leurs frais de nouveaux régiments de cavalerie, étaient présents à l'affaire de Winiawka avec leurs corps ; mais aucun d'eux n'avaient encore l'expérience du commandement, et tous ne jouèrent qu'un rôle secondaire dans cette expédition. Strzyzewski en était le chef ; c'est à lui que doit revenir la gloire de ce brillant fait d'armes.

Après l'affaire de Winniawka, Strzyzewski

* V. pièces justificatives, XVIII.
* V. Pièces justificatives, XIX.

marcha contre Kesler ; mais celui-ci n'attendit pas son arrivée, dès qu'il eût appris le désastre de Biking, il quitta Brzezany et se porta par Rohatyn sur Haticz, où il traversa le Dniester. Strzyzewki se porta sur le fleuve et quoiqu'il sût que Merfeld, qui avait rallié Egermann, près de Stanislawow, avait 8,000 hommes sous la main, il ne craignit pas de le joindre. Il occupa, le 20, Mariampol, et la nuit suivante, il fit traverser le Dniester à l'escadron du 3$^e$ de cavalerie. Il se proposait de le franchir lui-même le lendemain ; mais l'escadron du 3$^e$, en s'avançant sur Stanislawow, se trouva en présence de forces ennemies si supérieures, qu'il dut se replier à la hâte. Pressé de toutes parts, il fut obligé de remonter le Dniester, et ne parvint à le traverser qu'à la faveur de la nuit et à la nage. Merfeld prit position vis-à-vis de Mariampol mit douze pièces en batterie et fit feu sur la ville. Strzyzewski n'en avait que quatre qu'il avait enlevées à Biking, et pas un artilleur exercé; il ne se découragea pas néanmoins, dénué de projectiles, il fit ramasser les boulets autrichiens, et les renvoya sur la rive d'où ils étaient venus. La nouvelle de l'armistice survint au milieu de cet engagement : les hostilités cessèrent.

Dès que Strzyzewski parut sur le Dniester, l'insurrection éclata partout ; elle s'étendit dans les Carpathes, et se propagea jusqu'aux frontières de Hongrie. Quelques patriotes zélés se mirent à la tête des montagnards. Le capitaine Kopestynski et les frères Siedlecki, se signalèrent surtout par leur zèle.

Cependant, Merfeld parvint à contenir le mouvement. Les deux frères Siedlecki furent tués dans leurs terres, en se défendant bravement. Kopestynski fut pris, jugé et fusillé. C'était un homme qui jouissait d'une grande considération; aimé, estimé de tous, il périt pour sa patrie et emporta les regrets de tous les amis de l'indépendance nationale. Merfeld absent de Stanislawow, lors de l'exécution, ne cacha pas le mécontentement qu'elle lui causait. Sa femme, obligée de fuir de Leopol, et se rendant avec ses équipages à Stanislawow, avait été arrêtée par un détachement de partisans galiciens; elle fut traitée avec les plus grands égards, ne perdit que les papiers et les cartes du général, et fut renvoyée avec un sauf-conduit, au-delà du Dniester. Merfeld fut sensible à ce procédé et n'apprit pas sans chagrin la rigoureuse manière dont Kopestynsk avait été traité.

Pendant l'armistice, Strzyzewski retourna à Tarnopol; les canons qu'il avait conquis furent envoyés à Zamosc, et les quatre régiments de cavalerie podolienne, mis en cantonnement sur la frontière de l'empire russe, où ils complétèrent leur formation et furent encore rejoints par plus de 500 volontaires, qui passèrent le Zbrucz, malgré la défense du gouvernement moscovite, et portèrent ces nouveaux corps au grand complet.

Pendant son séjour à Krakovie, Poniatowski se voua aux soins de l'organisation des troupes qui étaient sous ses ordres; il passa de nombreuses revues, distribua des croix d'honneur, fit des promotions et pressa l'instruction des nouveaux corps. La Pologne avait alors deux armées distinctes : celle du duché, qui se montait vers la fin d'octobre à :

        28,367 . . . . . . hommes d'infanterie.
         5,908 . . . . . . id.    cavalerie.
         2,620 . . . . . . id.    d'artillerie.
Total. . . 36,895

Et l'armée franco-galice, qui avait :
        16,583 . . . . . . . . . . . . d'infanterie.
         8,610 . . . . . . . . . . . . chevaux.
Total. . . 25,193 hommes *.

Total. . . 62,088, de toutes les forces polonaises ;
dont 52,192 se trouvaient en Pologne et 9,896 à l'étranger.

Mais l'armement des troupes n'étant pas complet, l'Empereur envoya en Pologne vers la fin de septembre, sur la demande de Poniatowski, 20,000 fusils tirés des arsenaux des places de la Prusse *.

Malgré la conclusion de l'armistice, les hostilités continuèrent en Tyrol ; ce ne fut que vers la moitié du mois d'août que les Autrichiens en furent chassés par Lefebvre et que cette province fut définitivement soumise aux Bavarois. A la fin de juin, le général autrichien Kinmayer avait pris le commandant des forces autrichiennes en Franconie et en Saxe, et réuni sous ses ordres les corps d'Amande, d'Am-Ende et du duc de Brunswick, qui

* *V.* Pièces justificatives, XX.
* *V.* Pièces justificatives, XXI.

s'élevaient à environ 15,000 hommes. Junot et le roi Jérôme lui étaient opposés. Il battit le premier et le força à se retirer sur Amberg ; il marcha ensuite contre le second, et le contraignit à se replier sur Erfurth. Cependant Kinmayer, ayant appris la conclusion de l'armistice de Znaïm, rentra en Bohême. Le seul duc de Brunswick refusa de poser les armes, et ne craignit pas d'entreprendre un mouvement hardi vers le nord, quoiqu'il n'eût avec lui que 4,000 hommes. Il voulait se réunir aux Anglais qui avaient débarqué à Kuxhawen, et insurger le pays. Brunswick battit les Westphaliens, rentra dans son duché ; mais, entouré par des forces supérieures, il ne put s'y soutenir ; il s'embarqua à l'embouchure du Weser, le 7 août, et se réfugia dans l'île de Héligoland où il se maintint jusqu'à la paix.

Depuis la ratification de l'armistice par l'empereur d'Autriche, le 18 juillet, des négociations pour la paix eurent lieu à Schœnbrunn. Là, devait se décider le sort de l'Autriche. Elle était, pour ainsi dire, livrée à la discrétion de Napoléon, mais il ne pouvait opérer sa destruction sans s'attirer l'inimitié de la Russie et peut-être même une guerre immédiate avec cet empire, guerre qui eût sans doute amené une rupture avec la Prusse et une coalition de toutes les grandes puissances européennes contre la France ; il conserva donc à l'Autriche une existence politique, et se contenta de l'affaiblir en lui enlevant une partie des provinces que le sort de la guerre avait fait tomber en son pouvoir. Les Polonais pouvaient espérer de recevoir pour prix de leur courage et des services éminents qu'ils avaient rendus à Napoléon, un accroissement considérable de territoire. Mais ils craignaient les instigations et les intrigues de leurs ennemis. N'étant pas représentés aux conférences de Schœnbrunn, ils voulurent au moins plaider auprès de Napoléon, la cause de leur patrie : Ignace Potocki et Thadée Matuszewiç, le premier ci-devant grand maréchal de Litvanie, et le second, membre du gouvernement provisoire de Galicie, hommes distingués et patriotes zélés, se rendirent au quartier général impérial, où ils trouvèrent le général Bronikowski; tous trois cherchèrent à mettre les circonstances à profit, tous trois firent à l'Empereur les représentations les plus vives. Mais quelles que fussent les bonnes dispositions de ce prince, il ne put réunir au duché que les pays occupés par les troupes polonaises; il lui fut impossible de rien obtenir au delà.

Le traité conclu le 14 octobre, contenait un article ainsi conçu :

« S. M. l'empereur d'Autriche cède et abandonne à S. M. le roi de Saxe, pour être réuni au duché de Varsovie, toute la Galicie occidentale ou nouvelle Galicie, un arrondissement autour de Krakovie, sur la rive droite de la Vistule, qui sera ci-après déterminé, et le cercle de Zamosc, dans la Galicie orientale. — L'arrondissement autour de

Krakovie, sur la rive droite de la Vistule, en avant de Podgorze, aura partout pour rayon la distance de Podgorze, à Wieliczka; la ligne de démarcation passera par Wieliczka, et s'appuiera à l'ouest sur la Skawina, et à l'est sur le ruisseau qui se jette dans la Vistule à Brzegi. — Wieliczka et tout le territoire des mines de sel appartiendront en commun à l'empereur d'Autriche et au roi de Saxe; la justice y sera rendue au nom de l'autorité municipale. Il n'y aura de troupes que pour la police, et elles seront des deux nations en égal nombre. — Les sels autrichiens de Wieliczka pourront être transportés sur la Vistule, à travers le duché de Varsovie, sans être tenus à aucun droit de péage. Les grains provenant de la Galicie autrichienne pourront être exportés par la Vistule. — Il pourra être fait, entre S. M. l'empereur d'Autriche et S. M. le roi de Saxe, une fixation de limites, telle que le San, depuis le point où il touche le cercle de Zamosc jusqu'à son confluent dans la Vistule, serve de limite aux deux États. »

La Russie reçut aussi le cercle de Tarnopol pour prix de sa coopération, ou plutôt de sa neutralité. Des commissaires furent nommés de part et d'autre pour établir la ligne de délimitation: pour le grand-duché, c'étaient les généraux Pelletier et Rozniecki, et le prince Henri Lubomirski; du côté de l'Autriche, les généraux Mayer et Wurmser. La partie des deux Galicies assurée par ce traité au duché forma quatre nouveaux départements : ceux de Siedlce, Lublin, Radom et Krakovie. La constitution de ce pays fut étendue à ces nouveaux territoires, et cinq millions de Polonais avaient dès lors reconquis leur indépendance.

---

Les événements dont nous présentons l'esquisse attestent de quels efforts, de quels sacrifices la nation polonaise est capable. Entrée dans la lutte avec 22,000 combattants, elle va toujours grossissant ses forces, et, malgré la consommation du champ de bataille, malgré les entraves qui s'opposent à son élan, elle compte 52,000 hommes sous les drapeaux, quand la paix vient fermer l'arène. Ce développement de forces dans des circonstances si défavorables était énorme, mais le patriotisme suppléa à tout. Le trésor était vide, les dons volontaires le remplirent. Les arsenaux manquaient d'armes, les faux, les piques, les fusils de chasse en tinrent lieu. Il n'y avait qu'une artillerie insuffisante, l'armée s'en procura sur les champs de bataille*. De nouveaux corps se formèrent de toutes parts, de toutes parts l'élite de la nation courut aux armes. Les citoyens les plus opulents, ceux qui avaient le plus à perdre, furent ceux qui montrèrent le plus d'abandon. Les habitants du duché qui

* Le nombre des pièces prises par l'armée polonaise, dans cette guerre, se montait à 68.

venaient de recouvrir leur indépendance, ceux de la nouvelle Galicie, tombés par le dernier partage de 1795 sous la domination étrangère, ceux enfin de la vieille Galicie, qui depuis 1772 faisaient partie de l'empire d'Autriche, tous montrèrent le même patriotisme, le même enthousiasme. En vain une armée russe s'avance, plutôt pour paralyser les efforts des patriotes, que pour combattre l'Autriche; le dévouement polonais triomphe de ces entraves, et le gouvernement russe voit des centaines de volontaires passer la frontière de l'empire, malgré les défenses les plus rigoureuses, et rejoindre les Galiciens. C'était certes, un beau spectacle que celui d'une nation qui, abandonnée à ses propres forces, entourée d'ennemis, attaquée par une armée aguerrie et supérieure en nombre, accepte le danger dans toute son étendue, et non-seulement défend ses frontières, mais refoule l'ennemi et étend ses conquêtes sur son territoire. En vain 60,000 Autrichiens se présentent successivement sur le champ de bataille\*; la moitié périt ou posa les armes; l'autre, humiliée, vaincue, ne regagne qu'avec peine la frontière d'Allemagne et de Hongrie. Ces efforts, ces sacrifices, n'étaient pas les seuls que faisait la Pologne à cette époque: 18,000 Polonais combattaient simultanément en Espagne,

---

\* L'armée de l'archiduc comptait 40,000 hommes au moment de l'ouverture des hostilités; 5,000 hommes de renfort lui arrivèrent de Hongrie et de Bukowine, et sur les 20,000 recrues qu'il leva 15,000 Galiciens renforcèrent ses rangs.

en Allemagne, ou formaient les garnisons des places de la Prusse*.

Après l'échec d'Esling, Napoléon dut suspendre ses plans et réunir de nouvelles forces avant de reprendre l'offensive. L'Allemagne et l'Italie étaient agitées, des insurrections éclataient de toutes parts, et de toutes parts la coalition accourait et leur prêtait main-forte. Les derrières de la grande armée étaient menacés; la Prusse s'apprêtait à reprendre les armes; la Russie, alliée déloyale, n'attendait que le moment pour éclater. De tous côtés grondait la tempête. Ferdinand, maître de la moitié du duché, s'était avancé vers les frontières de Prusse, pour donner l'impulsion à cette masse de mécontents; mais les Polonais avaient marché sur le San, les Galiciens s'étaient levés, les places fortes qui défendaient le pays étaient enlevées, et Poniatowski avait pris position sur les derrières de l'armée autrichienne, tandis que Dombrowski et Zaionczek se préparaient à l'attaquer de front. L'archiduc est forcé à la retraite, il est forcé d'abandonner le duché et de renoncer au projet de joindre les mécontents du nord de l'Allemagne et de donner l'élan à l'insurrection. Le service rendu par les Polonais était donc éminent, et Napoléon ne chercha pas à le méconnaître; loin de là, il le vantait, l'exaltait lui-même, et n'en désirait que plus vive-

* Y compris la légion de la Vistule, composée de trois régiments d'infanterie et d'un régiment de cavalerie, et le régiment de la garde polonaise qui accompagnait Napoléon.

ment de former un État puissant sur les bords de la Vistule. Mais ses intentions sont enchaînées par les circonstances. Il venait de faire l'expérience de ce que valent les alliances ; l'Angleterre, victorieuse dans la Péninsule, préparait des descentes sur le continent. Il dut temporiser avec la Russie, ajourner la restauration d'un peuple dont il estimait le courage et la patriotique constance. Les Polonais n'obtinrent, par le traité de Schœnbrunn, que le territoire qu'ils avaient conquis par leurs propres armes ; mais, en revanche, ils purent se féliciter d'avoir rendu d'imminents services au souverain qui était leur plus sûr ami, leur allié naturel, qui devait apprécier leur importance politique, être résolu à relever leur patrie, et à regarder désormais la Pologne comme la clef de voûte sans laquelle son vaste empire ne pouvait avoir de durée.

FIN.

# PIÈCES JUSTIFICATIVES.

I.

Varsovie, 12 avril 1809.

*A S. E. M. le duc d'Auerstedt,
Maréchal de France, commandant de l'armée du Rhin.*

Monseigneur,

D'après les rapports et renseignements arrivés depuis ma dernière dépêche, les mouvements des troupes autrichiennes en Galicie ont pris un caractère plus sérieux. Sans ajouter foi aux mille et un contes qu'on nous transmet journellement sur leurs forces et leurs projets, il est hors de doute que des corps ont été mis en mouvement et s'approchent.

La frontière est si exactement fermée dans toute son étendue, et l'on veille avec tant de sévérité pour intercepter toute communication, sans en excepter même la poste aux lettres, qu'il est de toute impossibilité de se procurer des notions certaines sur les mesures prises effectivement, et de les distinguer des contes, toujours si nombreux en pareille occasion. Cependant, en combinant les circonstances contenues dans les différents avis avec l'annonce positive que l'archiduc Ferdinand se trouve déjà ou arrivera d'un moment à l'autre à Konskié, pour y établir son quartier général, il paraît évident que les Autrichiens comptent porter leur ligne d'opérations sur la Piliça, et qu'ils prendront alors une des positions dont j'ai eu l'honneur de parler à Votre Excellence dans mon précédent rapport. Je dis une de ces positions, car, malgré leurs fanfaronnades et leurs menaces, ils ne sont certainement pas de force à les occuper toutes. Un grand nombre de déserteurs, qui nous arrivent tous les jours d'auprès de Krakovie, s'accordent tous sur le nombre et les noms des régiments qui s'y trouvent; et il paraît, d'après leurs rapports, qu'outre les corps dont j'ai fait jusqu'ici mention à Votre Excellence, il n'est arrivé que les régiments de Mitrowsky et de Ballot, infanterie, et un régiment hongrois dont j'ignore le nom. On annonce généralement que le corps de l'archiduc Ferdinand se monte à 30,000 hommes; mais il n'est guère probable qu'il puisse porter de notre côté au delà de 15 à 18,000 hommes, et dès lors le corps qui doit agir sur la Piliça serait destiné plutôt à observer nos mouvements qu'à effectuer l'invasion du duché depuis si longtemps annoncée.

Quoi qu'il en soit, j'ai cru devoir, d'après les mouvements des troupes autrichiennes, rapprocher davantage les cantonnements qu'occupe la cavalerie, et les couvrir par de l'infanterie et de l'artillerie. J'ai ordonné en conséquence les mouvements suivants :

Le 6e régiment de cavalerie vient de Blonie à Nadarzyn; le 3e régiment d'infanterie se porte sur Raszyn avec 4 pièces; ces troupes sont sous les ordres du général Bieganski, le 3e régiment de cavalerie prend position à Piaseczno ; le 1er régiment de cavalerie à Gora; le 5e régiment de cavalerie vient de Napoknet à Blonie ; une compagnie du 2e régiment de cavalerie va relever les postes que formait le 5e; le 3e régiment d'infanterie est remplacé par un bataillon du 6e régiment, et un bataillon du 8e régiment, tirés de Serock et de Modlin.

Dans le régiment de Strauch, la désertion est plus considérable qu'ailleurs.

Le comte Potocki (Stanislas) croit que les Autrichiens ont le projet d'entrer dans le duché ; mais cet avis n'est pas officiel, et l'on craint d'effrayer les habitants en le leur faisant connaître sur des données incertaines.

Agréez, etc.

*Signé* le prince Joseph PONIATOWSKI.

## II.

## CONVENTION

ENTRE LE PRINCE PONIATOWSKI ET L'ARCHIDUC FERDINAND.

*Demandes.*

V. A. I. et R., ayant manifesté le désir d'établir et reconnaître la neutralité de la ville de Varsovie, et cette neutralité ne pouvant s'effectuer que par l'évacuation libre qu'en ferait le corps des troupes alliées et combinées sous mes ordres, cet arrangement pourrait être renfermé dans les articles suivants :

Art. 1. Il y aura suspension d'hostilités pendant dix jours.

Art. 2. Pendant ce délai, le corps d'armée évacuera, avec le personnel et le matériel, la ville de Varsovie.

Art. 3. Pendant ce délai, l'armée autrichienne gardera les mêmes positions qu'elle occupe; et pour prévenir tout prétexte qui pourrait rompre l'harmonie, il ne pourra venir à Varsovie

*Réponses.*

Art. 1. Il y aura suspension d'hostilités pendant deux fois vingt-quatre heures, à compter de ce soir à cinq heures.

Art. 2. Pendant ce délai, toute l'armée combinée combattante évacuera la ville de Varsovie. Il est accordé, à dater de la même époque, un sursis de cinq fois vingt-quatre heures à tous les employés et non-combattants de cette armée, pour quitter la ville. M. le prince Poniatowski voudra bien en communiquer la dénomination.

que des officiers parlementaires de l'armée autrichienne.

Art. 4. Après ce délai, il ne pourra être imposé à la ville aucune contribution extraordinaire.

Art. 5. Les personnes, les propriétés et les cultes seront respectés.

Convenu.

Art. 6. Les malades et convalescents saxons, polonais et français, seront confiés à la loyauté de l'armée autrichienne; et, à leur guérison, ils recevront des feuilles de route et des moyens de transport pour rejoindre leurs corps respectifs.

Convenu.

Art. 7. Il sera accordé par S. A. I. et R. l'archiduc commandant les forces autrichiennes, au ministre résidant de France accrédité auprès du duc et du gouvernement, les passe-ports et sauvegarde pour sa personne, papiers, effets, et les personnes attachées à sa mission, pour se rendre où il jugera convenable de se retirer.

Convenu.

Art. 8. Les officiers, soldats et employés français qui se trouvent à Varsovie, seront libres de suivre la résidence de France, avec effets et bagages, et recevront les passe-ports et moyens de sûreté, ainsi que les vivres, fourrages et transports.

Convenu.

Art. addit. Au moment de l'échange des présents articles, on se donnera de part et d'autre des officiers supérieurs comme otages, jusqu'à l'expiration de l'armistice.

Fait et convenu entre les soussignés, généraux en chef des deux armées, sur la ligne des postes avancés et respectifs, le 21 avril, 1809.

*Le général commandant en chef le corps d'armée des troupes alliées et combinées dans le grand-duché de Varsovie.*
*Signé* Joseph,
   Prince Poniatowski.

*Le général commandant en chef l'armée autrichienne.*
*Signé* Archiduc Ferdinand.

---

### III.

Du quartier général d'Okuniew, 3 mai, 1809.

*Au major général prince de Neufchâtel.*

Monseigneur,

Je m'empresse de porter à la connaissance de V. A. S., à la suite du rapport que j'ai eu l'honneur de lui faire sur les opérations dans le duché de Varsovie, qu'après plusieurs avantages particls remportés par les troupes polonaises sur la rive droite de la Vistule, le corps que l'ennemi avait porté de ce côté s'est vu forcé de se concentrer dans la tête de pont qu'il avait fait construire à la hauteur de Gora, pour couvrir le pont qu'il se proposait d'établir sur la Vistule. Ne voulant pas lui laisser le temps de terminer cette opération, déjà fort avancée, et par le succès de laquelle l'ennemi aurait acquis la facilité de porter à volonté ses forces, très supérieures aux nôtres, sur l'une ou sur l'autre rive du fleuve, je donnai l'ordre de l'attaquer;

ce que le général Sokolniçki, commandant l'avant-garde, effectua avec autant de bonheur que d'intelligence. Aujourd'hui, à deux heures du matin, la tête du pont, après avoir été sommée de se rendre, fut emportée à la baïonnette par 1200 hommes, malgré un feu très vif, soutenu encore par les batteries de l'autre rive. Un colonel *, 50 officiers, 1500 hommes ont été faits prisonniers; nous avons pris deux drapeaux et trois pièces de canon. Le général Schauroth n'a eu que le temps de s'échapper dans une nacelle. Un bateau, chargé de 300 hommes, a été coulé à fond. Nous sommes maîtres de toute la rive droite de la Vistule, et par conséquent d'une partie de la Galicie.

Vu le nombre presque triple de l'ennemi, j'ignore si je pourrai m'y soutenir; cependant, si l'on considère que les combats qui ont eu lieu jusqu'ici ont coûté à l'ennemi au moins 4,000 tués et blessés, et qu'il se trouve entre nos mains environ 2,500 prisonniers, qu'il en a certainement perdu autant par la désertion; et que notre perte en tués, blessés et prisonniers, ne se monte pas à plus de 1500 hommes : il n'est peut-être pas impossible que cette hypothèse ait lieu, et il serait alors de toute nécessité pour moi de connaître les intentions de S. M. l'Empereur, relativement à cette province et à la manière dont je devrai me comporter avec les habitants.

Leurs sentiments sont connus à V. A. S.; mais il ne serait guère possible d'en faire usage sans avoir à leur présenter l'assurance positive que la réunion à leur patrie serait le prix de leurs efforts. La garantie de S. M. l'Empereur pourrait seule les rassurer sur leur sort futur, et

* Czerwinka commandant le régiment de Latour-Baillet. (Note de l'auteur).

elle suffirait pour donner à la bonne volonté des Galiciens tout l'essor dont elle est capable. J'attends un ordre de V. A. S., pour me faire connaître ce que je puis répondre aux demandes que probablement on ne manquera pas de me faire bientôt à cet égard.

Agréez, etc.

*Signé* le prince Joseph PONIATOWSKI.

*P. S.* Le nombre des prisonniers * se monte jusqu'à 2,000, et il augmentera probablement encore, car on en amène à tout moment.

Moyennant une convention passée avec l'archiduc Ferdinand, les officiers prisonniers de guerre, désignés dans la liste ci-jointe, pourront être échangés contre des officiers de troupes françaises ou alliées, qui seraient au pouvoir de l'ennemi. C'est avec plaisir que j'ai à rendre auprès de V. A. S., à M. le général de brigade Pelletier, ainsi qu'aux autres officiers français, autorisés à servir dans l'armée polonaise, la justice d'avoir rendu les plus grands services en dirigeant l'artillerie et le génie.

---

### IV.

Au quartier général de Wionzowna, 5 mai 1809.

*A. S. A. S. M. le prince de Neuchâtel.*

Le colonel Stofflet apporte aujourd'hui l'ordre d'entrer en Galicie.

---

* Le prince parle sans doute des prisonniers faits dans la journée du 3 mai. (Note de l'auteur.)

On a prévenu les volontés de l'empereur, et les cercles de Stanislawow et Siedlce sont occupés.

Les troupes sont pleines d'enthousiasme ; elles occupent 42 à 45 mille Autrichiens. Jusqu'à ce jour, l'armée polonaise n'a perdu que 1500 tués et blessés, et les Autrichiens 6,000 hommes, dont 2,800 prisonniers.

L'armée autrichienne, forte de 30,000 hommes, est placée entre Varsovie et l'embouchure de la Piliça ; elle pousse des partis jusqu'à Kalisz et vis-à-vis de Plock. L'armée polonaise, forte de 11 à 12 mille hommes, est réunie entre l'embouchure du Wieprz et Karczew ; deux régiments de cavalerie s'étendent le long du Wieprz, poussant des détachements jusqu'à Konstantynow sur le Bug.

Les garnisons de Praga, Sierock, Modlin et Thorn sont formées de conscrits. Les levées nouvelles observent la Vistule.

L'occupation de Varsovie paralyse les forces des Autrichiens. Une garnison de 6,000 hommes serait en danger d'être forcée de mettre bas les armes, si les habitants se levaient. Elle doit donc être si forte, que l'archiduc affaibli ne peut rien entreprendre de décisif tant qu'il occupe Varsovie.

1° L'armée ennemie pourrait déboucher par Sandomir. Dans cette supposition, je l'attendrai sur le San ou le Wieprz, pour l'attaquer au passage, ou je passerai la Vistule à Modlin, et tâcherai de gagner Teschen et de lier mes opérations avec celles de la grande armée.

2° L'ennemi pourrait se porter en Hongrie ou en Moravie, en abandonnant le duché. Je me porterai, dans ce cas, par la rive droite de la Vistule sur la grande route de Léopol à Krakovie, et suivrai son mouvement.

Je demande l'avis de V. A. S. sur ces objets ; j'ai fait

part au prince Galytzin des victoires de l'armée française; il m'a répondu poliment, mais sans dévoiler ce qu'il prétendait faire. Si les Russes agissent hostilement contre nous, il ne me sera possible que de jeter des garnisons dans les places et de me retirer sur Dantzig.

Agréez,

*Signé* Le prince Joseph PONIATOWSKI.

## V.

Posen, le 29 avril 1809.

*Lettre de Wybicki, lieutenant du gouvernement dans le département de Posen, au prince Joseph Poniatowski ministre de la guerre.*

Les avant-postes autrichiens sont à Lowicz et Klodawa. Le général Kosinski commande l'arrière-ban de Posen; il annonce que des volontaires de Silésie, vêtus de l'uniforme autrichien, ont passé la frontière et sont entrés dans le district de Piotrkow le 26 avril.

M. Seras, résident de France dans le grand-duché, a passé à Posen le 27 avril, avec M. le colonel Saulnier et M. l'ordonnateur Desirat, se rendant à Berlin; un officier autrichien les accompagnait..... On a chanté un *Te Deum*, à Posen, pour les victoires de la grande armée.....

## VI.

Lubartow, le 11 mai 1809.

*A S. A. S. M. le prince de Neuchâtel.*

Monseigneur,

Depuis le dernier rapport que j'ai eu l'honneur d'adresser à V. A. S., en date du 6 de ce mois, il n'y a point eu d'engagement sérieux avec l'ennemi. Je continue le mouvement dont je lui ai fait mention, et j'espère sous peu de jours me trouver sur le San. Cette position donnant au corps sous mes ordres la faculté de se diriger sur le point où il sera le plus utile d'agir, je règlerai mes mouvements ultérieurs sur ceux de l'ennemi, soit pour le combattre s'il se porte vers nous, soit pour m'approcher de Krakovie et me rendre maître des débouchés de la Hongrie, s'il nous laisse le temps de le gagner de vitesse.

Jusqu'à présent il n'est guère possible de juger des projets de l'ennemi. D'après les derniers renseignements qui nous sont parvenus, la garnison de Varsovie ne consiste qu'en quelques compagnies d'infanterie; le corps de l'archiduc Ferdinand s'est concentré près de Lowicz, et travaille à se retrancher. On lui suppose quelques intentions de se porter vers Posen. Cette hypothèse paraît si étrangère à toute vue militaire, que j'ai peine à la croire probable. Si malgré cela elle se réalisait, elle ne pourrait être justifiée que par l'attente de voir les Russes se déclarer contre la France et se joindre dans ce cas aux Prussiens, qui n'attendent qu'un moment favorable pour agir hostilement, et, en attendant, montrent leurs dispositions par des armements, des levées d'hommes, et tous les secours secrets qu'ils peuvent faire passer aux Autrichiens, tandis qu'ils interrompent les communications les plus simples que nous sommes dans le cas d'entretenir avec les troupes polonaises qui se trouvent à Custrin et Dantzig.

J'ignore à quel point on peut compter sur les Russes; mais jusqu'ici leurs démonstrations ne nous ont point été favorables. On sait positivement que des officiers russes ont été vus dans le camp autrichien; et dans la nuit d'hier un aide de camp du général Lewis, commandant à Bialystok, connu pour être employé en mission secrète, a été amené à mon quartier général, muni d'un passe-port pour Varsovie où il allait, disait-il, pour affaires particulières; il prétendait ignorer que nous fussions en Galicie et les Autrichiens à Varsovie, quoique je n'aie pas manqué de tenir les généraux russes, et surtout M. Lewis, au courant de mes opérations. Tous ces indices pourraient ne pas être certains; mais il me paraît que si la Russie agit de concert avec la France, ce résultat ne sera dû qu'aux victoires de l'Empereur. Quelles que soient les intentions de cette puissance, je fais mon possible pour n'être pas pris au dépourvu dans le cas où elles ne nous seraient pas favorables. Une levée générale, ordonnée dans les départements, s'organise rapidement : déjà plusieurs fortes troupes d'infanterie gardent la rive droite de la Vistule, de la Narew et du Bug, et des détachements de cavalerie, répandus en avant, observent les mouvements des troupes russes et empêcheront que le corps d'armée ne soit surpris de ce côté. J'ai donné le commandement des levées au général Dombrowski, et le général Zaionczek commande l'infanterie de ligne.

Toutes les nombreuses affaires de détail ont été jusqu'ici entièrement à notre avantage, et augmentent chaque jour la confiance du soldat polonais et son ardeur à se mesurer avec l'ennemi. Un piquet de cinq hommes, conduit par le lieutenant Kremski du 1er régiment d'infanterie, a osé, il y a quelques jours, passer la Vistule, et s'est emparé d'un poste autrichien de 35 hommes et un officier, qu'il a emmenés prisonniers avec armes et bagages.

Environ 400 hommes du 6e régiment de cavalerie du colonel Dziewanowski, faisant partie de l'avant-garde aux ordres du général Rozniecki, envoyés à la poursuite d'un transport qu'escortaient 1,000 hommes d'infanterie, ont fait 700 prisonniers et se sont emparés de la totalité du convoi consistant en drap, souliers, de la valeur d'un million de florins de Pologne; on est à la poursuite du reste de l'escorte, qu'on espère amener demain. Environ 2,000 recrues ont été dispersées et mises en liberté. Ces succès promettent quelque consistance à nos opérations; ils ont porté au comble la bonne volonté des habitants de la Galicie, que retenait encore la crainte des suites, si les troupes autrichiennes reprenaient le dessus; on s'empresse d'accourir sous les drapeaux, et le seul manque de moyens met des bornes à l'accroissement des forces que nous pourrions nous procurer. Le prince Constantin Czartoryski, sacrifiant toute considération, est arrivé à mon quartier général et prend service dans nos troupes. Le seul mot de patrie rendue, prononcé aux Galiciens, augmenterait notre armée de 20,000 combattants levés aux frais des propriétaires. Une députation de citoyens de plusieurs cercles est venue hier se présenter à moi, pour me prier de transmettre à S. M. l'empereur leur désir de participer aux bienfaits et à la protection qu'il daigne accorder à l'existence nationale de leurs compatriotes : ce vœu si ardent et si longtemps étouffé, pourrai-je leur donner l'espérance de le voir exaucé ?

*Signé* prince Joseph PONIATOWSKI.

*P. S.* Dans le moment même où je terminais cette dépêche, on m'apporte une lettre intéressante du général russe prince Gortschakoff à l'archiduc Ferdinand : elle m'a paru tellement importante dans les circonstances actuelles, que j'ai cru devoir la mettre en original sous les yeux de S. M. l'Empereur.

---

### VII.

Ulanow, 19 mai 1809.

*Rapport du prince Poniatowski à S. A. S. le prince de Neufchâtel.*

Monseigneur,

A la suite des dispositions que j'ai eu l'honneur de porter à la connaissance de V. A. S., en date du 11 de ce mois, le corps de troupes polonaises sous mes ordres se trouve aujourd'hui sur le San, où l'avant-garde et une partie de la cavalerie l'avaient devancé depuis quelques jours.

Profitant de l'inaction de l'ennemi, qui, on ne sait trop pourquoi, a pris position sur la Bzura, j'ai cru devoir faire attaquer la tête de pont de Sandomir, et j'ai ordonné en même temps une tentative sur la ville même, où l'ennemi avait pratiqué de très forts retranchements. Cette opération a eu tout le succès que l'on pouvait désirer : la tête de pont a été, hier, enlevée à la baïonnette par le chef-d'escadron d'artillerie comte Wlodimir Potocki, à la tête d'un détachement faisant partie du corps du général Rozniecki, et la ville de Sandomir, après une attaque vigoureuse, attaque effectuée par trois bataillons de l'avant-garde du général Sokolnicki, qui ont passé sur la rive gauche de la Vistule, s'est rendue aujourd'hui, à 5 heures du matin, par une capitulation dont je reçois la nouvelle à l'instant même. Cette opération a coûté à l'ennemi au delà de 1,000 hommes tués et environ 1200 prisonniers, 20 pièces de canon et des munitions considérables. Elle nous assure sur la rive gauche de la Vistule un point d'où il sera possible de déboucher, pour traverser les mesures de l'ennemi, et l'empêcher de tenter le passage de la Vistule. Ma cavalerie s'étend du côté de Léopol et jusque vers Krakovie.

J'attends des nouvelles de Zamosc, que j'ai fait attaquer par un corps aux ordres du général Pelletier; j'espère apprendre bientôt la prise de cette place. La cavalerie a délivré 3 à 4,000 conscrits déjà rassemblés; beaucoup d'officiers se sont distingués, mais nous avons à regretter la perte du brave chef de bataillon prince Marcellin Lubomirski, tué sur une pièce dans l'assaut de Sandomir. L'armée polonaise est animée d'un sublime esprit; elle avance aux cris de *vive l'Empereur!* et tous ceux qui ont eu occasion de rendre des services réels envient le bonheur de ceux de leurs camarades qu'une marque de satisfaction de cet auguste souverain met à côté des braves de son invincible armée.

Les Galiciens donnent de jour en jour plus de preuves de leur attachement à la cause de leur ancienne patrie, et n'attendent que le moment où il leur sera permis de prouver qu'ils sont dignes d'y appartenir.

*Signé* prince Joseph PONIATOWSKI.

## VIII.

Au quartier général d'Ulanow, le 21 mai 1809.

*Rapport du prince Poniatowski au major général prince de Neuchâtel.*

Monseigneur,

Ainsi que j'ai eu l'honneur d'en informer V. A. S., en date du 19 de ce mois, j'ai fait attaquer Zamosc par deux bataillons du 2ᵉ régiment d'infanterie, deux compagnies de voltigeurs du 3ᵉ régiment d'infanterie, 80 voltigeurs du 6ᵉ régiment d'infanterie, avec 6 pièces de canons aux ordres du général Pelletier. Cette entreprise a eu le meilleur succès : la place a été prise d'assaut hier, à 2 heures du matin. L'ennemi a perdu 3,000 hommes tués ou pris, plusieurs colonels et officiers supérieurs, 40 pièces de canon et des approvisionnements considérables de tout genre.

Les troupes se sont conduites de la manière la plus brillante ; je ne saurais parler avec trop d'éloge des bonnes dispositions du général Pelletier.

La place de Zamosc commande par sa position une grande étendue de pays, et met en notre pouvoir toute la partie de la Galicie jusqu'à Léopol et Brody. Le général Kaminski est en marche avec le 6ᵉ régiment de cavalerie, pour pénétrer de ce côté aussi loin qu'il pourra ; nos avant-postes sont aujourd'hui à deux milles de Léopol.

J'ai cru devoir me rapprocher de Sandomir.

*Signé* prince Joseph PONIATOWSKI.

## IX.

*Opérations de la garnison du fort de Czenstochowa depuis le commencement des hostilités.*

Le 14 avril, le commandant de la place de Piliça fut informé par le général autrichien Bronowacky que les troupes sous ses ordres pénétreraient dans le duché douze heures après la réception de cette déclaration. Le 17, le général Bronowacky arriva devant le fort, à la tête de son corps composé de 5,000 hommes d'infanterie, de 300 chevaux et de 10 pièces d'artillerie\*. Le 18, ce général me somma de rendre la place. Le 19 et le 20, il ne se passa rien d'important; des détachemens de cavalerie autrichienne pénétrèrent à plusieurs reprises dans la vieille ville de Czenstochowa, mais ils en furent toujours chassés, et perdirent quelques hommes, tués et blessés. Le 21, l'ennemi quitta

---

\* Cette évaluation doit être exagérée, vu que le corps de Bronowacky ne comptait que deux bataillons et 8 escadrons. Stutterheim l'évalue à 3,000 hommes. (Note de l'auteur.)

les environs du fort, et se porta sur Varsovie par Radomsk, Kaminsk et Piotrkow. Jusqu'au 2 mai nous ne vîmes pas d'ennemis; ce jour-là, à 10 heures du soir, une colonne autrichienne composée de 1600 hommes d'infanterie de Scheckler, de 200 chevau-légers de l'empereur, appuyés de 7 pièces, et commandée par le colonel Grammont, occupa la vieille ville de Czenstochowa. Le 3, l'ennemi établit son camp près du village de Kamien, à environ 700 toises de la vieille ville, et 2,000 du fort; il établit de forts postes d'infanterie dans la vieille ville et au village de Wyczerpy. Le même jour, à 2 heures après midi, l'ennemi attaqua l'église de St-Jacques, située à mi-chemin de la vieille ville et du fort. Cette église était occupée par un poste de notre infanterie; non-seulement il ne parvint pas à s'en rendre maître, mais il fut poursuivi jusque dans la ville avec perte d'un officier et 20 soldats tués, et 50 blessés; de notre côté, nous eûmes un soldat tué, et un officier (le sous-lieutenant Kwiatkowski), et 10 soldats blessés. Le 4, à 4 heures de l'après-midi, l'ennemi attaqua le fort avec la plus grande résolution; il s'avança jusqu'à la nouvelle ville, où il prit position, et lança dans l'intérieur du fort quelques obus. Mais il eut bientôt son obusier démonté par le feu de la place, habilement dirigé par le ci-devant lieutenant d'artillerie Wisniewski. Les Autrichiens eurent de plus un capitaine d'artillerie tué, ainsi que presque tous leurs canonniers. Peu après, l'infanterie ennemie s'avança de derrière les mamelons qui dominent la nouvelle ville. Voyant qu'il faisait des progrès, j'ordonnai de charger les pièces de deux bastions à mitraille, et commandai au poste qui occupait l'église St-Jacques de se retirer lentement, afin d'attirer l'ennemi sur les prairies où étaient pointées nos pièces. L'ennemi, voyant le détachement polonais quitter son poste de l'église St-Jacques, croyait être victorieux, et il s'avança hardiment. Arrivé sur les prairies dont nous venons de parler, il fut reçu par le feu à mitraille de nos pièces; saisi d'une terreur panique, il se retira en désordre, laissant sur le champ de bataille 40 morts et 100 blessés. Nous n'avons eu dans cette journée qu'un seul soldat tué, et deux blessés. Le combat dura trois heures, et nous sommes restés maîtres du champ de bataille.

Malgré l'échec de la veille, le colonel Grammont me somma, le 5 mai, de lui remettre le fort. Dans la nuit du 7 au 8, l'ennemi prit position près du village de Stradom, et une de ses patrouilles pénétra jusque dans le faubourg de Sainte-Barbe, d'où elle fut chassée avec perte de quelques hommes. Le 11, l'ennemi brûla le tiers de la vieille ville. La nuit suivante, notre poste, établi dans le couvent de Ste-Barbe, fut forcé; l'ennemi eut un officier tué, 20 fantassins et 2 cavaliers blessés. Nous eûmes, de notre côté, le lieutenant Raczynski et 2 soldats blessés, et 6 hommes faits prisonniers.

Dans la nuit du 15 au 16, l'ennemi ouvrit sa première parallèle, en s'appuyant à Sainte-Barbe, et occupa le faubourg de ce nom, le jardin et le cimetière du couvent. Dans la matinée du 16, je détachai deux compagnies d'infanterie, que je fis bientôt soutenir par une troisième, afin de chasser l'ennemi de la position qu'il avait occupée. Malgré le feu des trois compagnies, répandues en tirailleurs, soutenu par celui de la place, l'ennemi ne voulut pas céder le terrain; mais, il ne put résister à une attaque à la baïonnette; j'ordonnai d'enfoncer la porte du cimetière, ce qui permit à notre infanterie de se répandre dans l'intérieur du cimetière et du jardin, et de charger l'ennemi à la baïonnette. L'ennemi prit la fuite, et ne put pas même relever, selon son usage, ses blessés et ses morts.

Cette journée lui a coûté 200 hommes, hors de combat. Nous ramassâmes bon nombre de fusils et de lances (à l'usage de ses chasseurs), qu'il avait jetés en fuyant; nous lui fîmes un lieutenant et 14 soldats prisonniers. Notre perte s'éleva à 7 tués, 8 blessés et 5 prisonniers. Plusieurs maisons du faubourg Sainte-Barbe furent la proie des flammes.

Après cet échec, l'ennemi, perdant toute espérance de prendre le fort, résolut de lever le siége, et effectua sa retraite, dans les journées des 16 et 17, par Kozieglowy sur Slankow, ne laissant devant la place qu'une arrière-garde composée de 200 fantassins, 60 cavaliers et 2 pièces d'artillerie, afin de couvrir sa retraite et rallier ses patrouilles qui n'avaient pas encore pu rejoindre leurs corps. Cette arrière-garde prit position sur une éminence, dans les bois de Mostow, et suivit ensuite le mouvement de retraite de son corps, dans la nuit du 20 au 21 mai. L'ennemi, en se retirant, nous a abandonné ses magasins de vivres, qu'il n'a pu emmener. Pendant la durée du siège, je n'ai eu qu'à me louer de la conduite et du courage de la garnison. Se sont particulièrement distingués : les capitaines Godlewski, Selinski, Szymanowski, du 5e d'infanterie; le capitaine de sapeurs Haann, les lieutenants Raczynski et Bienicki, le sous-lieutenant Kwiatkowski, du 3e de cavalerie; le lieutenant Rudkowski et le ci-devant lieutenant d'artillerie Wisniewski, et enfin le magasinier Czerno.

La garde nationale de la vieille ville de Czenstochowa ainsi que celles du faubourg de Sainte-Barbe et des villes de Krzepice et de Klobucko se sont montrées assez actives.

*Le commandant de la place de Czenstochowa,*

*Signé* le colonel STUART.

## X.

Au quartier général de Trzesnia, le 7 juin 1809.

*A son excellence M. Zamoyski, président du gouvernement militaire, central et provisoire des deux Galicies, sous la protection de S.M. l'empereur et roi, le grand Napoléon.*

Il suffirait de connaître l'histoire de Pologne, pour ne pas douter que le successeur des hommes illustres que la maison Zamoyski a fournis à la patrie, se montrerait, en toute occasion, digne des vertus par lesquelles ses ancêtres ont rehaussé la gloire de notre nation.

V. E. a répondu à cette attente d'une manière qui est au-dessus de tout éloge.

Non content de vous mettre à la tête du gouvernement des deux Galicies, de travailler à maintenir l'ordre public et la prospérité des habitants, vous voulez encore, en érigeant à vos propres frais un régiment d'infanterie, vous associer aux mérites de ceux qui servent eux-mêmes les armes à la main *.

Toutefois, je sais trop apprécier les bons effets produits par votre destination actuelle, pour permettre qu'il vous en soit donné une nouvelle. Mais, pour perpétuer la mémoire de votre noble dévouement, j'ai ordonné que le régiment d'infanterie, organisé à vos frais, prît le nom de régiment de *Zamoyski*.

Je désire que tout Polonais voie, dans cet arrêté, la preuve des sentiments qui l'ont motivé.

---

* Le major Hornowski, commandant de Praga, fut nommé colonel du régiment formé aux frais de Zamoyski.

Quant aux canons que vous avez offerts à la patrie, et qui sont des trophées pris sur l'ennemi par vos aïeux, ils feront voir au besoin, en défendant les remparts de Zamosc, qu'ils sont servis par de dignes fils de la Pologne.

*Le général de division commandant en chef de l'armée polonaise,*

*Signé* prince Joseph PONIATOWSKI.

### XI.

Au quartier général de Pulow, le 10 juin 1809.

*A S. M. l'Empereur et Roi.*

Sire,

Les idées que, dans mon rapport du 4 de ce mois, j'avais eu l'honneur d'exposer à V. M. I. sur les vues que les mouvements de l'ennemi me donnaient lieu de lui supposer, se sont réalisées. L'archiduc Ferdinand, menacé sur ses derrières et craignant probablement de voir la Galicie entière perdue, a réuni toutes ses forces dans les environs de Sandomir, et paraît intentionné de pénétrer de ce côté. Le 5 de ce mois, un corps d'environ 8 à 10,000 hommes, aux ordres du général Schauroth, ayant tenté de s'approcher de cette place, avait été repoussé par nos troupes avec une perte considérable en tués et blessés, et laissant entre nos mains quelques centaines de prisonniers. Une seconde attaque, effectuée le 6, à laquelle l'archiduc

Ferdinand se trouvait présent, n'a pas eu un meilleur succès. L'ennemi n'a fait depuis aucune nouvelle tentative sur Sandomir; et s'étant probablement convaincu qu'une attaque directe lui coûterait beaucoup de monde, sans conduire à des résultats certains, il paraît avoir abandonné ce dessein pour celui de partager notre attention en débouchant sur nous par la haute Vistule.

En conséquence, le général Schauroth a quitté son camp d'Opatowiec, et, après avoir passé la Vistule à Polaniec sur de grands bateaux qu'on y avait fait amener, s'est porté sur la Wisloka, qu'il occupe depuis son embouchure dans la Vistule jusqu'à Dembiça. Cette petite rivière étant guéable en plusieurs endroits, mon flanc droit se trouvait par là entièrement découvert.

Si j'en étais réduit aux seules troupes polonaises, je n'aurais pas balancé un moment à me porter sur l'ennemi pour l'attaquer; leur bonne volonté et le courage qu'elles ont déployé en toute occasion eussent été un motif suffisant pour ne point m'inquiéter de la supériorité de ses forces. Cependant, l'occupation de deux places fortes et d'une grande étendue de pays ayant réduit mon corps à environ 5 bataillons d'infanterie et 6 escadrons de cavalerie, l'arrivée des troupes russes m'a paru donner lieu à d'autres combinaisons, et me mettre dans le cas de ne rien donner au hasard pour obtenir des résultats que leur seule présence doit nécessairement amener. J'ai cru, en conséquence, devoir renforcer les garnisons de Sandomir et Zamosc, faire descendre à l'embouchure du San les bateaux et matériaux de pont établis sur la Vistule, et, après avoir rapproché de moi ma cavalerie que j'avais portée en avant pour éclairer les mouvements de l'ennemi, prendre une position sur le San à la hauteur de Pniow et Czekay.

Ce parti m'a paru d'autant plus convenable, que, tout en conservant le point important de Sandomir, il présente l'avantage non-seulement de lier mes mouvements avec ceux du général Zaionczek qui, ayant déjà passé la Vistule, est à la hauteur du Pulawy, sera nécessairement à portée d'inquiéter le flanc droit des corps ennemis devant Sandomir, sur la rive gauche de la Vistule, mais aussi de prendre moi-même avec les Russes une même ligne d'opérations, couverte aux deux extrémités par les places de Sandomir et de Zamosc.

Telle est, Sire, la position actuelle des troupes polonaises en Galicie. Il paraît que l'on peut évaluer à 45,000 hommes* les forces que la Russie y a portées.

La lettre ci-jointe, en copie, que je me suis trouvé dans le cas d'écrire au prince Galytzine, fera connaître à V. M. I. les dispositions personnelles de ce général, ainsi que les délais que, sous tous les rapports, on cherche à mettre à une coopération active des troupes russes, tantôt en raccourcissant les marches, en doublant les séjours, tantôt en donnant aux colonnes une direction entièrement opposée à celle qu'il était naturel de leur faire prendre. Les représentations contenues dans cette lettre ont paru faire quelque impression sur l'esprit du prince Galytzine; et il vient de m'informer, à la suite de la connaissance que je lui ai donnée de notre position, qu'une de ses divisions se portait à Pulawy, qu'une autre se joindrait incessamment à mon corps, et que la troisième prendrait la direction de

---

* Cette évaluation paraît exagérée: les troupes russes ne se montaient guère qu'à 35,000 hommes. (Note de l'auteur.)

JUSTIFICATIVES. 369

Lublin, pour être à même d'agir du côté où elle pourrait être le plus utilement employée. Celle qui doit soutenir mes opérations effectuera après demain, je l'espère, sa jonction avec les troupes polonaises.

Le zèle qui anime les Galiciens et leur bonne volonté n'ont point diminué. Les nouvelles levées se poursuivent avec la plus grande activité; il y a en ce moment en pleine organisation 4 régiments d'infanterie et 4 de cavalerie, tous habillés et équipés aux frais des citoyens qui en ont offert la formation. De ce nombre se trouve M. le comte Zamoyski, gendre du prince Adam Czartoryski, le plus riche particulier de la Galicie. Quelques bataillons seront en état d'agir avant quinze jours, et le manque total d'armes, qui paralyse tous les efforts des Galiciens, mettra seul des bornes à l'empressement qu'ils témoignent pour prendre part à la défense de la cause commune.

Daignez agréer, Sire, etc.

*Signé* le prince Joseph PONIATOWSKI.

---

Au quartier général de Trzesnia, le 7 juin 1809.

A S. E. *Monsieur le prince Galytzine commandant en chef de l'armée russe.*

Monsieur le Prince,

J'ai déjà eu l'honneur de communiquer à V. E. les motifs qui m'ont engagé à prendre la position de Sandomir. Cette position me paraît d'une telle importance, non-seulement pour ne pas perdre les avantages déjà obtenus sur l'ennemi par les troupes sous mes ordres, mais aussi pour donner à l'armée russe la faculté d'agir de la manière la plus conforme aux vues militaires que présentent les circonstances, que je crois de mon devoir de représenter encore à V. E. que l'ennemi se trouvant en force devant Sandomir et occupant la Wisloka avec un corps considérable, il m'est impossible de faire aucun mouvement sans dégarnir un point où il est essentiel de ne rien donner au hasard. Les motifs que j'avais déjà chargé M. le général Pelletier d'exposer à V. E. l'avaient engagée à m'écrire qu'elle donnait ordre au lieutenant général prince Souvaroff de diriger la colonne qu'il commande sur Sandomir, et d'en accélérer la marche de manière à se trouver sans aucun délai à portée de coopérer avec l'armée polonaise; cependant, d'après la disposition de marche qui vient de m'être communiquée par les autorités civiles, la colonne mentionnée, au lieu de se porter sur Sandomir par Zamosc, comme la voie la plus courte, où aucun obstacle ne saurait l'arrêter, et où j'avais donné ordre de faire préparer de quoi subvenir à tous ses besoins, prend sa direction par Lublin, et, au lieu d'accélérer son mouvement, qui n'est que de deux milles par jour, y ajoute par ce détour quatre marches et trois jours de repos.

Les ordres par lesquels S. M. l'empereur et roi règle les opérations que j'ai à effectuer, étant basés en grande partie sur la coopération entière des troupes russes, relativement à laquelle il est convaincu des intentions de leur souverain son allié, il est impossible de ne pas pouvoir la mettre en état de juger lui-même combien en concertant nos mouvements l'entière défaite de l'ennemi devient facile et assurée; et après en avoir rendu à l'Empereur un compte exact et détaillé, une issue, moins avantageuse que celle à laquelle ces deux souverains pouvaient s'attendre, aura droit de les surprendre.

M. le colonel Paszkowski, aide de camp de S. M. le roi de Saxe, que je charge de porter cette lettre à V. E. aura l'honneur d'ajouter verbalement à son contenu des observations dont l'énumération eût été trop longue; veuillez bien, Monsieur le Prince, envisager la franchise et la confiance avec laquelle je vous les transmets comme une preuve non équivoque de ma conviction, combien vous êtes personnellement disposée en faveur de la cause pour laquelle nous devons réunir nos efforts.

Agréez, etc.

*Signé* prince Joseph PONIATOWSKI.

## XII.

*Capitulation de la ville de Sandomir, entre M. le général baron de Geringer, chevalier de l'ordre militaire de Marie-Thérèse, et M. le général Sokolnicki, chevalier de l'ordre de la légion d'honneur et de l'ordre militaire polonais de Saxe, commandant la place de Sandomir.*

| Demandes. | Réponses. |
|---|---|
| ART. 1er. Deux heures après la ratification des articles ci-dessus, la porte de Krakovie et le château seront à la disposition | Accordé |

de l'armée autrichienne, laquelle néanmoins n'y mettra pas plus de troupes que ce que comporte la garde ordinaire de police.

La loyauté étant toujours la base de tous les traités quelconques, aucun signe de défiance ne saurait avoir lieu dans cette circonstance.

Art. 2. La garnison pourra commencer l'évacuation de la ville dès l'occupation susdite de la porte de Krakovie, et terminera son évacuation 12 heures après.

Elle sortira avec tous les honneurs de la guerre, emportant ses armes, son artillerie, ses munitions et bagages, et il lui sera de plus accordé 100 chevaux du train et des voitures, pour le transport des vivres et des bagages des officiers qui manquent de fourgons. Bien entendu que ces chevaux seront renvoyés du premier gîte où ils pourront être échangés.

Art. 3. La garnison aura la faculté de rejoindre l'armée polonaise au delà du San, en passant la Vistule à Zawichost, ou

La garnison sortira par la porte d'Opatow dans la journée du 18 juin, 12 heures après la ratification, avec armes et bagages et tous les honneurs de la guerre, pour rejoindre son armée; elle prendra son artillerie, à l'exception de l'artillerie autrichienne, chariots et caissons de munitions trouvés à la reddition du général Egermann dans la place de Sandomir; et à ce sujet on enverra un officier d'artillerie (dès le moment de la ratification) dans la place, pour y reprendre l'artillerie autrichienne avec ses appartenances.

Dans le même moment, il s'y rendra un officier du génie pour recevoir les chariots et les outils de fortifications, ainsi qu'une planchette avec des instruments géométriques et la section de Sandomir et des environs, qui y est restée; les bateaux qui se trouvent sur la Vistule, et qui formaient le pont, seront de même fidèlement rendus, aussi bien que les fourneaux et autres effets et matériaux appartenant à la garnison autrichienne de Sandomir.

La garnison se rendra sur la route de poste, par Zawichost, Solec, Koziennice, à Mniszew, au delà de la Pilica, dans le dusur quelque autre point au-dessous de ladite ville. A cet effet, il sera accordé des bateaux qu'elle s'engage de remettre à la disposition d'un commissaire autrichien dès que cedit passage sera effectué, au terme fixé de 48 heures depuis l'évacuation définitive de la place. Dans le cas où cette faveur ne serait pas accordée, la garnison se rendra au delà de la Piliça, en suivant la route la plus rapprochée de la Vistule; et alors il lui sera accordé autant de jours d'armistice qu'elle aura d'étapes à faire jusqu'à cette destination, en comptant trois milles (de Pologne) pour chaque étape : car il est bien entendu que M. le général baron de Geringer s'engage à ne pas souffrir que la garnison soit aucunement gênée ou inquiétée durant sa marche jusqu'au terme prescrit.

Art. 4. Les prisonniers de guerre faits dans la dernière affaire du 16 juin, seront échangés en masse de part et d'autre, et cet échange aura lieu avant la sortie de la dernière colonne. Si cependant il ne pouvait s'effectuer à l'heure prescrite, il serait accordé un plus long délai pour ces derniers, jusqu'à ce qu'ils puissent rejoindre leurs corps; et il est bien entendu que des otages d'officiers de marque seraient donnés par l'armée autrichienne pour la ga-

ché de Varsovie. La troupe fera trois milles d'Allemagne par jour, et sera suivie d'un commissaire civil impérial autrichien, qui lui fournira les étapes consistant en viande et pain, du moment que le bétail emmené et conduit avec la troupe de Sandomir sera consommé. Le général baron de Geringer enverra un escadron avec un officier d'état-major pour la sûreté de la troupe, aussi longtemps qu'elle se trouvera sur le territoire autrichien, sous la condition que nulle hostilité ne sera commise de part et d'autre jusqu'au passage de la Piliça. En revanche, M. le général Sokolnicki répondra pour la sûreté du retour de l'escadron qui l'aura accompagné jusqu'au corps d'armée du général baron Geringer. Il est entendu que les troupes, en passant sur le territoire autrichien, camperont et ne prétendront rien d'autre, sans payer, que ce qui est prescrit dans l'étape.

Accordé, à condition que tous les prisonniers qui se trouveront à Sandomir, tant officiers que soldats, seront fidèlement rendus, sans exclure les époques des différentes affaires; et s'il se trouvait parmi la garnison des soldats autrichiens, qui auraient été pris involontairement à la reddition de la place par le général Egermann, ils seront rendus avec les prisonniers. Du reste, la loyauté autrichienne répond de l'accomplissement de ce traité.

rantie de ce point, vu que les prisonniers autrichiens resteront dans la place. Dans cet article ne seront pas compris les prisonniers des deux nations, faits antérieurement à l'affaire susdite.

Art. 5. Les convalescents polonais qui seront en état d'être transportés, jouiront de la faculté d'être transportés par eux, ou il leur sera accordé des voitures de transport outre celles mentionnées dans l'article 2. Quant à ceux qui seront hors d'état d'être emmenés, ils seront recommandés à la loyauté et aux soins de l'administration autrichienne ; un officier restera pour leur surveillance, et il leur sera accordé des feuilles de route pour joindre leurs corps ou pour se rendre au delà de la Piliça, dès que leur convalescence sera assurée.

On leur donnera des chariots suffisants pour transporter les convalescents, qui devront suivre la garnison, comme il est impossible de se procurer pour le moment un plus grand nombre de chariots.

Le reste accordé, avec la remarque que les hôpitaux seront au décompte sur le même pied que les hôpitaux autrichiens à Varsovie.

Article *additionnel*. L'armistice sera prolongé de 48 heures au delà du passage de la Piliça ; de même, on se donnera mutuellement des otages jusqu'à la fin de l'évacuation de Sandomir.

Les magasins, ainsi que les prisonniers de guerre, hôpital et bateaux, seront remis de suite à des commissaires que M. le général baron de Geringer nommera à ce sujet. L'officier d'artillerie est chargé de se rendre de suite à Sandomir, pour prendre les canons autrichiens restés dans le nombre de ceux qui se trouvent aujourd'hui dans la place de Sandomir, qui ne peuvent être tout au moins qu'au nombre de quinze, c'est-à-dire :

    8 Pièces de 18
    3 Obusiers.
    2 Pièces de 6.
    2 *I.* de 3.

Outre cela, il s'entend que tous les objets de guerre, de dénomination quelconque, appartenant à l'armée impériale autrichienne lors de la remise de la place aux troupes du duché de

Varsovie, et qui se trouveraient encore présentement à Sandomir, ne pourront être emportés : ils seront remis scrupuleusement et exactement au commissaire nommé à cet effet.

Tout est convenu entre les soussignés, munis des pleins pouvoirs nécessaires par leurs chefs respectifs, lesquels ont été communiqués réciproquement avant la conclusion des articles précités.

*Au nom et par ordre de M. le général major B. Geringer.*
Obrazow, le 18 juin 1809.
*Le major de l'état major-général.*
*signé* NUMANN.
Ratifié à Obrazow, le 18 juin 1809, à 6 heures du matin.
*Le général major de l'armée autrichienne.*
*signé* Baron DE GERINGER.

*Par ordre de M. le général Sokolnicki.*
*Le colonel du 6ᵉ rég. de cavalerie polonaise.*
*Signé* DZIEWANOWSKI.
Ratifié à Sandomir, le 18 juin 1809, à 9 heures du matin, avec la clause que la dernière colonne aura la faculté de ne partir qu'avec le jour du lendemain, 19 juin, à raison de l'obscurité de la nuit, ayant l'espoir bien fondé que M. le général baron de Geringer ne s'y refusera pas; et en remarquant que, quant à la clause insérée dans l'article 4, relative à l'enrôlement forcé des prisonniers de guerre, il ne peut être exercé aucune sorte de recherche à cet égard, en donnant ma parole qu'il n'en existe de ce genre dans aucun des corps sous mes ordres, attendu que sous aucun prétexte de pareilles recrues ne seraient souffertes parmi nous.

*Signé* Le général SOKOLNICKI.

## XIII.

Au quartier général à Pniow, le 21 juin 1809.

*Lettre du prince Poniatowski au major général.*

Monseigneur,

J'avais eu l'honneur d'exposer à V. A. S., dans mes précédents rapports, combien l'inaction des troupes russes me faisait craindre pour Sandomir; l'expérience a prouvé que mon inquiétude à cet égard n'était que trop fondée. Cette place avait été attaquée, dans la nuit du 15 au 16 de ce mois, avec la plus grande opiniâtreté. Malgré les efforts de 10 à 11,000 hommes, déployés pendant un long assaut, l'ennemi, quoique ayant déjà pénétré dans l'intérieur des ouvrages, avait été complétement repoussé avec une perte d'environ 2,000 hommes, dont 500 prisonniers. Cependant, un combat aussi vif ayant épuisé entièrement les munitions, et n'y ayant plus dans la place ni cartouches d'infanterie, ni charges pour les pièces de six et de trois, le général de brigade Sokolnicki, voyant deux jours après les préparatifs d'une nouvelle attaque, qu'il n'était pas sûr de pouvoir soutenir comme la première, a évacué la ville pour rejoindre le corps sous mes ordres. Deux divisions russes étaient à cette époque sur le San, à une très petite distance de Sandomir; et, malgré mes pressantes sollicitations, elles n'ont fait aucun mouvement pour se porter au secours de cette place. Dans ces circonstances, il me paraît que ce que j'ai de mieux à faire c'est d'agir sur la rive gauche de la Vistule. Si j'ai seul à soutenir les efforts de l'ennemi, au moins ne serai-je jamais trompé sur mes ressources, et je saurai toujours sur quoi je puis compter. Je couvrirai par là le duché; et, si l'ennemi se disposait à la retraite, je serai à même de le poursuivre sans être arrêté par des lenteurs et de la mauvaise volonté. Les troupes sous mes ordres se mettent en marche dès demain matin. J'ai l'honneur de faire parvenir ci-joint à V. A. S. copie du rapport de M. le général Sokolnicki, ainsi que de la capitulation et de la correspondance qui a eu lieu pour cet objet entre lui et le général autrichien Geringer.

Veuillez, etc.

*Le général de division commandant les troupes polonaises du 9e corps.*

*Signé* Joseph, prince PONIATOWSKI.

## XIV.

Au quartier général à Pulawy, le 27 juin 1809.

*Lettre du prince Poniatowski au major général.*

**Monseigneur,**

J'avais eu l'honneur de porter à la connaissance de V. A. S., en date du 21 de ce mois, que, malgré l'engagement pris par le prince Galytzine de faire passer deux divisions de son armée au delà du San, on ne s'apercevait d'aucune disposition pour cet objet. En effet, sous prétexte du manque de vivres, cette mesure n'a été effectuée qu'en partie plusieurs jours après, avec la même lenteur qui a caractérisé jusqu'ici tous les mouvements des troupes russes. Ces retards ont donné au corps autrichien, qui s'était porté sur la rive droite de la Vistule, le temps de faire sa retraite avec la plus grande tranquillité, on n'a en aucune manière cherché à l'inquiéter. La connaissance certaine que, dès cette époque, on eut à l'armée autrichienne que celle aux ordres du prince Galytzine ne passerait pas la Vistule, a engagé l'archiduc Ferdinand à porter avec rapidité la plus grande partie de ses forces, savoir, environ 25,000 hommes, jusque sur la Pilica, et de menacer ainsi les frontières du duché. Ce mouvement m'a mis dans le cas de me porter sur Pulawy. Les troupes sous mes ordres s'y trouvent depuis trois jours. Au moyen du pont que j'y ai fait jeter sur la Vistule, je puis de ce point, sans quitter la Galicie, observer la marche ultérieure de l'ennemi, me porter au besoin sur la rive gauche, et, en manœuvrant sur une des extrémités de sa ligne, lier par là mes opérations avec celles des généraux Dombrowski et Sokolnicki, qui, avec environ 8000 hommes [*], ont pris position à Gora. Toute ma cavalerie jetée vers Zwolin et Radom, soutenue par de l'infanterie, observe les mouvements de l'ennemi, et se trouve à portée de se réunir sur le point où il sera possible d'agir le plus avantageusement. Je ne négligerai aucune occasion; et quand même des circonstances favorables ne permettraient point aux troupes polonaises d'obtenir de nouveaux succès, je remplirai toujours l'intention de S. M. l'Empereur en occupant un corps de troupes autrichiennes infiniment plus fortes que celles que j'ai à leur opposer.—L'arrivée de l'armée russe en Galicie et

[*] Les deux généraux réunis avaient 11,000 hommes à leurs disposition.

les événements auxquels elle a donné lieu ayant permis à l'ennemi d'inquiéter une partie de la Galicie située sur la rive droite de la Vistule, cette circonstance a ralenti nécessairement les nouvelles formations, et les généraux russes y contribuent encore plus, en mettant partout où ils arrivent des employés autrichiens, qui se font un devoir de tourmenter les habitants et d'étouffer tout ce qui peut être contraire aux intérêts de leur souverain. J'espère cependant que le zèle à toute épreuve des Galiciens saura vaincre cette nouvelle entrave, et que nous ne serons point frustrés des moyens qu'offre ce pays pour ajouter à nos forces, si le manque total d'armes ne met des bornes à leur désir de mériter une patrie, en se rendant dignes de la protection de l'Empereur.

Veuillez, etc.

*Le général de division commandant les troupes polonaises du 9ᵉ corps.*

*Signé* le prince Joseph PONIATOWSKI.

## XV.

Quartier général de Pulawy, le 2 juillet 1809.

*Ordre du jour.*

Le prince commandant en chef s'empresse de faire connaître à l'armée que S. M. l'Empereur et Roi est satisfaite de l'armée polonaise, et lui a ordonné de témoigner aux troupes le contentement qu'il éprouve de leur conduite. Ce témoignage de la bienveillance de ce souverain doit leur servir d'encouragement pour mériter à l'avenir de semblables louanges et la protection dont il nous a donné tant de preuves. Des armes et des subsides sont déjà en route. Le prince commandant en chef a reçu l'ordre d'occuper provisoirement la Galicie au nom de S. M. l'Empereur et Roi, de substituer aux aigles autrichiennes les aigles françaises, de donner l'ordre à tous les tribunaux de rendre la justice au nom de l'empereur des Français, et de recevoir le serment de fidélité des autorités à ce souverain. En conséquence, le prince ordonne à tous les généraux et officiers de tous grades de se conformer strictement à cet ordre, et de l'exécuter autant qu'il sera en eux. De plus, il informe l'armée que S. M. l'Empereur ordonne que l'armée galicienne soit organisée sur le même pied que les troupes françaises; qu'elles aient pour enseignes les aigles françaises, et qu'elles soient à sa solde, tout en restant sous la direction du prince commandant en chef, pour coopérer avec nos troupes contre l'ennemi commun.

Le général, chef d'état-major général,

*Signé* FISZER.

## XVI.

*Pièces relatives à la correspondance des Autrichiens avec le général Rozniecki au sujet de la capitulation de Krakovie.*

### 1

A Monsieur le Commandant de l'avant-garde de l'armée polonaise,

Désirant préserver la ville de Krakovie des ravages de

la guerre, j'ai l'honneur de vous proposer, Monsieur, un armistice de deux fois vingt-quatre heures, après lequel je vous remettrai la ville et me retirerai sur la rive droite de la Vistule. Veuillez m'indiquer le lieu et l'heure où nous pourrions nous concerter, aux avant-postes, sur les objets et déterminer les articles de la convention, qui n'a d'autre but que de ménager les habitants de cette ville.

Krakovie, le 14 juillet 1809.

Le général, commandant l'avant-garde du corps de M. le général Mondet,

*Signé* : le baron MOHR.

2

A Monsieur le général de brigade Rozniecki, chevalier de plusieurs ordres, commandant l'avant-garde de l'armée polonaise,

Le général baron de Mohr m'a fait part de la proposition que vous lui avez faite de cesser toute hostilité pendant douze heures, sous condition que, ce laps de douze heures passé, la ville de Krakovie, sur la rive gauche de la Vistule, sera évacuée par les troupes de S. M. l'empereur d'Autriche, et que le pont de la Vistule ne sera pas détruit.

J'accepte, Monsieur, lesdites conditions, et d'après cela les hostilités ne peuvent commencer que demain, 15 de ce mois, douze heures après la signature de cette convention.

M. le lieutenant-colonel Dressery, du régiment de Wukasowitsch, est muni de pleins pouvoirs de ma part pour signer lesdites conditions.

Au quartier général de Podgorze, le 14 juillet 1809.

*Signé :* le lieutenant-général de MONDET.

### 3

Monsieur le lieutenant-colonel Dressery est autorisé de ma part, à signer les conditions dont il sera convenu avec M. le général commandant l'avant-garde des troupes polonaises, pour un armistice.

Au quartier général de Podgorze, le 14 juillet 1809.

### 4

A M. le général Rozniecki, chevalier de plusieurs ordres, commandant l'avant-garde des troupes polonaises.

Rien de plus clair et de plus positif que la lettre que j'ai eu l'honneur de vous écrire relativement à l'armistice; vous verrez qu'il n'y est question que de deux conditions : la première, que les troupes autrichiennes évacueront la ville de Krakovie sur la rive gauche de la Vistule; et la seconde et dernière, que le pont sur la Vistule ne sera pas détruit. C'est pour ces deux seules conditions, Monsieur, que j'ai autorisé M. le lieutenant-colonel Dressery à signer, de ma part, la convention; il n'y était point question de Podgorze qui est sur la rive gauche de la Vistule, ni d'autres conditions qui ont été ajoutées et contre lesquelles je protesté.

J'attends, Monsieur, de la loyauté polonaise, que vous voudrez bien redresser la convention d'après le contenu de ma lettre, et à cet effet je vous joins celle-ci, qui sera regardée comme non avenue.

*Signé :* le lieutenant général de Mondet.

### Convention.

Entre le général de brigade Rozniecki, commandant l'avant-garde de l'armée polonaise, chevalier de plusieurs ordres, etc., et le lieutenant-colonel Dressery, du régiment de Wukasowitsch-infanterie, au service de S. M. l'empereur d'Autriche, muni de pleins pouvoirs de la part de S. E. le lieutenant général de Mondet.

Art. 1er. On convient d'un armistice de douze heures depuis la signature des présentes. Dans cet espace de temps, les troupes autrichiennes évacueront la place de Krakovie avec armes et bagages.

Art. 2. A l'expiration du terme, les troupes polonaises occuperont les villes de Krakovie et de Podgorze.

Art. 3. Le lieutenant-général de Mondet promet de ne pas détruire le pont existant sur la Vistule.

Art. 4. L'armée polonaise ne pourra dépasser Podgorze, que six heures après l'expiration du premier terme accordé, de douze heures.

Art. 5. La présente convention n'empêchera pas que les troupes autrichiennes puissent prendre une position pour se mettre en état de disputer la sortie de Podgorze.

Art. 6. Un commissaire des guerres sera chargé de la prise des magasins,

Art. 7. Les malades et blessés qui se trouvent dans les hôpitaux resteront prisonniers de guerre, et seront réunis suivant des états nominatifs; il leur sera accordé tous les soins qu'exige l'état dans lequel ils se trouvent.

Art. 8. Les employés de l'administration autrichienne seront traités avec tous les égards dus aux fonctionnaires publics.

Fait à Promnik, le 14 juillet 1809, à 6 heures après midi.

*Signé :* le général de brigade Rozniecki,

Dressery, lieutenant-colonel du régiment de Wukasowitsch.

Pour copie conforme :

Le prince Joseph Poniatowski.

## XVII.

Quartier général de Krakovie, 16 juillet 1809.

*Ordre du jour.*

Le prince, commandant en chef, informe l'armée qu'un armistice a été conclu le 12 du courant entre l'empereur des Français et l'empereur d'Autriche, jusqu'au 12 du mois d'août. Cet armistice a été signé au camp de Znaïm, et il stipule, quant à la Pologne, que les deux armées belligérantes occuperont les positions dans lesquelles elles se trouvent; toutes hostilités doivent donc cesser.

*Le général, chef de l'état-major général,*

*Signé* Fiszer.

## XVIII.

## CONVENTION

*Conclue au camp de Winiawka entre les commandants de troupes impériales autrichiennes et polonaises, le généra major de Biking et Pierre de Strzyzewski.*

| *Demandes.* | *Réponses.* |
|---|---|
| Art. 1. Armistice complet jusqu'à la fin de la négociation. | Accordé. |
| Art. 2. Tout le corps rentrera dans la Bukowine avec canons, armes et toutes les munitions, et ne pourra, après être arrivé à Czernowitz, servir un mois durant contre les troupes alliées polonaises, après lequel temps il sera exempt de cette obligation. | Tout le corps pourra se retirer et retourner dans la Bukowine, avec l'obligation de ne pas servir jusqu'à la paix prochaine contre la France et ses alliés. Les canons, armes de toute espèce, munitions et armements seront rendus; 200 fusils, gibernes et baudriers seront laissés au corps pour son retour. |
| Art. 3. L'équipage et les chevaux de MM. les officiers, y compris les chevaux et armements des *Arnauts*, plus ce qui appartient au personnel de la douane et des chasseurs, seront conservés. | Accordé pour l'équipage et la propriété avec les chevaux de MM. les officiers; quant aux chevaux et armements des soldats *Arnauts*, du personnel de la douane et des chasseurs, ils seront livrés aux Polonais. |

Art. 4. Le corps retournant sera escorté par un officier polonais jusqu'à son arrivée près des premières troupes impériales et royales, et aura les vivres et les relais nécessaires.

Accordé, avec l'exception que le corps retournant sera escorté par un officier polonais jusqu'à un demi-mille de Czernowitz. On soignera les vivres, comme aussi les relais nécessaires.

Art. 5. Il est proposé que M. le général feld-maréchal lieutenant Merfeld donnera communication de cette convention à Czernowitz.

Refusé.

Art. 6. Il sera demandé, de la part du commandant polonais allié, un état nominatif de MM. les généraux et officiers, et de toute la troupe.

Accordé.

Art. 7. La présente convention doit être effectuée après l'armistice de 4 heures.

Quatre heures après l'expédition de cette convention, le corps quittera le camp; et la prise de possession, telle qu'elle est précitée, aura lieu.

Art. 8. Tous les prisonniers de guerre du corps seront rendus ainsi que le contre-billet (Rewers), pour le comte Starzynski, baron Berlinkowski et le uhlan Jarnikowski.

Les contre-billets seront échangés tout de suite après l'expédition, et le uhlan pris réclamé aussitôt l'entrée à Czernowitz.

En foi de quoi l'expédition a été faite et signée par les deux parties. Au camp près de Winiawka, le 18 juillet 1809.

*Signé* le commandant
STRZYZEWSKI.

*Signé* le général major
de BIKING.

Pour copie conforme,

*Le chef d'état major général,*

*signé* Comte MONTION.

## XIX.

Krakovie, le 23 juillet 1809.

*Rapport à S. M. l'Empereur et Roi.*

Sire,

Je m'empresse d'avoir l'honneur de porter à la connaissance de V. M. les premiers succès remportés sur l'ennemi par les troupes galiciennes. Une partie du régiment de lanciers du colonel Ryszczewski, qui n'est encore qu'à la moitié de sa formation, soutenu par un détachement des 1er et 3e régiments de cavalerie, s'étant avancé jusqu'à Brykula vers la frontière de la Bukowine, est parvenu à couper un corps autrichien qui cherchait à se réunir à celui du prince Hohenlohe. L'ennemi, attaqué avec la plus grande impétuosité, ne put résister au choc vigoureux de cette cavalerie, et, malgré un triple rang de fourgons et de chariots, dont il cherchait à se faire une barrière, il fut réduit à capituler. Le général de Biking, qui commandait ce corps, un lieutenant-colonel, 20 officiers et 1100* soldats se sont engagés à ne pas servir pendant la durée de cette guerre; l'ennemi a perdu presque autant en tués et blessés. Trois canons et plusieurs caissons sont tombés entre nos mains.

Cette affaire a eu lieu le 18 de ce mois, avant que la nouvelle de l'armistice fût parvenue aux troupes qui y ont pris part.

Daignez, Sire, agréer, etc.

*Signé* le prince Joseph Poniatowski.

* Le général Dwernicki, qui a été chargé de reprendre les armes des Autrichiens, atteste que le nombre d'hommes combattant et non combattant se montait à 3,000, et évalue le nombre de canons à quatre. (Note de l'auteur.)

## XX.

## ARMÉE POLONAISE AU 14 NOV. 1809.

### ARMÉE DU DUCHÉ DE VARSOVIE.

#### INFANTERIE.

| Nos des corps. | Colonels. | Effectifs. | OBSERVATIONS. |
|---|---|---|---|
| 1. | Casimir Maluchowski | 2,690 | |
| 2. | Stanislas Potocki | 3,030 | |
| 3. | Edouard Zoltowski | 2,647 | |
| 4. | Wierzbinski | 2,241 | 2 bat. détachés en Espagne. |
| 5. | Michel Radziwill | 2,404 | |
| 6. | Julien Sierawski | 2,673 | |
| 7. | Jakubowicz | 1,905 | 2 bat. détachés en Espagne. |
| 8. | Stuart | 2,302 | |
| 9. | Antoine Sulkowski | 2,050 | 2 bat. détachés en Espagne. |
| 10. | Downarowicz | 1,996 | 2 bat. détachés à Dantzig. |
| 11. | Mielzynski | 2,145 | id.   id. |
| 12. | Weissenhoff | 2,614 | |
| | | 28,367 | |

#### CAVALERIE.

| | | | |
|---|---|---|---|
| 1. | Pszependowski | 937 | |
| 2. | Thadée Tyszkiewicz | 1,163 | |
| 3. | Lonczynski | 1,015 | |
| 4. | Kwasniewski | 687 | Détaché en Allemagne. |
| 5. | Kasimir Turno | 1,097 | |
| 6. | Domin. Dziewanowski | 1,009 | |
| | | 5,908 | |

#### ARTILLERIE, GÉNIE ET TRAIN.

| | | |
|---|---|---|
| Art. à pied. Gorski, colon. id. à chev. Wlod.Potocki, chef d'escadr. | 2,620 | Une comp. détachée en Espagne. id.   id.   à Dantzig. |
| Total | 36,995 | |

JUSTIFICATIVES. 389

## ARMÉE FRANCO-GALICIENNE.

### INFANTERIE.

| | | | | | |
|---|---|---|---|---|---|
| 1. | Szneider | 3,425 | Dev. p. tard 13e de l'arm. du duch. | | |
| 2. | Siemianowski | 2,852 | id. | 14e | id. |
| 3. | Minskowski | 3,422 | id. | 15e | id. |
| 4. | Kenszycki | 2,338 | Dissous. | | |
| 5. Const. Czartoryski | | 2,561 | Dev. p. tard 16e | | id. |
| 6. Joseph Hornowski | | 1,985 | id. | 17e | id. |
| | | 16,583 | | | |

### CAVALERIE.

| | | |
|---|---|---|
| Lanc. 1. | Zawadzki | 840 |
| 2. | Rozwadowski | 954 |
| 3. | Przyszychowski | 936 |
| 4. Adam Potocki | | 899 |
| 5. | Ryszczewski | 943 |
| 6. | Trzeciecki | 916 |
| 7. | Tarnowski | 664 |
| Huss. 1. | Tolinski | 1,048 |
| 2. J. N. Uminski | | 803 |
| Culr. 1. Stan. Malachowski | | 610 |
| | | 8,618 |

Total... 25,194

Total gén. de l'arm. pol. . 62,089 dont { 6,265 détaché en Espagne.
3,024 id. à Dantzig.
686 id. en Allemagne.

## XXI.

Schœnbrunn, le 17 septembre 1809.

*Le major général au prince Poniatowski.*

Je vous ai annoncé que l'Empereur avait donné ordre que 10,000 fusils vous soient envoyés de Magdebourg sur Dresde, aujourd'hui S. M. a ordonné, que 7,000 fusils qu'il a à Dantzig vous soient remis, ainsi que 3,000 qu'il a à Stettin, ce qui fera 20,000 : vous trouverez ci-joint un duplicata de l'ordre pour que les 10,000 fusils soient à votre disposition.

*Signé* ALEXANDRE.

## LISTE

*Des militaires qui se sont distingués dans différentes affaires pendant la campagne de 1809,*

(Tirée des ordres du jour).

### Engagement de Grzybow, 18 avril.

| Noms. | Prénoms. | Grades. |
|---|---|---|
| Osipowski, | | capitaine du 5ᵉ de cavalerie. |
| Czyzewski, | | id. |
| Loncki, | | id. |
| Radwan, | | lieutenant. |
| Urbanski, | | sous-lieutenant. |
| Brochocki, | | sergent. |
| Maszewski, | | id. |

### Prise de la tête de pont de Gora, 3 mai.

| | | |
|---|---|---|
| Turno, | | colonel du 5ᵉ de cavalerie. |
| Kornatowski, | | chef d'escadron id. |
| Blumer | | chef de bataillon 6ᵉ d'infanterie. |
| Suchodolski, | | id. id. |

### Combat de Strzelno, 11 mai.

| | | |
|---|---|---|
| Wengerski, | Emile, | lieutenant-colonel. |
| Suminski, | | cap., aide de camp du général Woiczynski. |

### Combat de Czenstochowa, 16 mai.

| | | |
|---|---|---|
| Hann, | | capitaine. |
| Cylinski, | | id. |
| Czerno, | | volontaire. |

JUSTIFICATIVES. 391

*Prise de Sandomir et de sa tête de pont, 18 mai.*

Potocki, Wlodomir,    chef d'escadron d'artillerie à cheval.
Szubert,    lieutenant adjudant-major, id.
Osipowski,    capitaine du 5<sup>e</sup> régiment de cavalerie.
Michalowski,    id.    id.
Kurnacki,    sous-lieutenant.
Janiewicz,    maréchal des logis.
Urlanski,    brigadier,
Tomaszyk,    soldat.
Pullert,    id.
Boguslawski,    chef de bataillon du 6<sup>e</sup> régiment d'infanterie.
Rybinski, Marthias,    capitaine    id.
Strzelecki,    id.    id.
Rulinkowski,    id.
Malczewski,    id.
Wolski,    lieutenant.
Czarnecki,    id.
Przezdziecki,    sous-lieutenant.
Swirzenski, Albert,    sergent.
Nagorski, Joseph,    id.
Nielepiec, Albert,    fourrier.
Bankowski, Michel    id.
Biernacki,    capitaine au 8<sup>e</sup> régiment d'infanterie.
Szultz, Christophe    sergent.
Strymowski, François,    id.
Wieliczko, Jean,    caporal.
Iendrzeiowski, Charles,    voltigeur.
Mantoffel,    id.
Cieplik, Antoine,    id.
Brzózowski, Joseph,    id.
Buminski, Michel,    sergent.
Kozlowski, André,    id.
Chrzanowski, Jacques,    voltigeur.
Nowakowski, Antoine,    id.
Dobrowolski, Joseph,    id.

*Assaut de Zamosc, 20 mai.*

Se sont particulièrement distingués :

Noms.    Prénoms.    Grades.
Gorski,    colonel d'artillerie.
Potocki, Stanislas,    colonel du 2<sup>e</sup> d'infanterie.
Strzyzewski,    chef d'escadron du 3<sup>e</sup> de cavalerie.
Brzechwa,    id.    du 6<sup>e</sup>    id.
Krasinski, Hilaire,    chef de bataillon du 2<sup>e</sup> d'infanterie.
Suchodolski,    id.    du 6<sup>e</sup>    id.
Soltyk, Roman,    capitaine d'artillerie à cheval.
Daine,    id.    2<sup>e</sup> d'infanterie.
Jounga,    id.    id.
Blendowski,    lieutenant, aide de camp du gén. Kaminski.
Mlocki,    adjudant sous-officier.

Se sont en outre distingués.

| | | | |
|---|---|---|---|
| Huisson, | capitaine. | Grabowski, | soldat. |
| Grotowski, | id. | Kierszek, | id. |
| Slupecki, | id. | Zalewski, | id. |
| Krasnodembski, | id. | Tiurbo, | id. |
| Pawlowski, | id. | Jaskulski, | id. |
| Boguslawski, | id. | Iagielski, | id. |
| Zieleniewski, | id. | Przybylowski, | id. |
| Gurski, | adjudant-major. | Iodlowski, | id. |
| Kawecki. | id. | Irzeczkowicz, | id. |
| Kosinski, | lieutenant. | Koziarowski, | id. |
| Hiz, | id. | Piorun, | id. |
| Klimkiewicz, | id. | Chwialowski, | id. |
| Dunquert, | id. | Grosz, | id. |
| Wenzyk, | id. | Mistelak. | id. |
| Dombrowski, | id. | Cindkowicz, | id. |
| Burakowski, | id. | Pawlowiz, | id. |
| Gzowski, | id. | Michalow, | id. |
| Loski, | id | Monko, | id. |
| Hornowski, | id. | Bordkiewicz, | id. |
| Witowski, | id. | Lubodzen, | id. |
| Gembka, | sous-lieutenant. | Mikilicz, | id. |
| Budzynski, | id. | Stawski, | id. |
| Wongrodzki, | id. | Borkusiak, | id. |
| Remiszewki, | id. | Baranowski, | id. |
| Glembocki, | id. | Zyzniewski, | id. |
| Mlocki, | id. | Klodzinski, | id. |
| Szaniecki, | id. | Iopowicz, | id. |
| Thompson, | id. | Zubr, | id. |
| Jelski, | id. | Zubr, (femme), | id. |
| Ranicki, | id. | Myszkowski, | id. |
| Dembski, | id. | Palucki, | id. |
| Karwowski, | id. | Ryszkiewicz, | id. |
| Wodzynski, | id. | Skladowski, | id. |
| Pruszinski, | sergent-major. | Kowalski, | id. |
| Falinski, | id. | Gajewski, | id. |
| Iendrzeiowski, | sergent. | Swiderski, | id. |
| Baciarelli, | id. | Winkowski, | id. |
| Mokrski, | id. | Borowski, | id. |
| Krzyzanowski, | caporal. | Rosolski, | id. |
| Klimkiewicz, | id. | Bartosiek, | id. |
| Wisniewski, | id. | Siarczynski, | id. |
| Kozakewiecz, | id. | Piasecki, | id. |
| Kancki, | id. | Lipski. | id. |
| Kaminski, | soldat. | Andrejew, | id. |
| Bankowski, | id. | Miaskowski, | tambour. |

*Engagement sur toute la ligne en Grande-Pologne, 22 mai.*

Dombrowski, Michel,   général de brigade.

JUSTIFICATIVES. 393

Biernacki, Joseph,    colonel.
Bielanowski,          major.

## Combat devant Sandomir, 27 mai.

Bieganski,            général de brigade.

## Combat de Sandomir, 6 juin.

Zoltowski,            colonel du 3e d'infanterie.

## Combat de Iankowice, 11 juin.

Krasinski,            général de brigade.
Kossecki,             colonel d'état-major.
Zielinski,            id.
Oskierka,             major.
Hofmann,              lieutenant-colonel.
Kossecki,             id.
Radzyminski,          aide de camp du général Zaionczck.
Yabkowski,            id.           id.

## Combat de Wrzawy, 12 juin

Kamieniecki,          général de brigade.
Malachowski,          colonel du 1er d'infanterie.
Potocki, Stanislas,   id.   du 2e    id.
Paszkowski,           id.   aide de camp du roi de Saxe.
Wolinski,             major.
Redel,                id.   d'artillerie.
Kryzinski,            lieutenant-colonel d'artillerie.
Ostrowski,            id.           du 3e de cavalerie.
Daine,                id.
Soltyk, Roman,        capitaine d'artillerie à cheval.
Huisson,              id.   du 1er d'infanterie.
Krasnodembskii        id.
Gavard,               id.
Lonczynski,           id.
Gorski,               id.
Slupecki,             id.
Szweikowski,          id.
Wenzyk,               adjudant-major.
Godlewski,            id.
Klimkiewicz,          lieutenant.
Puchalski,            médecin en chef.
Przybylski,           chirurgien-major.
Przystanski,          id.
Koch,                 id.

## Assaut de Sandomir, 26 juin.

Sierawski, colonel du 6e d'infant.
Bontemps, id. d'artillerie.
Zoltowski, id. du 3e d'infant.
Weissenhoff, id. du 12e
Dziewanowski, id. du 6e de caval.
Bialkowski, lieutenant-colonel.
Suchodolski, id.
Kurcyusz, capitaine.
Wiesiolowski, id.
Lemanski, id.
Czekaiski, id.
Bleszynski, id.
Kosinski, id.
Zolondkowski, id.
Plonczynski, id.
Poniatowski, id.
Chmielowski, id.
Strzalkowski, id.
Pogorzelski, id.
Walichnowski, id. aide de camp du général Sokolnicki.
Czaykowski, capitaine.
Skoraszewski, id.
Szymaniecki, id. aide de camp du général Bieganski.
Zawadzki, capitaine.
Jordan, id. aide de camp du général Sokolnicki.
Pawlowski, adjudant-major.
Koszubski, lieutenant de gren.
Stembert, id.
Plonszinski, id. fr. du cap.
Dzialkowski, id.
Meisner, id.
Bielski, id.
Lubieniecki, id. d'artillerie.
Tykel, id.
Rychlowski, id.
Szczepanowski, id.
Zdzytowiecki, id.
Koricki, sous-lieutenant.
Zabielski, id.
Bulawecki, id.
Grzelakowki, id.
Tuszczewski, id. aide de camp du général Woyczynski.
Ianowski, sergent.
Bosko, id.
Oskierko, id.
Wieczerski, fourrier.
Rudkowski, caporal.
Zawadzki, id.
Fergus, sapeur.
Bogudzki, id.
Wasilkowski, soldat.
Szafraniak, id.
Wisniewski tambour.

# TABLE DES MATIÈRES.

                                                        Pages.

Notice historique sur le prince Joseph Poniatowski. . . . 1

## CHAPITRE I.

Influence des partages de la Pologne sur les destinées de l'Europe. . . . . . . . . . . . . . . . . . . . . . 89
Les puissances copartageantes interviennent dans les affaires de la France. — Guerre. . . . . . . . . . . . . . 90
Avénement de Napoléon au trône. — Il combat l'Autriche, la Prusse et la Russie. . . . . . . . . . . . . . . 91
L'Angleterre est sa plus redoutable ennemie. — Efforts qu'elle fait pour organiser des coalitions contre la France. . . . 93
Napoléon est victorieux. — Il tente d'entraîner Alexandre dans son système. — Conférence d'Erfurth. . . . . . . . 94
L'Empereur veut reconstituer l'Europe sur une nouvelle base. 95
Son influence sur les peuples. . . . . . . . . . . . 96
Une nouvelle coalition se prépare en 1809 contre lui. . . . 97
Armements de l'Autriche, de l'Espagne et de l'Angleterre. . 98
Menées secrètes des alliés. . . . . . . . . . . . . 99
La coalition recherche l'alliance de la Prusse et de la Russie; elle échoue. . . . . . . . . . . . . . . . . . 100
Forces des deux parties au commencement de la guerre. . . 101
Etat de la Pologne à cette époque. . . . . . . . . . 102
Duché de Varsovie, organisation de son armée au commencement de 1809. . . . . . . . . . . . . . . . . 103
L'Autriche forme trois armées, en Allemagne, en Italie et en Pologne. — Ferdinand commande la dernière. . . . . . 112
Force et composition de cette armée. . . . . . . . . 113
Examen des moyens de défense des deux parties. . . . . 115
Le gouvernement polonais est informé des préparatifs de guerre de l'Autriche.—L'armée du duché est augmentée par une levée de conscrits. . . . . . . . . . . . . . 116
Force de l'armée de Poniatowski au moment de l'entrée en campagne. . . . . . . . . . . . . . . . . . . . 119
Description topographique du duché de Varsovie et des deux Galicies. . . . . . . . . . . . . . . . . . .

## CHAPITRE II.

Pages.

Position de l'armée de l'archiduc au moment de l'entrée en campagne. . . . . . . . . . . . . . . . . . . 129
Elle est forte de 33,000 hommes. — Observation sur son organisation. . . . . . . . . . . . . . . . . . 130
Instruction que reçoit l'archiduc de son gouvernement. . 131
Ce qu'il aurait dû faire et ce qu'il fit. . . . . . . . 132
Sa présomption. — Proclamation de Ferdinand. . . . . . 134
Observation sur la topographie du duché sous le rapport stratégique. . . . . . . . . . . . . . . . . . 136
Le gouvernement polonais, avec plus de prévoyance, aurait pu se maintenir à Varsovie. . . . . . . . . 137
Poniatowski eût dû au moins fortifier Modlin et Thorn. 138
Il ne croyait pas être attaqué. . . . . . . . . . . 140
Les deux chefs opposés commirent des fautes par excès de confiance. — Dispositions de Poniatowski. . . . 141
Il réunit 14,000 hommes près de Varsovie. — Déclaration de guerre. — Commencement des hostilités. . . . . . 142
Diverses mesures de défense que prend le gouvernement du duché . . . . . . . . . . . . . . . . . . . 143
Son manifeste. . . . . . . . . . . . . . . . . . . . 145
L'armée autrichienne s'avance sur Varsovie. — Poniatowski l'attend à Raszyn. — Position de l'armée polonaise. . . . 147
Engagement de Nadarzyn. — L'armée de l'archiduc s'avance. . 149
L'archiduc, sans reconnaître les Polonais, fait attaquer Falenty. 150
Combat très vif livré sur ce point. . . . . . . . . . 151
Les Polonais se retirent sur Raszyn. . . . . . . . . 152
L'engagement s'étend sur toute la ligne. — Poniatowski se maintient dans sa position jusqu'à la nuit. . . . . 153
Pertes des deux partis. — Les Saxons se retirent. . . . 154
Le prince Poniatowski replie son armée sur Varsovie pendant la nuit. . . . . . . . . . . . . . . . . . . . 155
Ferdinand arrive devant la capitale. . . . . . . . . 156
Entrevues du prince et de l'archiduc. — Armistice. — Une convention pour la reddition de Varsovie est conclue. . . 157
Les Polonais l'évacuent et se retirent sur la Narew. — Evénements qui se passèrent près de Czenstochowa. — Bronowacky lève le blocus et se porte sur Varsovie. . . . . 159

## CHAPITRE III.

Entrée de Ferdinand à Varsovie. . . . . . . . . . . 161
Ses mesures administratives. . . . . . . . . . . . 162

DES MATIÈRES. 397

Pages.

Les autorités polonaises sont maintenues.—Services qu'elles rendent à la cause nationale. . . . . . . . . . . 163
Négociation, convention additionnelle pour Praga. . . . 164
Son influence sur la guerre. . . . . . . . . . . . . 166
Proclamation de Ferdinand.—L'armée polonaise sur la Narew. 168
Poniatowski, Dombrowski, Zaionczek, Pelletier, Sokolnicki et Fiszer. . . . . . . . . . . . . . . . . . . 169
Projet de Ferdinand de passer sur la rive droite de la Vistule. — Il détache sur Praga Mohr qui somme inutilement la tête de pont de se rendre. . . . . . . . . . . . 177
Poniatowski l'attaque. . . . . . . . . . . . . . . 178
Combats de Radzymin et de Grochow. . . . . . . . . 179
Les Autrichiens se retirent en désordre sur Karczew. . . 183
Poniatowski revient sur la Narew. . . . . . . . . . 184
Il organise l'armée active et la défense du duché. — Il partage le commandement entre ses généraux. . . . . . . 186
Les Autrichiens construisent à Ostrowek une tête de pont sur la Vistule qui n'est pas achevée. . . . . . . . . . 189
Sokolnicki s'avance pour l'attaquer. . . . . . . . . . 190
Hésitation de Poniatowski. . . . . . . . . . . . . 191
Sokolnicki attaque et prend le retranchement d'Ostrowek. . 194
Les Autrichiens lèvent le pont.—Proclamation de Poniatowski aux troupes et aux Galiciens. . . . . . . . . . . 197

CHAPITRE IV.

L'armée polonaise apprend les victoires remportées par Napoléon sous Ratisbonne. . . . . . . . . . . . . 200
Evénements d'Allemagne et d'Italie. . . . . . . . . 201
Le colonel Stofflet apporte au prince l'ordre d'entrer en Galicie. 202
Lettre de Poniatowski au prince de Neufchâtel; il lui rend compte des opérations de l'armée et de ses projets. . . 203
Plan de Ferdinand. Il se décide à faire marcher une de ses divisions sur Thorn et la Grande-Pologne. . . . . 204
Dombrowski arrive à Thorn, et la garnison envoie un détachement en Grande-Pologne. . . . . . . . . . . 206
Combat de Sleszyn (11 mai). . . . . . . . . . . . 207
L'archiduc arrive avec la division Mohr devant la tête du pont de Thorn, et l'enlève le 15 mai. . . . . . . . . . 208
Il somme la place de se rendre. — Réponse de Woyczynski. —Ferdinand canonne Thorn sans produire d'effet. . . 210
Il apprend les progrès de Poniatowski en Galicie, et retourne à Varsovie.—Mohr marche sur Radzeicwo. . . . . . 211

Pages

Poniatowski passe le Wieprz.— Le prince arrive le 11 mai à Lubartow, et y reçoit une députation de la noblesse galicienne. . . . . . . . . . . . . . . . . . 212
Une lettre de Gortschakoff à l'archiduc est interceptée.—Poniatowski envoie Bronikowski auprès de l'Empereur. . . 213
Le prince entre à Lublin le 14 mai; il y institue un gouvernement pour la Galicie. . . . . . . . . . . 215
Proclamation à l'armée. . . . . . . . . . . . . 216
Prise de Sandomir et de sa tête de pont. . . . . . . 217

### CHAPITRE V.

Poniatowski quitte Lublin le 16 mai. . . . . . . . . 226
Il marche sur Ulanow. — Pelletier détaché sur Zamosc. — Proclamation de Poniatowski aux Galiciens. . . . . 227
Blocus et prise de Zamosc, le 20 mai. . . . . . . . 229
Poniatowski passe les troupes de Pelletier en revue; il laisse une garnison à Zamosc, pousse sur Léopol une partie de cavalerie aux ordres de Kaminski, et réunit son corps d'armée à Sandomir. . . . . . . . . . . . . . 239
Examen de la position de l'armée polonaise après la prise de Sandomir. — Sokolnicki conseille au prince de marcher sur Radom. . . . . . . . . . . . . . . . . . 240
Poniatowski prend position près de Sandomir. — Ce qu'il aurait dû faire. . . . . . . . . . . . . . . 243
Reconnaissance des travaux de la place de Sandomir.—L'enceinte est renforcée, la tête de pont n'est pas rétablie.—Inconvénients de l'oubli de cette mesure. . . . . . . 244
Rozniecki prend Jaroslow. — Les troupes employées à cette expédition retournent sur le San. . . . . . . . . 245
Kaminski occupe Léopol le 23 mai.—Rozniecki l'y rejoint le 28. 246
Il fait reconnaître la souveraineté de Napoléon.—Il organise le gouvernement. . . . . . . . . . . . . . . 247
Divers engagements sur la Vistule. . . . . . . . . 248
Blocus et siége de Czenstochowa par Grammont. . . . 250
Les Autrichiens repoussés par Stuart. — Ils se retirent sur Krakovie. . . . . . . . . . . . . . . . . . 252
Poniatowski envoie Pelletier près de Galytzine à Bialystok. Position de l'armée russe.— Duplicité de Galitzyne. — Mauvaises dispositions des généraux russes envers Napoléon. 253

### CHAPITRE VI.

Retour de Ferdinand à Varsovie. — Mohr se replie sur la

### DES MATIÈRES.

|  | Pages. |
|---|---|
| Bzura. — Schauroth se porte sur Sandomir. | 256 |
| Combat du 27 mai devant cette place. — Dombrowski arrive à Posen. — Nouvelles levées. | 257 |
| Dombrowski prend l'offensive le 22 mai. — Il s'avance sur la Bzura. — Mohr se retire sur Lowicz en dévastant le pays. | 258 |
| Dombrowski est rejoint à Kutno par un détachement que lui envoie Woyczynski.—Hauke reçoit des renforts de Thorn. —Il passe la Vistule le 25 mai.—Dombrowski occupe Lowicz. | 259 |
| Forces de sa division. | 260 |
| L'archiduc se décide à évacuer le duché et à réunir ses forces entre la Piliça et la haute Vistule. — Il va prendre le commandement de ses troupes devant Sandomir. — Mondet commande dans le duché. | 261 |
| Varsovie est évacuée le 2 juin, par les Autrichiens, qui se retirent sur la Piliça.—Engagements à Zuranie, et à Obory. — Zaionczek entre à Varsovie le 2 juin, et publie une proclamation aux habitants. | 262 |
| Kosinski y entre le 3. — Le conseil des ministres retourne dans la capitale le 8. — Poniatowski reçoit, à Trzesnia, une lettre du prince de Neuchâtel du 18 mai. | 264 |
| Opérations des armées belligérantes en Italie et en Allemagne. | 265 |
| Poniatowski accélère les nouvelles formations galiciennes. | 266 |
| Communication officielle entre Galytzine et le prince — Ferdinand arrive devant Sandomir. | 268 |
| Combats des 5 et 6 juin. | 269 |
| Mouvement de l'archiduc sur Polaniec.— Il y passe la Vistule et se porte sur la Wisloka. — Egermann l'y joint. — Geringer couvre ce mouvement sur la rive gauche.—Poniatowski n'est pas en mesure de profiter de ses avantages.—Il détache Rozniecki sur la Wisloka; qui reconnaît l'ennemi et se retire sur le corps d'armée qui prend position à Wrzawy; Poniatowski lève le pont de Sandomir. | 270 |
| Zaionczek s'avance sur la Piliça et rallie Hauke. | 271 |
| Engagement de Warka. — Zaionczek passe la Piliça et occupe Iedlinsko. | 272 |
| Dombrowski manœuvre sur Piotrkow, au lieu de suivre Mondet.— Celui-ci réunit ses forces à Pszytyk, attaque le 11 Zaionczek à Iankowice, et lui fait subir un échec. | 273 |
| Zaionczek se replie par Kozenice sur Gora, vis-à-vis de Pulawy. | 274 |

Critique de ce mouvement. — En même temps Dombrowski remonte la Piliça, et occupe Piotrkow, et son avant-garde Suleiow, qui, après un engagement assez vif, se porte sur

Konski. . . . . . . . . . . . . . . . . . . . 275
Motifs de la conduite de Dombrowski. — Politique d'Alexandre et disposition des Russes. . . . . . . . . . . . 276
Position de l'armée russe. — Galytzine publie un manifeste et entre dans le duché le 2 juin. . . . . . . . . . . . 277
Lenteur de la marche des Russes, plaintes de Poniatowski. . 278
La division Souvaroff arrive sur le San.—Combat de Wrzawy. 279
Le prince fait repasser le San à ses troupes le 14, et lève le pont de Czekay. . . . . . . . . . . . . . . . 282

## CHAPITRE VII.

Ferdinand réunit près de Sandomir la brigade Geringer et la division Mondet ; préparatifs pour l'assaut.—Forces de la garnison de Sandomir, ses moyens de défense. . 286
Ferdinand fait sommer la garnison de se rendre.—Il fait attaquer la place dans la nuit du 15 au 16. . . . . . . . . 287
L'assaut est repoussé avec perte. . . . . . . . . . . 288
Capitulation de Sandomir. — La garnison polonaise évacue la place et se porte à Mniszew sur la Piliça. . . . . . . 292
Poniatowski se rend le 15 à Lublin.—Conférence avec Galytzine. — Plan d'opérations concerté entre les deux chefs. — Les Russes doivent agir sur la rive droite, les Polonais sur la rive gauche. . . . . . . . . . . . . . . . 293
Inaction de Fisher. — Retraite de Zaionczek, par Pulawy, sur le San, où il rejoint le prince. . . . . . . . . . . 294
Poniatowski apprend l'issue de l'assaut et la capitulation de Sandomir. . . . . . . . . . . . . . . . . . 295
Lettre de ce dernier à Sokolnicki. — Rapport de Poniatowski au major général, du 21 mai. . . . . . . . . . . 296
Poniatowski réorganise son corps d'armée. — Il est divisé en une division de cavalerie et une d'infanterie. — Galytzine vient relever Poniatowski sur le San. — Poniatowski veut faire marcher le 1er régiment de cavalerie sur Léopol afin d'appuyer les nouvelles formations. — Les Russes s'y opposent. . . . . . . . . . . . . . . . . . . 297
Lenteurs de Galytzine. — Il passe enfin le San. — Egermann évacue Léopol et se retire sur Stanislawow. — Les Russes occupent Rzeszow, Léopol et Sendziszow.— Ils rétablissent partout les autorités autrichiennes. — Persécutions des patriotes polonais.—Galytzine ne veut pas reconnaître le nom de Pologne. . . . . . . . . . , . . . . . . 298
L'archiduc Ferdinand réunit ses forces autour de Sandomir

DES MATIÈRES.  401

Pages.

et commence, le 22 juin, son mouvement sur la haute Piliça. — Il est achevé le 30. — Poniatowski se met en mouvement le 22, et arrive le 24 à Pulawy. — Il jette un pont sur la Vistule et porte sa cavalerie en avant. — Rapport de Poniatowski au major général, du 27 juin. . . . . . . . 299
Evénements qui se passent en mai et juin en Allemagne, en Hongrie et en Italie. . . . . . . . . . . . . . 301
Les communications de la grande armée sont menacées. . 304
Séjour de Poniatowski à Pulawy. — Temple de la Sybille.— Ordre du jour de Poniatowski à l'armée. . . . . . . 305
Nouveaux régiments franco-galiciens. . . . . . . . . 306
Poniatowski se met en mouvement sur Radom et se réunit à Sokolnicki et Dombrowski. — Son armée est forte de 23,000 hommes.— Il établit son quartier général à Radom, et y institue un nouveau gouvernement. — Patriotisme des habitants. — Ils forment des partisans. — Ordre du jour de Poniatowski. . . . . . . . . . . . . . . . . 309

## CHAPITRE VIII.

Position des armées belligérantes au 4 juillet. . . . . . . 311
L'archiduc se rend en Bohême. — Mondet le remplace dans son commandement en Galicie. — Retraite de l'armée autrichienne sur la haute Vistule.—Poniatowski suit leurs mouvements . . . . . . . . . . . . . . . . . 312
Engagement de Pinczow. — Combat de Zarnowiec. . . . 313
Rencontre de Xionz et de Miechow. — Combat devant Krakovie. — Convention pour la reddition de cette ville. . . 314
Mouvement de l'armée russe. — Ils viennent en hâte occuper la ville. — Les Polonais y entrent de force, et l'occupent conjointement avec les Russes.—Rapport de Poniatowski à l'empereur . . . . . . . . . . . . . . . . 315
Armistice de Znaym à la suite de la bataille de Wagram. — Position des armées adverses. . . . . . . . . . 324
Expédition de Strzyzewski en Podolie. . . . . . . . . 325
Marche sur Zaleszczyki. — Combat de Zaleszczyki. . . . 326
Retraite de Strzyzewski sur Tarnopol. . . . . . . . . 329
Combat de Zagrobella. — Retraite de Biking sur Chorostkow; son arrière-garde est enlevée. . . . . . . . 330
Kessler à Brzezany. — Biking vient le rejoindre. — Il est poursuivi et attaqué à Winiawka . . . . . . . . . 331
Capitulation. . . . . . . . . . . . . . . . . . 333

26

Pages.

Marche de Strzyzewski sur Mariampol. — Canonnade à travers le Dniester . . . . . . . . . . . . . . 334
Les deux parties reçoivent la nouvelle de la conclusion de l'armistice de Znaym.—Strzyzewski marche sur Tarnopol et renvoie les régiments podoliens dans leurs cantonnements. 335
Séjour de Poniatowski à Krakovie.—L'armée du duché et celle franco-galicienne sont portées au grand complet. — Napoléon complète leur armement. — Evénements qui se passent sur différents points du théâtre de la guerre. . . . 336
Négociation pour la paix. . . . . . . . . . . . . . . 337
Envoi d'Ignace Potocki et de Thadé Matuszewiç au quartier général de l'Empereur. — Traité de Schœnbrunn, le 14 octobre. . . . . . . . . . . . . . . . . . . . 338
Accroissement du duché de Varsovie. — Commission nommée pour la délimitation. . . . . . . . . . . . .
Observations sur cette campagne. . . . . . . . . . . 340

## PIÈCES JUSTIFICATIVES.

Rapport du prince Poniatowski au duc d'Auerstedt. . . . . . . . . . . Varsovie, 12 avril 1809. 345
Convention entre le prince Poniatowski et l'archiduc Ferdinand pour l'évacuation de Varsovie. 21 avril » 348
Rapport du prince Poniatowski au major général. . . . . . . . . . . . Okuniew, 3 mai » 350
Rapport du prince Poniatowski, au major général. . . . . . . . . . . Wionzowna, 5 mai » 352
Lettre de Wybicki au prince Joseph Poniatowski. . . . . . . . . . . . Posen, 29 avril » 354
Rapport du prince Poniatowski au major général. . . . . . . . . . . . Lubartow, 11 mai » 355
Rapport du prince Poniatowski au major général. . . . . . . . . . . . Ulanow, 19 mai » 358
Rapport du prince Poniatowski au major général. . . . . . . . . . . . Ulanow, 21 mai » 360
Rapport du colonel Stuart sur les opérations de la garnison du fort de Czenstochowa, depuis le commencement des hostilités. . . 361
Lettre du prince Poniatowski à M. Zamoyski, président du gouvernement militaire central et prov. des deux Galicies. . Trzesnia, 7 juin » 365

DES MATIÈRES. 403

Pages

Rapport du prince Poniatowski à l'empereur
  Napoléon. . . . . . . . . . . Pniow, 10 juin 1809. 366
Lettre du Prince Poniatowski au prince Ga-
  lytzine. . . . . . . . . . Trzesnia 7 juin » 369
Capitulation de la ville de Sandomir entre le
  général Sokolnicki et le général Geringer. . 18 juin » 371
Lettre du prince Poniatowski au major gé-
  néral. . . . . . . . . . . . Pniow, 21 juin » 376
Lettre du prince Poniatowski au major général. . . . . . . . . . . . Pulawy 27 juin » 377
Ordre du jour du général Fiszer. . . id. 2 juillet » 379
Pièces relatives à la correspondance des Autrichiens avec le général Rozniecki, au sujet
  de la capitulation de Krakovie :
1° Lettre du général Mohr. . . . Krakovie, 14 juillet » 380
2° Lettre du général Mondet. . . Podgorze, id. » 381
3° id. id. id., id. » 382
Convention pour la capitulation de Krako-
  vie. . . . . . . . . . . . Promnik, id. » 383
Ordre du jour du général Fiszer. . Krakovie, 16 juillet » 384
Convention conclue entre Pierre Strzyzewski
  et le général Biking. . Camp de Winiawka, 18 juillet » 385
Rapport du prince Poniatowski à l'Empereur.
  Krakovie, 23 juillet » 387
Effectif de l'armée polonaise, au 14 nov. 1809. 388
Lettre du major général au prince Ponia-
  towski. . . . . . . . Schœnbrunn, 17 septemb. » 389
Liste des militaires qui se sont distingués dans
  différentes affaires pendant la campagne
  de 1809. . . . . . . . . . . . . 390

# ERRATA.

Page 46, ligne 3. Les forcèrent à repasser cette dernière rivière; *lisez* : les forcèrent à repasser ce fleuve.

56, ligne 7. *Ajoutez en note* : cette attaque fut puissamment appuyée par douze pièces d'artillerie polonaise, qui battirent la redoute et incommodèrent beaucoup ses défenseurs. C'est le général Pelletier, commadant l'artillerie du 5ᵉ corps, qui les fit mettre en batterie, et le chef d'escadron Sowinski qui les commandait. Ce brave officier y perdit une jambe. Devenu général, il fut tué à la prise de Wola en 1831, pendant la guerre de l'indépendance.

60, ligne 15. Si Napoléon avait pris la résolution de se replier sans délai sur Smolensk, *lisez* : l'hiver de Russie était long; mais Napoléon pouvait se retirer sans délai sur Smolensk.

81, ligne 8. Casbach; *lisez* : Catzbach.

94, ligne 12. Ne fit qu'accroître; *lisez* : ne firent qu'accroître.

100, ligne 7. Et qui du souffraient le plus système continental; *lisez* : souffraient le plus du système.

115, ligne 27. Les Autrichiens ne possédaient que deux places fortes; *ajoutez* : en Galicie.

117, ligne 12. Pelletier fut placé; *lisez* : Pelletier fut définitivement placé.

184, ligne 13. Jusqu'à Lomazy; *lisez*: Lomna.

188, ligne 4. Sur le patriotisme bien connu du général Wybicki; *au lieu de* du général *lisez* : de Wybicki.

209, lignes 6 et 22. Mielczinski; *lisez* : Mielzynski.
*Id.* ligne 29. De la rive droite: *lisez* : de la rive gauche.

248, ligne 8. Colonel Surawski; *lisez*: colonel Sierawski.
*Id.* ligne 12. Escadron du 6ᵉ; *lisez*: un escadron du 6ᵉ.

234, ligne 16. De désigner d'avance les grenadiers; *lisez* : de désigner d'avance les soldats.

244, ligne 14. En garder; *lisez*: en gardant.

246, ligne 16. Palatin de Belz; *lisez*: Palatin de Belsk.

247, ligne 22. Strzyski; *lisez* : Strzyzewski.

248, ligne 24. A Wloclawek; *lisez* : Wroclawek.

255, ligne 14. A d'Obory; *lisez*: et à Obory.

260, ligne 18. De Modlin; *ajoutez* : à Zuranie.

264, ligne 24. Le 30 *lisez* : le 31.

270, ligne 9. Sur cette place; *lisez* : sur cette ville.

271, ligne 29 Ou il l'avait devancé; *ajoutez* : en chassa les Autrichiens.

285, ligne 21. Occupent Czeszow; *lisez* : Rzeszow.

295, ligne 29. Starosteff; *lisez*: Staroste.

311, ligne 29. Par la délimitation; *lisez* : pour la délimitation.

# MOUVEMENTS

*Des armées belligérantes pendant la campagne de Pologne en 1809.*

### ARMÉE POLONAISE.

1. Du prince Poniatowski de Varsovie sur Raszyn.
2. Du prince Poniatowski de Raszyn sur Varsovie.
3. Du prince Poniatowski de Varsovie sur Modlin.
4. Du prince Poniatowski de Modlin sur Jablonna et Nieporent.
5. Du général Sokolnicki de Modlin sur Grochow.
6. Du colonel Sierawski de Serock sur Radzymin.
7. Du prince Poniatowski de Iablonna et Nieporent sur Zegrze.
8. Du prince Poniatowski de Zegrze par Okuniew sur Wionzowna.
9. Du général Sokolnicki de Nieporent et Iablonna sur Karczew et Dziecinow.
10. Des généraux Sokolnicki et Rozniecki de Dziecinów par Bobrowniki, Pulawy, Opole, sur le confluent du San dans la Vistule.
11. Du prince Poniatowski de Wionzowna, par Parizow, Kock, Lubartow, Lublin et Ianow, sur Ulanow.
12. Du général Pelletier de Ianow sur Zamosc.
    Du général Kaminski de Zamosc sur Leopol.
14. Du général Pelletier de Zamosc sur Ulanow.
15. Du prince Poniatowski d'Ulanow sur Trzesnia.
16. Du général Rozniecki de Trzesnia sur Jaroslaw.
17. De Strzyzewski de Leopol sur Zaleszczyki.
18. Du général Dombrowski, sur trois colones.
    A. droite de Unieiew par Leczyça sur Kutno.
    B. centre de Slupce sur Kutno.
    C. gauche Gnezen sur Kruszwiça. { a. par Radzieiewo, Klodawa sur Kutno. b. par Piotrkow sur Kutno.
19. Du général Zaionczek de Varsovie par Warka, Iedlinsko, Kozienice, Pulawy et Pniow.

MOUVEMENTS DES ARMÉES BELLIGÉRANTES.

20. Du général Hauké de Plock par Sochaczew sur Warka.
21. Du général Rozniecki Trzesnia sur Tuszyn et de Tuszyn sur Trzesnia.
22. Du prince Poniatowski de Trzesnia sur Pniow.
23. Du général Dombrowski de Lowicz par Rawa sur Piotrkow.
24. Du prince Poniatowski de Pniow sur Pulawy.
25. Du général Sokolnicki de Sandomir sur Mniszew et Gora.
26. Du général Dombrowski de Piotrkow Innowlodz, Nowe-Miasto sur Czersk et de Czersk par Nowe-Miasto sur Radom.
27. Du général Sokolnicki de Gora sur Zwolen.
28. Du prince Poniatowski de Pulawy sur Radom.
29. Du prince Poniatowski de Radom sur Kielce.
30. Du prince Poniatowski de Kielce par Wodzislaw, Miechow, sur Krakovie.
31. Du général Rozniecki de Kielce par Pinczow, sur Krakovie.
32. Du général Kosinski de Kielce par Koniecpol et Zarnowiec, sur Krakovie.
33. De Strzyzewski de Zaleszczyki sur Tarnopol.
34. De Strzyzewski, de Tarnopol par Biala, Zagrobela, sur Tarnopol.
35. De Strzyzewski, de Tarnopol sur Chorostkow par Winiawka sur Mariampol.

ARMÉE SAXONNE.

1. Du général Polentz de Raszyn, par Modlin, Thorn, sur Posen et Dresde.

ARMÉE AUTRICHIENNE.

1. De l'archiduc Ferdinand de Nowe-Miasto sur Varsovie.
2. Du général Mohr de Varsovie, par Karczew, sur Grochow et Radzymin.
3. Du général Mohr, de Grochow et Radzymin sur Gora et Varsovie.
4. Du général Bronowacky, d'Olkusz sur Czenstochowa, et de là par Piotrkow, sur Varsovie.
5. Du général Mohr, de Varsovie sur Thorn.
6. Du général Mohr, de Thorn sur Radzieiewo, Klodawa, Lowicz et Rokitno.
7. Du colonel Grammont, de Krakovie sur Czenstochowa.
8. De Grammont, de Czenstochowa sur Krakovie.
9. Du général Egermann, de Sandomir sur Opatowiec.
10. Du général Schauroth, de Varsovie sur Sandomir.

## MOUVEMENTS DES ARMÉES BELLIGÉRANTES.

11. De Hohenzollern, de Leopol sur Stanislawow.
12. Du général Geringer, de Varsovie sur Samdomir.
13. Du général Mondet, de Varsovie sur Nowe-Miasto et Bialobrzegi.
14. De Mondet, de Nowe-Miasto et Bialobrzegi sur Przytyk, Jedlinsko, Radom et Sandomir.
15. Du général Schauroth, de Sandomir sur Polaniec et Wrzawy.
16. Du général Egermann, d'Opatowiec sur Krakovie, Tarnow et Leopol.
17. Du général Egermann, de Leopol sur Stanislawow.
18. De l'archiduc, de Sandomir, par Kielce, sur la Piliça et Piotrkow.
19. Du général Mondet, sur trois colonnes.
    a. de Malagozscz sur Krakovie.
    b. de Przedbodrz par Zarnowice sur Oswiecim.
    c. de Piotrkow, par Koniecpol, sur Oswiecim.
20. Du général Mondet, de Krakovie et Oswiecim sur Biala;
21. Du général Biking, de Czernowitz par Zaleszczyki sur Zagrobela.
22. Du général Kesler, de Halicz sur Brzezany.
23. De Biking, de Zagrobela, par Choroskow, sur Winiawka et Zaleszczyki.
24. Du général Kesler, de Brzezany, par Rohatyn, sur Halicz.

## ARMÉE RUSSE.

1. De la division Souvaroff, d'Uscilug, par Krasnostaw, sur Ulanow et Rodomysl.
2. Division Lambert, de Terespol par Kock, Lublin sur Pniow.
3. Division Lewis, de Drohizycn, par Siedlce, Garwolin, Bobrowniki, Pulawy, sur Pniow.
4. Division Doktoroff, de Terespol, par Kock, Lublin, sur Ulanow.
5. De l'armée de Galytzine, de Pniow, Rozwadow et Ulanow, sur Rzeszow.
6. Du général Muller, d'Ulanow sur Leopol.
7. De Galytzine, de Rzeszow, par Tarnow, sur Bochnia.
8. Du général Souvaroff, de Tarnow sur Krakovie.

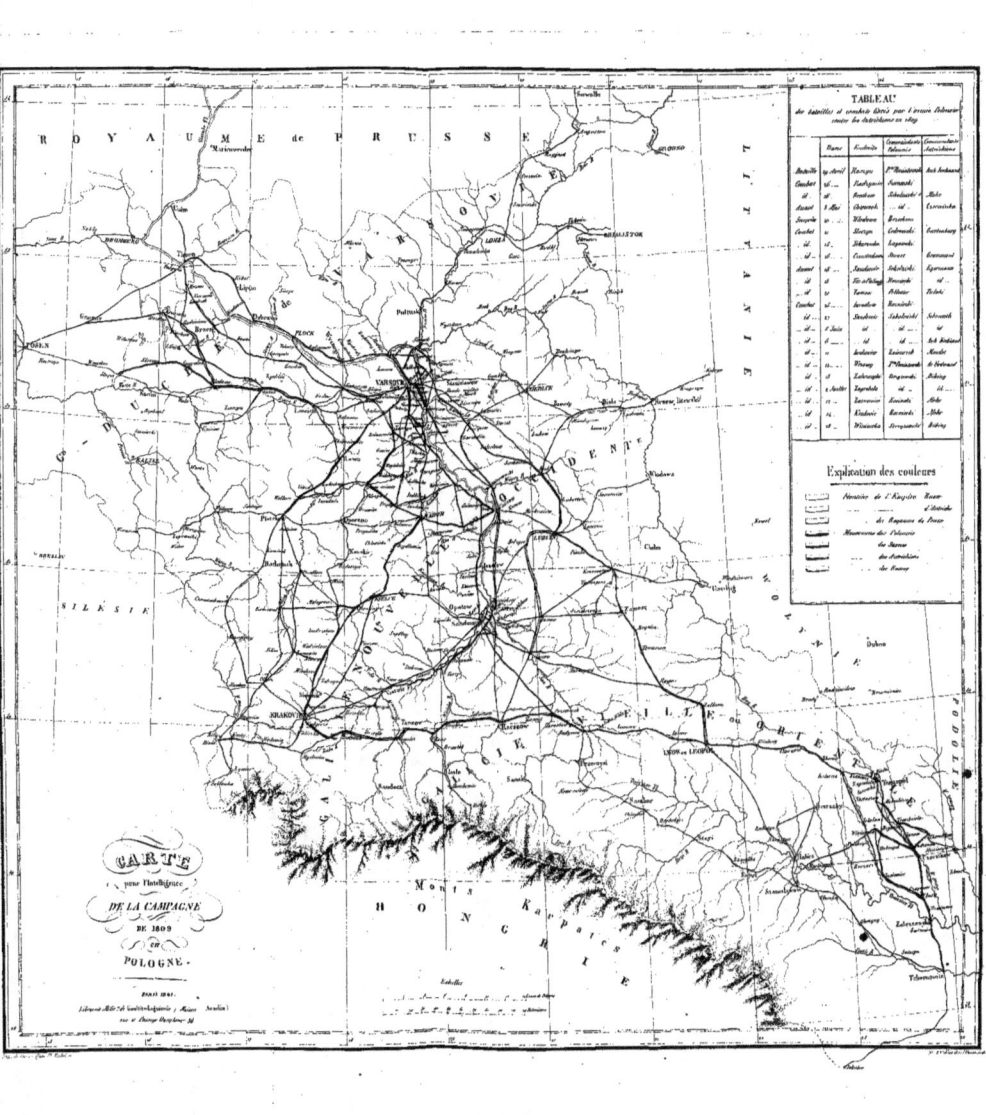